얼룩이 번져 영화가 되었습니다

# 얼룩이 번져 영화가 되었습니다

송경원 지음

바다출판사

## 일러두기

1 본문은 국립국어원 한국어 어문 규범과 외래어 표기법을 따랐다. 외래어의 경우,
  익숙한 인명과 명칭 등은 관례에 따랐다.
2 영화와 드라마 제목은 홑화살괄호(〈 〉)로 표기하고, 단행본 및 간행물의 제목은 겹
  화살괄호(《 》)로 표기했다.
3 본문에 소개된 영화의 제목은 국내 개봉작의 표기를 따랐으며, 개봉년도는 자국
  기준으로 표기했다.

# 영화를 '쓴다'는 것

언젠가 이루어질 이 순간을 수십 번 상상했다. 시기는 알 수 없어도 책을 낼 거라는 사실을 의심한 적은 없다. 어쩌면 확신이라기보다는 소망에 가까웠으니 매번 즐겁게 상상할 수 있었던 건지도 모르겠다. 자투리 시간의 소소한 취미 중 하나가 맥락 없는 공상인지라 주간지 마감 스트레스에 쫓길 때면 언젠가 완성될 책의 서문, 첫 문장을 어떻게 쓸지 여러 버전으로 구상해 보곤 한다. 물론 내 머릿속 무수한 시나리오 중 지금처럼 난처한 상황은 없었다. 상상 속의 이 순간은 좀 더 벅차고, 극적이고, 뿌듯했다.

영화 같은 상상을 벗어나 현실로 돌아온다는 건 적잖이 고역스러운 일이다. 자신의 수준과 민낯을 정면으로 마주하는 과정이 필요하기 때문이다. 당장 지금만 해도 차마 마침표를 찍을 용기가 나지 않아 첫 문장을 앞에 두고 몇 날 며칠 씨름 중이다. 쓰고 싶은 이야기가 너무 많은 탓에 입구가 막힌 걸까. 아니면 한참 조악한 수준이 탄로 날까 두려워 달아나는 중인 건가. 미리 상상했던 무수한 시나리오 속에서는 마지막에 결국 명문장을 뽑아내긴 했는데, 역시나 현실은 그리 달콤하지 않다. 돌이켜 생각해 보면 영화 잡지에서 10년이 넘게 매주 영화 글쓰기를 하고 있지만 한 주도 수월하게 넘어간 적이 없었다.

글 쓰는 일을 업으로 삼은 이들에게 만족감이란 영화에서나 구경할 수 있는 환상이다. 현실에선 매번 자신의 초라함을 정면으로 마주 본 뒤에야 마감이 끝난다. 이렇게 말하면 지옥 같은 작업처럼 들리지만 실은 시작은 의외로 경쾌하다. 영화를 보고 나면 어김없이 글을 쓰고 싶어지고, 머릿속에 몇 가지 번뜩이는 아이디어가 스쳐 지나간다. 뭔가 대단한 글이 나올 것 같은 가벼운 흥분에 휩싸여 힘차게 펜을 든다. 그리고 반드시 실패한다. 핵심은 여기에 있다. 예정된 실패. 10년이 넘도록 답을 찾아 헤맸지만 아직 마감 잘하는 비결 같은 건 발견하지 못했다. 다만 마감이 '어떻게' 끝날지는 몰라도 '언제' 끝날지는 확실하다. 글을 업으로 삼겠다 결심한 자는 정해진 시간에 마감을 당한다. 좌절의 운명.

주간지의 일주일 루틴은 단순하다. 목요일에 마감 원고

를 털면 결과물이 어찌 됐든 일단 후련하다. 피로에 찌든 몸은 뒷일까지 생각할 체력을 허락지 않는다. 금요일 오전은 짧은 행복과 해방감의 시간이다. 반나절의 달콤한 성취가 스치듯 지나가면 오후부터 자기반성과 후회가 파도처럼 밀려온다. 그렇게 주말 내내 천천히 수면 아래로 잠긴다. 영화 〈올드보이〉 주인공 오대수처럼 인생을 통째로 복기하며 어디서부터 잘못됐는지 후회하는 시간이 이어진다. 여기가 끝이면 어쩌나 하는 좌절감, 더 이상 글을 쓸 수 없으면 어쩌나 하는 불안감이 절묘하게 섞이면 이 짓을 왜 계속해야 하는지에 대한 근본적인 회의가 밀려온다. 그래, 깔끔하게 그만두자는 심경으로 출근하는 월요일 아침. 다음 주 아이템을 내기 위해 개봉할 영화들을 쭉 살펴보고 있으면 지난 주말 괴로움은 싹 잊은 채 슬며시 차오르는 욕망. 아, 이거 한번 써보면 재미있겠다.

좋은 글이 뭔지 여전히 알 길이 없다. 다만 어떤 사람들이 계속 버티고 글을 쓰는지는 희미하게 감이 잡힌다. 글쓰기는 필연적으로 실패와 좌절을 동반하는 작업이다. 애초에 이상적인 결과물을 상상하지 않고서는 글을 시작할 수 없기 때문이다. 영화에 대한 감상을 글로 풀어내는 작업은 특히 그렇다. 모든 영화 글쓰기는 자신이 본 영화를 닮고 싶어 한다. 자신을 감동시킨 영화에 최대한 가까워지고 싶어 한다. 하지만 어떤 영화 글쓰기도 근본적으로 영화와 일치할 순 없다. 때때로 영화보다 아름다운, 영화를 초과하는 글이 존재할지도 모르지만 완벽히 영화와 하나가 되는 글은 불가능하다. 그렇게 도달할 수 없는 목적지가 설정되어야 비로소 첫걸음을 뗄 수 있는 딜레마를 품고, 영화를 쓴다. 어쩌면 영화에 대한 글쓰기는 영원히 도달하기 힘든 신기루를 좇는 작업인 셈이다. 그 모든 예정된 좌절과 실패에도 불구하고 계속 쓰고 싶다는 욕망이 도저히 가라앉지 않는다면, 써야 한다. 자기 마음속 얼룩을 어떤 형태로든 확인해야 한다.

영화 글쓰기는 필연적으로 영화와 불일치하는 운명을 타고났다. 한때는 어떻게든 그 격차를 메우고 싶은 욕망에 몸을 불태워왔지만 어느 순간부터 그런 강박이 서서히 깎여나가 사라지기 시작했다. 변화를 인지하기 시작했던 건 아마도 허진호 감독의 〈봄날은 간다〉부터였던 것 같다. 〈봄날은 간다〉는 아무도 똑같이 경험하지 못했지만 누구나 한 번쯤 경험해 봤다고 착각할 만큼 보편적인 연애담을 그린다. 마음이 싹트고 교감을 나누고 사랑으로 피어나 완벽하게 일치하는 찰나의 순간을 포착하는 영화. 그 순간은 너무도 짧아 더없이 소중하다. 이렇게 요약할 수도 있겠다. 사랑의 불꽃이 피어오르고, 한쪽의 마음이 먼저 끝나고, 남은 한쪽이 잔열로 괴로워하다가, 마침내 완전히 식어버리는 이야기. 영화에는 그 완벽한 순간이 추억처럼 아련하게 담긴다.

그중 가장 아름다운 순간은 아마도 간질거리던 서로의 마음이 하나로 일치하는 장면일 것이다. 어스름 동이 터오는 새벽, 텅 빈 도로 위에서 여자가 남자를 기다리는 중이다. 여자는 남자가 보고 싶다고 말하고, 남자는 긴 밤을 가로질러 서울에서 강원도까지 한달음에 간다. 이윽고 남자를 태운 택시가 도착하면 여자는 짐짓 모른 사람인 척 뒤돌아 남자가 차에서 내리길 기다린다. 택시가 떠난 뒤 더 이상 참지 못한 여자는 남자를 향해 숨 가쁘게 달린다. 도로에는 온통 여자가 신고 나온 슬리퍼 소리로 가득하다. 타박타박. 아무도 없는, 탁 트인 도로가 두 사람만의 시간으로 가득 차고 드디어 여자와 남자가 마주한다. 와락 안을 법도 하건만 둘은 잠시 서로를 마주 보고 배시시 미소를 짓는다. 그리고 허리가 휘어질 듯 서로를 끌어안는 두 사람. 여자는 말한다. "술 마시니까 멋있다." 남자는 외친다. "아, 좋다!"

수많은 회화와 조각, 소설과 영화, 걸작으로 이름을 남긴 작품들이 사랑을 형상화하고자 애써왔다. 약간의 과장을 보태 인류 예술의 절반은 사랑을 말한다. 〈봄날은 간다〉는 '술 마시니까 멋있던' 마음이 '술 마시고 왜 이래'로 바뀌는 시간을 따라가는 영화다. 서로 다른 길을 걷던 두 마음은 찰나에 겹치고 이내 제 갈 길로 뚜벅뚜벅 걸어가며 끝내 멀어지는 이야기. 새벽녘 마법 같은 그 시간이 아름다운 건 그 완벽한 순간이 찰나이기 때문일 것이다. 오랜 시간 그 찰나를 붙잡아 글로 옮기고 싶었다. 되지 않을 일이라는 걸 알기에 더 애틋하고 아름다워 보이는 감정의 덩어리에 매료되었다. 시간이 한참 흐른 뒤 그 장면을 다시 봤다. 신기한 일이 벌어졌다. 스무 살의 내가 보지 못했던 다른 것들이 내게 말을 걸어오기 시작한 것이다.

삶의 궤적이 교차하는 완벽한 순간, 그 눈부신 찰나에 눈이 멀어 보지 못했던 것들이 나이를 먹어 이제는 보인다. 스무 살의 나와 달리 마흔을 넘긴 나는, 문득 남자를 태우고 서울에서 강원도까지 운전한 친구의 사연이 궁금해졌다. 친구의 부탁 한 마디에 기꺼운 마음으로 새벽을 가로지른 택시 운전사는 홀로 서울까지 돌아가는 긴 시간 동안 무슨 생각을 했을까. 영화는 순간을 붙잡고 찰나에 돋보기를 대어 자세히 보여준다. 우리 삶의 압도적인 시간은 대체로 기억되지 않는 평범한 시간들로 채워져 있다. 지금의 나는 반짝이는 완벽한 순간보다 그렇게 카메라가 생략해 버린 공백의 시간이 더 궁금하다.

지금은 맞고 그때는 틀린 건가. 그럴 리가. 그때나 지금이나, 이건 맞고 틀린 문제가 아니다. 그저 달라졌다. 확신할 수 있는 건 모든 것이 변한다는 사실 하나뿐이다. 영화는 언제나 고정불변 그 자리에 있으니 달라진 건 결국 나다. 내가 서있는 자리, 영화를 대하는 자리가 달라졌으니 다른 것들이 보인다. 요컨대 영화를 다시 보면, 달라진 감상들을 확인

10

하고 비로소 내가 서있는 자리를 확인할 수 있다. 결국 나에게 있어 영화 글쓰기는 스스로의 좌표를 확인하는 작업이었다. 그걸 깨닫기까지 무려 15년이 걸렸다.

영화를 보고 반응한다는 건 두 개의 점을 찍는 일이다. 점 하나 찍는 것만으로 막막한 일상에 앞뒤, 선후, 위아래가 생긴다. 비유하자면 어디서부터 어디로 가는 중인지 방향이 잡힌다. 삶의 좌표를 설정한다는 건 그런 게 아닐까. 입장을 세우면 태도가 잡히고 태도가 결정되면 비로소 방향을 설정할 수 있다. 《씨네21》에 영화 원고를 쓰기 시작한 지 15년, 나도 몰랐던 사이에 나는 이미 어딘가로 걸어가는 중이었다. 이제야 내가 지나온 흔적들을 되돌아본다. 그리하여 영화를 어떻게든 글로 남기고 싶었던 나의 욕망은 분석과 해석의 감옥으로부터 해방 중이다.

예전에는 하늘의 별이 어떻게 생겼는지, 크기는 얼만한지를 최대한 세밀히 관찰하고 정확히 묘사하려고 애를 썼다. 지금은 '영화라는 이름의 별'과 '나라고 하는 점' 사이를 선으로 가만히 연결해 본다. 때론 직선으로, 기분이 내킬 땐 멀리 에둘러 곡선으로, 선의 형태 또한 매번 달라진다. 이것은 영화와 나의 관계를 설정하고 대화를 나누는 작업에 가깝다. 완벽하지 않아도 괜찮다. 달라지는 게 자연스러운 거고, 때론 오해하고 먼 길을 돌아갈 수도 있다. 아니, 오히려 그런 궤적의 시간들이 쌓여 영화와 나의 관계가 점점 두터워진다. 그런 의미에서 이 책은 엄밀한 의미에서 영화 비평은 아니다. 객관적인 분석이 모자란 글, 지금에 와서 보면 한참 부끄럽고 모자란 글도 섞여있다. 하지만 적어도 (그때의 나에게) 솔직하지 않은 글은 없다. 그리하여 모자라고 부끄러운 결과물까지 모두, (나의) 영화다.

영화가 우리에게 진실의 말을 걸어온다면 그것은 영화 안에 있지 않다. 진실은 오직 영화와 나 사이 어딘가에서, 때마다 다른 형태로 피어난다. 이 책엔 '그때의 나와 영화'의 흔적들이 고스란히 포착되어 있다. 앙드레 바쟁의 말을 빌리자면 "그때 그것이 거기에 있었다"라고 할 수 있는 '나와 영화의 시간'을 새긴 기록. 그런 의미에서 이 책은 15년간 영화와 대화를 나눈 한 명의 필자가, 영화의 어떤 부분에 반응해왔는지 되돌아본 고백의 궤적을 엮은 것이다. 점에서 선으로, 한 편 한 편 꾹꾹 눌러쓸 때는 미처 몰랐던 궤적이 이제야 보인다. 이 얼룩의 궤적이 당신에게 어떤 방식으로 가닿을지 모르겠다. 작은 바람이 있다면 이 책에 담긴 실패의 고백들과 당신 사이 희미한 연결선이 그어지길 바라본다. 그제야 이렇게 말할 수 있을 것 같다.

얼룩이 번져 영화가 되었다.

# 차례

프롤로그
영화를 '쓴다'는 것 · 5


1장 어쩐지 잊히지 않는

"나는 이곳에서 영원히 일어나고 싶지 않다" · 17

언제나 지금 여기 우리 함께 · 27

사유의 시작이 되는 영화가 있다 · 39

우연이 이야기가 될 때까지 · 48

얼룩이 번져 영화가 되었습니다 · 61

변하지 않는 건 모든 것이 변한다는 것뿐 · 73

영화를 향한 향수병 · 83

어떤 균열은 반갑다 · 96


2장 선명하다가도 흐릿한

영화가 사라진 자리에서 · 111

"신세계가 구세계를 구할 것이다" · 124

액자가 그림의 일부일 순 있어도 · 138

서사를 잃고 헛돌다 · 151

설득당하고 싶은 마음 · 164

겪어보지 못한 기억을 추억하기 · 177

시네마는 마법의 이름이 아니다 · 189

거짓과 자기기만의 굿판 · 199

아직 준비가 안 됐다 · 212

3장 뒤돌아보면 그곳에

미야자키 하야오의 세 번째 은퇴 선언 · 225

그 감정이 거기에 있었다 · 235

경외하길 멈추고 기억하기 · 248

네버랜드와 원더랜드 사이 어딘가에서 · 260

'최고의 영화'에 대한 고찰 · 273

끝끝내 버텨내 오늘에 다다른 마음들 · 288

순간을 영원으로 바꾸는 기록자 · 297

다른 사람의 이야기 속 나의 자리 · 306

점, 선, 면으로 그린 환상의 세계 · 314

에필로그

지나간 영화가 나에게 말을 걸 때 · 326

영화와 사랑, 그 운명에 대하여 · 340

1장

어쩐지 잊히지 않는

# "나는 이곳에서
# 영원히 일어나고 싶지 않다"*

### 〈프렌치 디스패치〉와 〈퍼스트 카우〉

　매체가, 시대가, 삶이 바뀌고 있다. 끝자락에 선 기분이다. 저항하다가 사라질 수도 있고, 순응하며 살아질 수도 있을 것이다. 혼란스럽고 두려운 와중에 몇 편의 시가 나에게 왔다. 기꺼이 길을 잃을 각오로 몇 편의 영화들을 더듬고 나니, 무릎 아래가 녹아 없어지는 기분이다. 이대로 주저앉아도 나쁘지 않을 것 같다.

　'이쯤에서 끝을 내야겠다.' '여기가 끝이다.' 이런 다짐과 함께 시작하는 영화들이 있다. 현실과 이야기를 구분 짓는 건 오로지 시작과 끝, 두 개의 점이다. 연속된 삶의 어느 지점에 두 개의 점을 찍을 때 비로소 이야기가 탄생한다. 현실을 이야기의 형태로 잘라낸다고 표현해도 좋겠다. 시작과

---

* 《이별의 능력》, 〈다정함의 세계〉, 김행숙, 문학과지성사, 2007.

끝에 의미를 부여하고 싶은 창작자의 의지로 성립되는 또 하나의 현실. 그러므로 오프닝과 엔딩은 대체로 세계의 윤곽을 결정짓는 거대한 창문이다. 때론 창문 너머 비치는 세계보다 창틀 자체에 시선을 뺏기기도 하고, 창틀 너머 마주하는 첫 풍경이 모든 걸 결정짓기도 한다.

웨스 앤더슨 감독의 〈프렌치 디스패치〉(2021)를 보며 새삼 오프닝의 매혹에 대해 생각했다. 〈프렌치 디스패치〉는 편집장의 죽음으로 문을 연다. 편집장의 유언에 따라 잡지사 '프렌치 디스패치'는 문을 닫기로 예정되어 있다. 하나의 세계, 한 시절, 어떤 시대가 종언을 고하는 풍경. 다만 웨스 앤더슨은 거기서 과거를 회상하는 대신 마지막 호가 어떤 내용으로 채워져 있는지 차례로 보여주는 데 집중한다. 엔딩에서 기자들은 마지막 호에 실릴 편집장 부고 기사를 쓰기 위해 한자리에 모인다.

잡지(혹은 세계)가 끝났다는 사실은 변함이 없건만 이 이야기가 끝나지 않을 것만 같은 느낌이 드는 건 어째서일까. 이건 흘러갈 과거일까. 아니면 끝에서 다시 시작되는 이야기일까. 중요한 건 여기가 길의 끝자락인지 아닌지가 아니다. 발 디딘 자리에서 고개 들어 어디를 볼 것인가이다. 시선에 따라 세계의 풍경은 바뀐다. 문득 오프닝과 엔딩만을 놓고 영화의 풍경을 말해보고 싶어졌다. 이것은 끝의 시작, 아니 시작의 끝에서 내뱉는 사적 고백이다. 영화의 시작점이자 이야기의 끝자락, (신경림 시인의 〈내가 살고 싶은 땅에 가서〉의 시구를 빌리자면,) "이쯤에서 길을 잃어야겠다."


## 나의 취향은 사실보다 진실이다

네 명의 최정예 기자가 쓴 네 편의 기사가 옴니버스 형식으로 붙어있는 〈프렌치 디스패치〉는 한 권의 잡지처럼 구성되었다. 각기 다른 연출(여기서는 문체라고 해도 좋겠다)로 구성된 네 개의 조각난 이야기를 하나로 묶는 건 앞뒤로 붙어있는 편집장의 부고 기사다. 약간의 과장을 보태 프롤로그에 해당하는 편집장 아서 하위처 주니어(빌 머레이)의 에피소드는 이 영화의 모든 것이라 봐도 무방하다. 우열의 문제는 아니지만 5분여 남짓한 오프닝은 나머지 모든 상영시간을 압도하고도 남을 울림이 있다. 아서의 부고 기사를 중심으로 한 오프닝과 엔딩의 무게는 여타 에피소드들의 총합을 초과한다. 세저렉(오웬 윌슨)의 입체적이면서도 현란한 단신, 베런슨(틸다 스윈튼)의 능청스럽고도 우아한 에세이, 크레멘츠(프랜시스 맥도먼드)의 건조하면서도 들끓는 취재, 로벅 라이트(제프리 라이트)가 한 땀 한 땀 구성해 낸 감각적인 보도는 모두 편집장 아서의 의지 위에 성립하기 때문이다. 말하자면 아서(혹은 아서의 죽음)는 〈프렌치 디스패치〉를 하나의 이야기로 성립시키는 프레임이다.

잡지란 무엇인가. 취향의 모음이다. 각기 다른 취향을 그저 한 권에 모은 게 잡지의 전부다. 간단해 보이지만 사실 이게 쉬운 일이 아니다. 서로 반발하고 충돌하는 것들이 한 권의 책, 하나의 장소에 공존하기 위해서는 간격의 조정이 필요하다. 편집장은 바로 이러한 공존 방식을 고민하고 틀을 제시하는 사람이다. 오프닝 시퀀스는 잡지《프렌치 디스패치》가 어떻게 시작되었는지 설명하며 문을 연다.

윤전기에 종이가 인쇄되고, 1면에는 편집장 아서 하위처 주니어의 부고 기사가 실렸다. 여기서 시점은 마지막 호가 한창 만들어지고 있던 과거로 잠시 돌아간다. '프렌치 디스패치' 사옥의 전경이 보이고 1층의 카페에서 기자들이 주문한 갖가지 음료들이 한 쟁반 위에 놓인다. 아서가 '프렌치 디스패치'를 설립하기까지의 과정을 정리한 내레이션이 깔리는 가운데 커피, 샴페인, 칵테일, 아이스크림 등 각양각색의 음료가 세팅된다. 잡지의 본질이 담긴 한 컷. 이어 바텐더가 '프렌치 디스패치' 건물을 올라가는 장면은 잡지 편집의 물리적인 구성을 형상화한다. 조잡하게 얽히고설킨 미로처럼 보이지만 한 발짝 떨어져 보면 기하학적인 질서 위에 뭉쳐있는 집합체. 혼란스럽기에 더 구미가 당기는 취향의 공존.

(아마도 미래 시점에 완성된 부고 기사를 읽어 내려가는) 내레이터는 아서가 필자들에게 한없이 너그럽고 직원들에

겐 엄격하다고 평하지만 화면에 보이는 건 정반대다. 30년 넘게 원고 한 편 제대로 탈고하지 않는 직원이나, 문법과 교열의 천재라는 직원 모두 편집장과 이미 한 몸이다. 머리가 자신의 손발의 무능을 탓하지 않는 것처럼 판단이나 평가는 없다. 그들은 오직 동료 기자들을 유연하게 상대하고 잡지가 세상에 빛을 볼 수 있도록 심혈을 기울일 뿐이다. 아서의 정책은 단순명료하다. "나는 아무도 죽이지 않아." 할당된 페이지가 넘쳐도 글이 마음에 든다면 어떻게든 지면을 만들어 주는 태도는 합리와 이성보다는 취향과 애정의 영역이다.

캔자스 지방 자본가의 아들이었던 아서는 프랑스로 건너가 자신이 사랑하는 것들을 외부의 압력으로부터 보호해 주는 액자가 되기로 결심했다. 왜냐하면 그렇게 할 수 있었으니까. 사랑하는 것들을 지켜주고 책임지려는 마음, 그러니까 취향에는 책임이 따른다. 한 잡지 안에서 이토록 다른 색깔이 공존할 수 있는 건 이들의 글(취향)을 믿고 보호해 주는 아서와 그런 아서를 지지하는 이들이 함께하기 때문이다. 그 마음을 공유할 때 비로소 타인의 취향이 발견되기 시작한다. 잡지의 진정한 매력은 여기에 있다. 타인의 취향과 색깔을 한 자리에 펼쳐놓는 만남의 장. 세계는 그런 식으로 확장되어 간다.

'프렌치 디스패치'의 미래는 궁금할 필요도 없다. 아서의 유언장엔 "인쇄기는 해체해서 녹이고, 건물은 모두 비운 후

매도하라"라고 적혀있다. 그는 세계의 종언을 고하고 떠났다. 자신의 죽음과 함께 잡지의 본질이 흐려질까 걱정했던 걸까. 끝까지 책임지지 못할 바엔 깔끔하게 끝내고 간다는 마음이었을까. 이미 죽은 사람의 마음 같은 거 알게 뭐람. 영화는 아서의 마음을 추측하거나 기억을 복원시키는 짓 따윈 하지 않는다. 그저 각자의 반응을 각자의 방식으로 남길 뿐이다. 엔딩에서 기자들은 각자 기억하는 편집장 아서에 관한 글을 쓰기 위해 자리를 떠난다. 이것은 아서라는 인물에 대한 객관적인 사실의 기록이 아니다. 아서라는 인물에 대해 각자가 느낀 진실의 고백이다. 〈프렌치 디스패치〉는 이미 끝난 세계에 대해 말한다. 더 이상 잡지《프렌치 디스패치》가 없을 거라는 '사실'은 분명하다. 또 다른 잡지가 나온다 해도 그건《프렌치 디스패치》와는 다르다. 설사 그렇다 해도 무슨 상관인가. 우리가 목격한《프렌치 디스패치》의 진실들, 타인의 취향을 향한 모험의 가치는 변함이 없다. 웨스 앤더슨이 굳이 에피소드마다 기자 각자의 취향(이라고 쓰고 본인이 하고 싶었던 것들이라고 읽는)을 콜라주하는 건 그런 이유에서다.

　말하자면 아서는 20세기 돈키호테다. 운 좋게도 그는 풍차에게 패배하기 전에 세상을 떠났다. 시대가 바뀌고 잡지의 쓸모와 효용이 사라지는 날이 올 수도 있다. 시대의 변화라는 거대한 물결로 밀려나는 중인 모든 올드 미디어는 마찬가지의 운명에 놓여있다. 예정된 소멸 앞에서 당신은 무엇을 할 수 있는가. 웨스 앤더슨(혹은 아서)의 조언은 단호하다. "울지 말 것." 사라져가는 것을 연민할 시간에 할 수 있는 일을 하는 게 낫다. 《프렌치 디스패치》 마지막 호를 발간하며 부고 기사를 쓰러 간 기자들처럼. 영화가 영화여야 하는 이유 역시 이성과 합리의 영역에 있지 않다. 무용無用한 것들로 가득 찬 영화의 생명은 오직 취향의 고백으로 시간의 흐름에 저항하고 버텨낸다. 산초에게 잔혹한 사실을 들은 돈키호테는 말한다. 진실이 사실들에게 살해당하고 있다고. 그럴지언정, 아니 그렇기 때문에 각자의 진실, 나의 취향, 내가 믿고 싶고 사랑하는 것을 지키려는 이들의 (남 일 같지 않은) 고백은 무모하고 위태롭고 고집스러울수록 어여쁘다.

### 풍경의 끝에서 하는 진술

끝의 풍경 위에서 현재를 지속시키는 〈프렌치 디스패치〉의 오프닝과 엔딩을 보며 한 편의 영화가 떠올랐다. 켈리 레이카트 감독의 〈퍼스트 카우〉(2019)는 또 다른 방식으로 웨스 앤더슨이 보여준 태도에 접속한다. 켈리 레이카트의 오프닝 시퀀스가 의미심장한 것은 어제오늘 일이 아니지만 〈퍼스트 카우〉는 좀 더 각별한 면이 있다. 강물 위를 도도히 흐르는 거대한 화물선의 움직임은 영화가 스크린에 새길 수 있는 물리적인 운동의 총합이다. 그 유장한 속도에 세월, 시간, 운명 등 다양한 이름표를 붙일 수 있을 것이다. 〈퍼스트카우〉는 여기서 한 걸음 더 나아가 시간의 간격을 지워버린다. 숲속에서 뭔가를 찾고 있는 여자와 개의 모습을 찬찬히 따라가던 카메라는 이윽고 조신하게 누워있는 두 구의 해골을 발견한다. 레이카트는 아무런 설명 없이 200년의 시간을 훌쩍 뛰어넘어 미국 서부개척시대로 관객을 데려간다. 사냥꾼들의 식량 담당인 쿠키(존 마가로)와 중국에서 건너온 킹 루(오리온 리)의 운명은 이미 예견되었다. 이들은 언젠가 한자리에 나란히 누워 죽음을 맞이할 것이다.

하지만 영화는 예정된 죽음에 긴장감 대신 얼어붙은 대지를 녹이는 한 줌 햇살 같은 미약한 연대의 분위기로 감싸여 있다. 야만과 폭력의 시대 한가운데에서 서로를 향한 선의를 제공하는 두 사람의 관계는 역사나 미디어가 기록하지 않은 진실들을 복구시킨다. 거기에도 사람이 살았고 생활의 질척이고 지리한 시간들로 가득 차있다는 진실. 미디어가 만들어낸 폭력과 극적인 사건 이외에도 공기처럼 스며드는 우정이 존재했다는 진실. 그때나 지금이나 사람에게는 사람이 필요하다는 진실. 한 줌의 연대가 우리 삶을 얼마나 자유롭고 아름답게 하는지에 대한 고백은 거꾸로 시간을 건너뛰어 현대의 관객들을 덮쳐온다.

〈퍼스트 카우〉는 죽음이라는 끝의 풍경에서 시작된다. 따뜻했던 순간과 험난한 위험을 지나 마침내 쿠키와 루가 예정된 땅에 몸을 누일 때 주변은 고요하고 한없이 평화롭다. 이 신비로운 엔딩 장면은 마치 시간을 정지시키고 순간을 영원으로 만들어주고 싶은 것처럼 느껴진다. 영화의 기본적인 속성이 정지한 것을 움직이게 하는 것이라면 〈퍼스트 카우〉의 엔딩은 고요함의 지속을 체험케 한다. 이것은 단순한 멈춤, 정지와는 질적으로 다르다. 쿠키와 루가 나란히 누워 있는 고요한 시간은 차라리 그들에게 가까스로 허락되는 평화의 순간을 유지하는 것에 가깝다. 해골을 발견하는 오프닝부터 끝내 닥쳐올 마지막을 짐작했던 것처럼, 쿠키와 루가 나란히 누운 엔딩의 시간은 200년의 시간을 관통하여 다시 시작될 오프닝까지 이어진다. 그리하여 어느 날 개 한 마리와 여성 한 명이 찾아와 그들의 해골을 마주할 때, 비로소 이들의 여정은 끝이 난다. 끝에서 시작되는 이야기.

언젠가 삶은 정지하고, 나의 세계도 끝이 난다. 누구도 시간을 피해갈 수 없다. 영화는 시간에 저항한다. 그렇다고 죽어버린 시간을 되살리는 건 아니다. 과거를 기록하는 도구와도 다르다. 영화가 시간을 다루는 방식의 매혹은 끊임없이 '지금'을 생산하는 데 있다. 무수히 많은 '지금'들의 연결은 끝내 시간의 흐름마저 지워버린다. 모든 것이 바뀌는 중이다. 극장의 미래에 대한 두려움과 영화의 황혼을 마주하고 있는 것이 아닌가 싶은 아찔함에 어지럽다. 끝과 시작이 꼬리를 물고 있는 영화들을 보며 문득 '지금'을 향한 욕망과 애착이 결국 (내가 사랑하는) 영화와 극장을 유지시켜 줄 것이란 예감에 사로잡힌다. "이곳에서 발이 녹는다. 무릎이 없어지고, 나는 이곳에서 영원히 일어나고 싶지 않다."(김행숙 시인의 〈다정함의 세계〉 중)

# 언제나 지금 여기 우리 함께

〈보이후드〉

지금, 역사의 한 페이지를 목격한다. 소년이 어른이 되기까지의 기록이자 그 시절에 관한 당신과 나의 기억이며, 한 영화가 클래식의 반열에 오르는 순간이다. 리처드 링클레이터가 12년이란 시간의 도움을 받아 완성한 〈보이후드〉(2014)는 단순히 걸작이란 말 안에 가두기 힘든 영화다. 그저 상찬하는 것만으로는 이 영화와 관객, 나와 시간 사이의 공명을 채 설명할 수 없다. 제작 과정을 제외하곤 얼핏 여타 성장 영화와 별반 다르지 않은 것처럼 보이지만 영화가 나이 들어가는 경이로운 체험의 끝에서 시간과 기억에 대한 새로운 방식의 사유를 발견한다. 불가능해 보였던 프로젝트를 완성한 뚝심에 경의를 표하며, 전혀 다르게 체험되는 영화의 발견에 감사를 보내고, 리처드 링클레이터 감독에게 말을 걸어본다. 당신의 지금은 어디입니까. 영화는 어디로 가야 할까요.

2011년 여름, 텍사스를 포위한 산불이 모든 걸 집어삼켰다. 1천여 채가 넘는 주택이 전소한 가운데 리처드 링클레이터 감독의 집도 화마를 피해갈 수 없었다. 수많은 시나리오와 제작 노트가 한 줌 재가 되어 사라졌지만 무엇보다 〈보이후드〉에 대한 몇몇 기록과 앞으로의 진행에 대한 아이디어가 날아간 것이 두고두고 아쉬웠을 것이다. 여섯 살 소년이 열여덟 살 성인이 될 때까지 12년의 이야기를 매년 15분씩 카메라에 담기로 했던 무모한 프로젝트는 우려했던 대로 예상치 못한 난관에 부딪혔다. 일정 부분 방향 수정이 불가피한 것이 아니냐는 주변의 질문에 그는 천연덕스럽게 답했다. "이런 게 인생이지."

**영화의 매력은 언제나 '시간'이다**

〈보이후드〉는 얼핏 인생의 불확정성을 담아내려는 시도처럼 보인다. 12년의 세월을 고스란히 담아낸다는 건 감독의 야심이 명확하게 드러나는 프로젝트가 될 수밖에 없다. 안정성을 담보로 해야 하는 상업영화에서 12년에 이르는 기간을 계약하고 뛰어든다는 것 자체가 기존 시스템에서는 받아들이기 힘든 도전이다. 무엇보다 전례가 없었다. 물론 긴 시간을 들여 인물들의 실제 시간을 담아낸다는 〈보이후드〉의 아이디어가 완전히 새로운 건 아니다. 그보다 더 긴 시간

촬영한 다큐멘터리도 있다. 다만 극영화에서 그것을 실제로 시도해 완성한 사례는 전무하다. "미친 짓인 걸 알았지만 머릿속을 떠나지 않았던" 이 프로젝트는 링클레이터의 고집, 배우들의 믿음, 제작자인 IFC 필름의 헌신에 힘입어 세상의 빛을 볼 수 있었다. 하지만 이 기적을 만들어낸 일등 공신은 역시 '시간' 그 자체다. "영화가 점점 나이를 먹어가는 걸 보고 싶다"는 이유만으로도 〈보이후드〉는 충분히 도전할 가치가 있는 프로젝트였다.

차라리 5, 6년의 중장기 프로젝트였다면 시간과 맞서 싸워야 했을지도 모른다. 영화의 역사 한 축에서는 늘 그래왔다. 영화가 탄생한 이래 시간을 포착하고 조립하고 다시 움직이고자 하는 욕망은 영화라는 움직임의 본질적인 동력에 가깝다. 하지만 7년을 훌쩍 넘는 시간 앞에서는 맞서 싸우기보다는 함께하는 법을 터득해야 한다. 시간을 어떻게 만질 것인지의 문제는 영화의 존재론과 맞닿아 있는 명제인 만큼 감독의 세계관을 직접적으로 반영한다. 그런 의미에서 〈보이후드〉가 링클레이터의 최고작은 아닐지언정 그의 영화 세계를 집대성한 노골적인 프로젝트라는 건 분명하다. "시간은 꽤 괜찮은 동업자가 될 수 있다. 적어도 항상 예측 가능한 동업자다"라는 링클레이터의 태도야말로 〈보이후드〉의 탄생을 가능케 한 동력이자 그의 영화적 세계관이다.

링클레이터에게 '선댄스 키드'라는 날개를 달아준 장편

데뷔작 〈슬래커〉(1991) 때부터 그의 화두는 이야기와 시간의 상관관계였다. 텍사스주 오스틴시 청춘들의 백일몽을 24시간 동안의 수다로 풀어낸 이 작품에서 출발하여, 그를 일약 세계적인 스타로 만든 '비포 시리즈'까지. 링클레이터의 연출은 오직 조작된 시간을 관객이 어떻게 조작되지 않은 것처럼 느끼게 할 것인지에 초점을 맞추고 있다. 실상은 정교하게 잘라내고 붙인 영화적 시간이지만 조작되지 않은 것처럼, 일상의 시간에 가깝게 느껴지도록 그는 몇 가지 장치를 동원한다. 24시간을 97분에 담아낸 〈슬래커〉, 14시간을 105분으로 압축한 〈비포 선라이즈〉(1996), 거의 실시간을 상영시간에 맞춘 〈비포 선셋〉(2004)처럼 영화적 시간과 현실 시간의 감각을 일치시키려 애쓰는 것이다. 현실과 경험에 기반한 곳에서 소재를 발견하는 것도 이와 무관하지 않다.

또 하나의 기법은 시간의 초점이 관습적인 영화와는 살짝 어긋나 있다는 점이다. 사건 그 자체에 카메라를 가져다 놓는 대신 사건의 앞뒤, 여타 영화라면 관객의 상상력이 필요할, 또는 서사적으로 의미 없을 시간을 담는 것이다. 링클레이터는 그렇게 마련된 시간의 빈자리를 사유의 홍수와 수다로 그득 메워버린다. 링클레이터 영화에서는 "대화가 곧 플롯"인 셈이다. 지나치게 지적이라는 편견과 유럽 영화를 흉내 내고 싶어 한다는 오해를 감수하고서라도 꼭 그렇게 했어야 하는 이유는 명확하다. "나는 누군가의 생각을 알고 싶을 따름이다. 그에게 벌어진 사건이나 그를 둘러싼 풍경보다도 말이다."

그의 페르소나라고 할 수 있는 에단 호크도 흥미로운 인터뷰를 했다. "대부분의 감독들은 모니터 뒤에 숨어서 빛이라든지 프레임에 관해 이야기하길 좋아한다. 고개를 약간만 돌리면 조명이 멋지게 떨어질 것 같다는 식의 말을 리처드가 듣는다면 '지금 뭐해요? 광고 찍어요? 우리는 지금 이 사람을 찍고 있는 거예요'라며 코웃음을 칠 거다." 요컨대 링클레이터의 관심사는 사람이었고 그의 서사 방식은 극 중 등장인물이 어떻게 지금 내 옆에 함께하는 것처럼 느낄 수 있게 만들까에 매진한다. 그리고 이 모든 것은 링클레이터가 영화의 리얼리티에 대해 사유하는 방식과 관련이 있다.


## 나도 그들의 일부가 되었다

'비포 시리즈'가 평행 세계에 살고 있는 제시(에단 호크)와 셀린느(줄리 델피)의 집 문을 8년마다 두드리는 일이었다면 〈보이후드〉는 소년 메이슨(엘라 콜트레인)의 삶 전체를 따라가는 여정이다. 부모의 이혼과 어머니의 재혼에 따른 잦은 이사, 가족 간의 불화, 막연하고 불안한 꿈, 첫사랑의 실연 등 좋은 기억과 끔찍한 시간이 뒤섞이며 고스란히 소년의 삶이 되는 이 영화는 외연적으로는 소년이 성장하는 시간을 거스르지 않고 따라간다. 현실의 재현이라기보다는 우리가 이야기를 받아들이는 방식, 다시 말해 기억이 구성되는 방식에 관한 영화이다. 이 점에서는 차라리 기존 내러티브 영화들과 맥을 같이 한다. 링클레이터가 전작들에서 어떤 감정적 순간을 포착하고 그것을 현실 시간의 감각 안에서 재현하려 했다면 〈보이후드〉의 구성은 이와 정면으로 배치된다. 겉보기엔 시간 순서대로 나열되는 단선적인 축적의 방식이자 인과의 사슬로 조직된 내러티브 영화에 가깝다.

그러나 정작 영화를 보고 나서 체험되는 감각은 이제껏 반복해 왔던 링클레이터식의 시간의 장대한 확장이라는 사실에 놀라지 않을 수 없다. 내러티브 영화에서 시간이란 고개를 젖혀 뒤를 돌아보는 일이다. 그것은 이미 일어난 일을 머릿속에서 복기하며 재구성하는 일종의 인과 작업이다. 현실에서의 미래는 불확실하지만 이야기는 인과의 완결된 세계 안에 갇혀있다. 영화는 그렇게 완성된 세계 안에 시간을 가둬왔다. 그러나 일상의 어느 순간이 특별한 순간이 될지 알 수 없는 현실감각의 기준에서 보자면 인과관계란 뒤돌아보는 시점으로부터 결정되는 얇고 가는 실에 불과하다. 링클레이터가 그간 현실 시간을 흉내 내며 그 순간들을 잡아내 왔다면 〈보이후드〉에서는 영화로부터 한참 떨어진 시간의 바깥에 서서 이 장대한 그림을 펼쳐나간다. '비포 시리즈'가 8년의 공백을 이어 붙이고 있다면 〈보이후드〉는 시간의 흐름이라는 움직임 그 자체를 조망하도록 하는 망원경이다.

순간들이 쌓여 하나의 거대한 콜라주를 이루는 〈보이후드〉의 구성은 링클레이터의 작가적 야심의 발로이자 그간 추구해 왔던 영화 세계의 집대성이라 할만하다. 이 영화에서 중요한 것은 사건이 아니라 서로에게 상호의존적인 관계에 있다. 어머니의 이혼, 새 아버지들의 폭력과 술주정, 그로 인한 이사, 새로운 환경에서 적응해야 하는 소년의 피곤한 일상 같은 굵직하고 뚜렷한 장면이 빠지고 대신 소문이나 후일담이 그 자리를 메운다 해도 이 영화가 전진하는 데는 아무런 영향을 끼치지 못할 것이다(어머니의 두 번째 재혼 실패를 알리는 장면 등 몇몇 지점은 실제로도 그렇다).

반면 메이슨과 사만다(로렐라이 링클레이터)가 아침에 서로 투덕거리는 장면이 없다면, 오랜만에 돌아온 아버지가 차 안에서 이건 제대로 된 대화가 아니라며 멋쩍은 농담을 억지로 날리는 장면이 없다면, 미식축구 경기를 찍어오는 과제를 받은 메이슨의 카메라가 미식축구 선수가 아닌 그 주변으로 돌아가는 장면이 없다면, 〈보이후드〉는 평범한 성장 영화로 전락하고 말 것이다. 이 연결은 영화 안에서 서로 긴밀히 연결되어 있다기보다는 차라리 영화 바깥으로 유연하게 뻗어있다. 굳이 시간의 경과를 알릴 필요 없이 배우들의 얼굴이 특수효과로 압축된 가상의 체험과 사뭇 다른 질감으로 우리를 '매 순간의 현재'로 데려간다.

"시간은 선형적으로 흐른다. 하지만 영화는 시간의 흐름을 그대로 담지 않고 사람들이 시간을 어떻게 인식하는지를 담아낸다." 링클레이터는 〈보이후드〉를 통해 비로소 시간과 현실, 리얼리티에 대한 명확한 인식을 드러낸다. 단순히 카메라에 찍힌 시간이 아니라 각자의 경험과 기억이라는 필터를 거친 결과물로서의 시간. 결국 우리가 체험하는 것은 스크린과 관객 사이에 놓인 '현재'다.


### 그렇게 12년이 흘렀다

처음으로 돌아가서 삶의 불확정성에 대해 다시 이야기해 보자. 설명할 것도 없이 삶은 어떻게 전개될지 알 수 없다. 서사에 길든 사람들은 지금 이 순간을 살지 않는다. 과거, 혹은 미래의 시점에서 지금 이 순간을 해석하곤 한다. 때론 너무 많이 아는 게 문제다. 이야기라는 평행 세계의 감각을 거꾸로 현실 영역까지 가져와 버리기 때문이다. 그 순간 점찍은 사건 사이로 수많은 가능성이 빠져나간다. 링클레이터는 좋게 말하자면 관객의 상상력으로 채워야 하는 시간들을 주워 담는다. 무의미해 보이는 말의 성찬과 지적 과잉으로 지적받는 의식의 흐름은 그 자체로 서사에 포섭되지 않은 채 감각의 영역에서 관객과 나누는 대화다. '비포 시리즈'의 제시와 셀린느, 〈버니〉(2013)의 버니 티드(잭 블랙), 〈웨이킹 라이프〉(2001)에서 언급되는 숱한 철학자들은 관객이 영화를 보는 그 순간, 관객과 대화를 나누는 셈이다. 우리는 그의 영화를 보는 게 아니라 옆에서 듣는다. 로베르 브레송, 라이너 베르너 파스빈더, 에릭 로메르와 자주 비교되는 그의 영화적 토양과 스타일이 이 같은 작가주의 영화들에 있음은 분명하지만 리얼리즘 혹은 리얼리티에 대한 입장은 독자적이라 할 수 있다.

일련의 작가주의 영화들이 조작된 이야기가 주는 환영을 벗겨내고자 장면의 '현존'에 질문을 던지고 탐구해 온 부분에 대해선 링클레이터 자신도 동의해 왔다. 〈보이후드〉만큼 "그것이 '그 시간에' 거기 있었다"라는 명제를 선명히 드러내는 영화도 드물 것이다. "돌이켜 보면 실제로 이 세상에서 바뀐 것이 그리 많지 않다는 것이 오히려 놀랍다. 기술적인 변화들보다 바뀌지 않을 것들이 더 흥미롭다"라는 고백처럼 링클레이터는 쉽사리 변하는 사람이 아니다.

〈보이후드〉를 35밀리미터 카메라로 찍기로 한 것은 톤의 일관성을 유지하기 위해 12년이 지나도 계속 쉽게 구할 수 있는 방식을 고른 것이었지만 결국 그는 이 작품을 통해 필름 시대의 끝을 붙잡고 있는 감독 중 한 명이 됐다. 〈보이후드〉는 단순히 물리적인 의미에서의 필름 영화를 넘어 영화철학의 근본적인 지점에서의 '그것이 여기에 있었음'에 대한 증거를 남긴다. 하지만 그의 관심사는 현존에 대한 철학적 명제보다 영화적 현실감을 어떻게 효과적으로 옮길 것인 가에 찍혀있는 듯하다.

(확신하건대) 언젠가 이 영화가 고전의 반열에 오른다면 앙드레 바쟁이 말했던 사진적 리얼리즘의 존재론 때문이 아 니다. 그다음 걸음까지 내디디고 있기 때문이다. 그는 허구 의 세계를 만들어내고 조작하는 데 거리낌이 없다. 즉흥적 이라곤 하지만 시나리오의 가이드와 지침은 분명하게 서있 고 연극적인 구성을 즐기고 리허설에 충실하다. 극적인 상 황보다는 의식의 흐름을 좋아하는 게 분명하지만 그것 역시 시간의 불특정성을 부각시키기 용이하기에 자연스레 배어 나온 기법들이다. 예를 들어 '비포 시리즈'가 특정 순간을 포 착했다면 〈스쿨 오브 락〉(2003)이나 〈버니〉 같은 코미디에서 는 연극적인 상황과 말의 성찬으로 그것을 해낸다. 〈스캐너 다클리〉(2006)나 〈웨이킹 라이프〉는 아예 로토스코핑*을 통 해 현실감을 지우고 넘쳐나는 말과 상황에 집중하도록 유도 한다.

링클레이터는 장르나 형식에 구애받지 않는다. 그의 영 화적 목적(또는 야심)은 시간을 붙잡아 '현존'의 재현을 부

---

\* 애니메이션 영화에서 사용하는 기법. 실사 이미지 위에 애니메이션을 덧그리는 방 식으로 사실적 표현이 가능하다. 〈백설공주와 일곱 난쟁이〉 등 디즈니 영화 대다수가 이 기법으로 제작되었다.

각하는 게 아니라 보는 이가 각자 자신의 현실을 환기할 수 있는 거대한 소통의 공간을 마련하는 데 있다. 〈보이후드〉의 시간은 서사에 갇히지 않고 영화 바깥에서 관객과 조응한다. 표피적으론 시간의 흐름에 맞춘 누군가의 일기장이지만 접힌 시간의 주름살을 들춰 묶어낸 결정적 순간들이 영화 바깥에서 관객과의 시간을 별도로 쌓아나간다. 마치 1년의 시간을 두고 촬영한 열두 편의 '비포 시리즈'를 보는 것처럼.

## 최초의 복잡계 영화

링클레이터를 두고 혹자는 선댄스 키드가 주류 영화로 편승했다고도 말하고 어설프게 유럽의 예술 영화를 흉내 내려 할 뿐이라 호도한다. 하지만 그는 데뷔작부터 지금까지 일관된 행보를 선보였다. 〈보이후드〉는 분명 범상치 않은 프로젝트지만 어떤 면에서는 링클레이터가 어떠한 형식과 장르, 이야기를 거치든 분명한 목표 지점을 향해 걸어가고 있음을 새삼 증명하는 영화이기도 하다. 영화 안팎 시간의 경계를 지워버리고 누군가의 체험을 나의 체험으로 전환시킨다는 사실 하나만으로도 중구난방 표류하는 영화 리얼리즘에 대한 한 가지 답변이 될 수 있다. 그것만으로도 그는 주목받아야 할 작가다. 어쩌면 〈보이후드〉는 이른바 복잡계에 속하는 최초의 영화가 아닌가 싶다. 메이슨이 대학으로 떠나는 순간 지나간 시간을 두고 회한에 복받친 어머니의 눈물, 영화 마지막 순간 석양을 바라보며 앞으로의 시간에 대해 기대와 불안을 동시에 드러내는 메이슨의 표정은 〈보이후드〉라는 완결된 서사 안쪽에 머물지 않고 필름 바깥을 향할 때 그들의 감정을 넘어 내 감정으로 폭발한다. 12년간 지속된 예측 불가능한 현실과 이미 결정된 내러티브 영화 사이에서 다양한 요소들과 연결되어 안팎으로 소통하는 영화. 극장의 불이 모두 켜지는 순간 당신도 그 요소 중 하나가 된다.

# 사유의 시작이 되는 영화가 있다

〈고령가 소년 살인사건〉

그래봤자, 영화다. 영화는 세계의 형태를 있는 그대로 그릴 수 없고, 한 사람의 생을 온전히 담을 수 없다. 계급적인 모순을 짚는다고 해도 왜곡과 편집을 피할 수 없다. 실화를 있는 그대로 재현하는 것 역시 물리적으로 불가능하다. 개인의 비극, 역사의 흐름, 고독과 불안 속 인간의 성장을 표현한다고 하지만 우리가 목격하는 건 조각난 극히 일부일 따름이다. 다시 말해 영화는 현실이 아니다. 적지 않은 영화들이 이 진실을 외면한 채 스스로 과대평가한다. 영화가 세계를 바꾸고, 진실을 발굴하고, 역사가 될 수 있다고 믿는 영화들을 나는 믿지 않는다. 하지만 한없이 그에 가까워지는 영화들은 있다.

한 편의 영화가 모든 걸 담아낼 순 없지만 모든 사유의 시작이 되는 씨앗이 될 수는 있다. 에드워드 양 감독의 〈고령가 소년 살인사건〉(1991)은 그런 종류의 영화다. 이 영화에는 대만의 역사와 개인의 비극이 겹쳐있다. 사회의 모순을 비판하는 문제의식이 녹아있고, 한 사람의 성장을 따라가는 비극의 드라마가 있다. 어떤 측면에서는 실화에 기초한 범죄물이면서 아버지와 아들에 관한 전통적인 드라마이기도 하다. 이 모든 것의 총합이 〈고령가 소년 살인사건〉이다. 이 영화는 역사에 대한 통찰, 화면의 디테일, 이야기의 집중력, 전개의 구성력 등 어떤 통로로 접근해도 거의 완벽하다. 왜냐하면 모방이 불가능한, 의미 없는, 에드워드 양이라는 개인이 세계와 관계 맺는 방식을 풀어낸 '유일한' 영화이기 때문이다. 그래봤자 영화,이지만 그 사실을 자각하고 있기에 한 편의 영화가 해낼 수 있는 거의 모든 것을 해내는 영화다.

## 237분이나 필요한 이유

대만 뉴웨이브를 대표하는 감독 중 하나인 에드워드 양의 화두는 현대 대만인의 삶을 영화로 빚어내는 일이었다. 영화는 애매한 물건이다. 표현주의와 사실주의, 오락과 예술, 이야기와 현실 사이 두 마리 토끼를 다 잡고 싶어 하고 대부분의 경우 둘 다 놓친다. 영화가 현실에 대응하는 방법은 스스로 한계를 인지하고 거짓말을 하지 않는 것 정도다. 영화는 영화만의 방식으로 시대의 공기, 공간의 형태, 지역의 정서를 담아낼 수 있다. 밤하늘의 별처럼 제각각인 리얼리즘 영화의 개념을 내 마음대로 정의해 보자면 '땅에 발을 붙이고 사람의 꼴을 담아낸 영화'라고 생각한다. 그런 의미에서 에드워드 양의 영화 특히 〈타이페이 스토리〉(1985)에서 〈공포분자〉(1986), 〈고령가 소년 살인사건〉으로 이어지는 '타이페이 삼부작'은 그야말로 대만과 대만인이라는 실재를 포착한다.

어린 시절 공산당 집권을 피해 본토에서 대만으로 탈출한 에드워드 양의 체험은 자신의 영화 속에 충실히 반영된다. 에드워드 양에게 영화란 대만이라는 이름의 공간, 역사, 사람, 기억의 혼합이라고 해도 좋을 것이다. 〈고령가 소년 살인사건〉을 이해하기 위해 대만의 역사적 상황과 흐름을 어느 정도 알아두는 것이 필수인 이유가 여기에 있다.

이 영화는 표면적으론 1961년 대만에서 실제로 일어난 미성년자에 의한 살인사건을 소재로 했다. 감독 자신에게도 적지 않은 영향을 미쳤던 그 사건을 촉매로 에드워드 양은 역사의 뿌리와 개인의 삶이 관계 맺는 방식을 탐색한다. 대만에는 다양한 집단이 섞여있다. 원래 대만에서 살고 있었던 토착민들이 있고, 청나라 때 대만으로 건너온 내성인內省人, 공산당 정권 수립 후 본토에서 탈출해 이주한 외성인外省人이 있다. 어떤 의미에서 대만의 역사는 고향을 찾아 떠도는 유랑민들의 시간이라 해도 과언이 아니다. 매우 짧은 간격으로 형성된 부모와 자식 세대 간의 서로 다른 체험들은 언제 터져도 이상하지 않을 갈등의 불씨들을 품고 있었다. 거칠게 축약하자면 에드워드 양은 그 균열과 틈새에 맺힌 불안을 모아 영화로 조각해 낸다.

〈고령가 소년 살인사건〉은 장장 4시간에 달하는 영화다. 이유는 단순하다. 물리적으로 그 정도의 시간은 필요한 규모의 이야기이기 때문이다. 긴 것과 지루한 것은 별개다. 〈고령가 소년 살인사건〉은 유기적인 이야기 구조 덕분에 시종일관 팽팽한 긴장을 형성한다. 영화는 열네 살 소년 샤오쓰(장첸)를 주인공으로 하고 있지만 그 주변 인물 개개인의 삶의 태도와 흔적들을 균형감 있게 담아낸다. 샤오쓰는 중국공산당 집권 뒤 부모를 따라 탈출한 외성인이다. 대만에서 새로운 삶을 꾸려야 하지만 현실은 녹록지 않다. 대만 사회에서 소년이 선택할 수 있는 길은 두 가지다. 하나는 높은 성적을 받아 선택된 엘리트 집단에 진입하는 것, 다른 하나는 패거리 집단에 의탁해 스스로 몸을 보호하는 것이다.

국문 성적에서 낮은 성적을 받은 샤오쓰는 야간 학교로 진학하고 그곳에서 소공원파로 불리는 무리의 친구들과 어울린다. 하지만 샤오쓰는 적극적으로 개입하지 않고 늘 거리를 두고 있다. 샤오쓰는 선망의 대상이기도 한 소녀 밍(양정이)에게 마음을 품지만 밍이 소공원파의 전설적인 두목 허니(임홍명)의 연인임을 알게 되며 마찬가지로 거리를 둔다.

얼마 뒤 소공원파와 적대적인 271파의 두목을 죽인 후 피신했던 허니가 돌아오고 샤오쓰는 그를 친형처럼 따른다. 하지만 허니가 배신자로 인해 어이없는 죽음을 맞이하자 샤오쓰는 허니의 복수와 함께 밍을 지켜주기 위해 싸움에 적극적으로 끼어든다. 그 결과 샤오쓰는 퇴학까지 당하고 잠시 외톨이가 되는데 이후 믿기 힘든 소식을 접한다. 밍이 군 간부의 아들 샤오마(담지강)와 사귄다는 소문을 들은 것이다. 이에 격분한 샤오쓰는 샤오마를 죽이기 위해 찾아가지만 운명의 장난으로 샤오마 대신 밍을 만나고 결국 우발적인 살인을 저지른다.

철저히 샤오쓰의 시점을 정리한 이야기는 대략 이와 같은 흐름이다. 하지만 어떤 의미에서 샤오쓰와 실제 살인사건은 거의 맥거핀에 가깝다고 해도 좋을 방아쇠에 불과하다. 이 영화는 서사를 유장하게 이어가는 스토리텔링이라기보다는 인물들의 매 순간을 적당한 거리에서 묘사한 기록, 혹은 풍경화에 가깝다. 샤오쓰 가족의 이야기, 아버지와 애틋하고 안타까운 연결고리, 소공원파 구성원 개개의 사연과 드라마가 씨줄과 날줄로 촘촘하게 엮여 펼쳐지기 때문에 특정 인물의 서사만 부여잡고 따라가는 건 크게 의미가 없다. 중요한 건 시대의 격류 주변 물결처럼 드러나는 발버둥의 형태다. 거의 조각난 몽타주라고 해도 좋은데 이 개별 사건과 장면들은 영화의 막바지로 갈수록 거대한 프레스코화처

럼 맞춰진다. 그리하여 237분의 기록 끝에 휘몰아치는 감정
은 단지 살인의 이유나 개인적인 비극에 대한 충격과 동정,
회한, 연민 이상의 복잡미묘한 상태에 다다른다. 영화가 현
실을 고스란히 옮길 수 없는 것처럼 몇 문단의 짧은 글로 그
감정을 묘사하는 건 불가능하다.

　비극, 시대의 압박과 발버둥, 불안과 고독 그리고 황폐
함, 흔들림과 안간힘. 어떤 단어를 갖다 붙여도 그 이상을
발견할 수 있다. 부분의 합을 전체보다 크게 만드는 것, 그
것이 〈고령가 소년 살인사건〉이 시대를 읽는 씨앗이 되는
비결이다.


### 손전등 하나 분량의 진실

　감히 단언컨대 〈고령가 소년 살인사건〉은 거의 모든 장면
이 아름답다. 단순히 미장센을 예쁘게 치장한다거나 화면을
화사하게 찍었다는 의미가 아니다. 이 영화는 구조적으로 조
화와 균형을 이룬다. 얼핏 불균질해 보이는 이야기가 맞춰졌
을 때 그들의 사연은 곧 나의 감정이 된다. 샤오쓰는 기본적
으로 관찰자다. 그는 항상 무언가를 바라본다. 영화 촬영소
의 대들보에 올라가 촬영 현장을 바라보는 걸 즐기는 소년
은 허니의 복수극이 벌어질 때도 외부에서 망을 보는 역할
을 한다. 샤오쓰는 감독의 분신이자 어쩌면 일종의 시대정신

에 가깝다. 그는 마치 롱숏의 카메라처럼 어느 만치 떨어져 인물, 사건, 시대를 '본다'. 클로즈업이 거의 등장하지 않는 이유도 이런 샤오쓰의 위치와 무관하지 않다. 감독은 인물의 감정을 설명하는 대신 인물을 둘러싼 시대의 공기를 목격시킨다.

가령 샤오쓰의 어머니가 옆 가게에서 흘러나오는 일본 노래를 들으며 "일본을 쫓아내기 위해 피 흘린 사람들이 얼마인데 아직도 일본의 잔재가 흘러넘친다"라고 푸념을 하는 장면이야말로 〈고령가 소년 살인사건〉이 카메라에 봉인한 1950년대 대만의 공기다. 흘러 들어온 것들, 남겨진 것들, 남기고 간 것들 위에 떠있는 섬. 본토인, 내성인, 외성인, 일본이 남기고 간 것들과 미국 문화가 뒤섞인 혼란. 함께 살아가야 하기에 더 고독한 사람들.

〈고령가 소년 살인사건〉은 소년이 살인사건을 벌일 수밖에 없는 심리를 따라가는 영화가 아니다. 소년에게 면죄부를 주려는 의도도 없고 시대의 희생양인 양 포장하지도 않는다. 누군가는 허니처럼 달관하고, 누군가는 샤오쓰의 친구 캣(왕계찬)처럼 노래와 춤, 미국으로 대표되는 서구의 것에 심취한다. 밍처럼 자신을 선망하는 남자들을 경멸하면서도 살아남기 위해 그들을 이용하는 자도 있고, 샤오쓰의 아버지처럼 과거를 그리워하다 망가지는 사람도 있다.

이 모든 드라마는 매우 개인적이면서도 상징적이다. 시

대를 그리면서 개인도 놓치지 않는 것, 에드워드 양은 마치 오른쪽을 보면서 동시에 왼쪽을 보는 것처럼 불가능해 보이는 작업을 해낸다. 때문에 이 영화는 설명되거나 옮기는 것이 불가능하다. 마찬가지로 이 영화는 현실이 아니다. 영화라는 형식을 통해 현실에 한없이 가까워지고 있을 따름이다. 〈고령가 소년 살인사건〉이 시간의 풍화와 무관하게, 아니 시간이 지날수록 걸작으로서 그 진가를 드러낼 수밖에 없는 이유가 여기에 있다. 이건 영화가 역사, 기억, 현재를 묘사할 수 있는 거의 모든 방식에 관한 영화다.

샤오쓰가 영화 촬영소에서 손전등을 훔쳐 왔을 때 영화라는 불이 밝혀진다. 에드워드 양은 샤오쓰라는 이름의 손전등을 따라 시대를 비춘다. 손전등에 비친 부분은 부분적으로 형태를 드러내지만 반대로 그건 주변에 보이지 않는 어둠이 훨씬 넓게 펼쳐져 있다는 의미이기도 하다. 에드워드 양은 이 어둠을 굳이 없애거나 있는 척 꾸미지 않는다. 시대를 보여주되 그것이 전부라는 태도를 취하지 않는 것이야말로 이 영화가 역사의 흐름과 상처에 접근하는 미덕이다. 손전등을 이리저리 비추며 진실을 찾고자 하지만 끝내 실패할 수밖에 없던 소년에 대한 영화. 샤오쓰는 영화 속 다른 영화감독에게 외친다. "진짜랑 가짜도 구분 못 하면서 영화를 찍는다고? 너 뭘 찍고 있는지 알고 있기나 해?" 에드워드 양은 샤오쓰의 입을 빌려 고백을 한다. 그는 알고 있다.

자신이 전부를 알지 못한다는 걸. 우리가 볼 수 있는 건 겨우 손전등 하나, 한 사람의 시선 분량의 시대다. 그거면 충분하다. 애초에 인간이 신의 시점으로 역사를 조망할 필요는 없다. 그건 신의 몫으로 남겨두라. 한 사람이 겪는 하잘것없어 보이는 일도, 아니 그거야말로 영화가 사랑해 온 대안의 역사다. 그 사건이, 그들이 거기 있었음을 증명하는 카메라들의 힘으로 영화는 세상의 일부가 된다.

살해당하기 직전 밍은 외친다. "네가 날 바꾸겠다고? 난 이 세계랑 똑같아. 이 세계는 변하지 않아. 대체 네가 뭐라고 생각하는 거야?" 26년 만에 정식으로 개봉한 에드워드 양의 걸작은 그렇게 세상 모든 영화에게 충고한다. 현실이 되려 하지 마라. 모든 것을 말할 수 있다고 착각하지 마라. 진정 유일무이한 목소리를 통해 스스로 역사가 되는 영화는 거기서부터 출발한다.

나는 아직 이 영화를 제대로 표현할 언어를 가지지 못했다. 그렇기에 이 영화는 끊임없이 되살아나 나의 어깨를 두드린다. 이제 제대로 대화를 나눠보자고. 마치 오늘이 영원히 계속되는 것처럼.

# 우연이 이야기가 될 때까지

〈우연과 상상〉

우연. "아무런 인과관계가 없이, 혹은 뜻하지 아니하게 일어난 일." 우연이 남발되는 이야기는 개연성이 떨어진다는 평가를 받기 마련이다. 이야기 세계에서 우연은 그저 실패의 흔적에 불과하다. 이야기는 인과관계의 사슬로 엮은 그물이며 작가의 통제하에 존재하는 세계다. 때문에 통제 바깥에 존재하는 우연이란 그저 구멍에 불과하다. 반면 현실은 우연의 연속으로 지속된다. 우리는 매 순간 예상치 못한 순간 속에 머물며 정해지지 않은 내일을 마주한다. 인지 바깥에 존재하는 어떤 힘, 이해 불가능한 원리에 대해 사람들은 다양한 이름을 붙여왔다. 신, 운명, 혹은 우연. 어쩌면 이야기와 현실을 구분하는 결정적인 차이는 우연을 어떻게 다루는지에 달렸는지도 모르겠다. 하마구치 류스케 감독의 〈우연과 상상〉(2021)은 만들어진 이야기가 이런 간극을 메울 수 있을 것인지에 대한 호기심에서 출발하는 영화다. "우연은 드라마로 만들기 어렵지만 일상에서는 흔한 것이다. 우연이 있는 것이 이 세상의 리얼리티이고, 반대로 말하면 이 세계를 그리는 것은 우연을 그리는 거라 생각한다." 많은 이야기가 도전해 온 난제인 만큼 몇 가지 검증된 방법들이 있다. 성실한 영화학도 하마구치 류스케는 그중 몇 가지를 활용하여 우연의 아름다움, 사실성을 이야기 속에 포획하는 데 성공한다.

첫째는 단편 옴니버스 형식이다. 하마구치 류스케는 에릭 로메르 감독의 〈파리의 랑데부〉(1995)에서 영감을 얻어 단편 연작을 하나로 묶는 작업을 시도한다. 그는 우연을 테마로 하는 시나리오 총 일곱 편을 썼고 그중 세 편을 영화로 완성했다. '1화 마법(보다 더 불확실한 것)', '2화 문은 열어둔 채로'는 거의 동시에 진행됐고, '3화 다시 한번'은 2020년 코로나로 인한 첫 셧다운이 끝난 6월에 진행됐다. 2019년 8월 2화를 먼저 찍고, 같은 해 10월에 1화를, 마지막으로 꽤 시간 간격을 두고 2020년 6월에 3화를 찍었다. 이 간격들, 단편을 엮어서 하나의 리듬을 만들어낸다는 사실이 중요하다. 〈우연과 상상〉을 관통하는 숨은 테마가 있다면 다름 아닌 '사이와 간격'이다. 장면과 장면 사이, 이야기와 이야기 사이, 현실과 이야기 사이 간격. 인과의 연결에 집착하지 않고 나란히 주어지는 상황과 감정들. 이것이야말로 하마구치가 순간의 진실을 이야기 속에서 건져 올리는 두 번째 마법의 열쇠다. 그런 이유로 〈우연과 상상〉 앞에선 설명과 해석보다는 차라리 솔직한 반응이 어울린다. 하나의 상황, 하나의 반응. 그 사이에서 무수히 이어질 당신의 이야기들.

### '마법(보다 더 불확실한 것)', 언어의 파도 위에서

'1화 마법(보다 더 불확실한 것)'에서는 무수히 많은 말이 화면 위를 미끄러져 간다. 말은 무력하다. 물리적으로 아무리 많은 말을 쏟아내 보아도 마음의 형상까지 그리진 못한다. 어쩔 땐 전하고 싶은 것, 딱 그것만 비껴가는 게 아닌가 싶을 정도로 말은 내내 겉돈다. 그렇다면 방법은 의외로 간단할지도 모른다. 최대한 많은 말을 채워 넣고 난 뒤, 그럼에도 여전히 빈칸이 남아있다고 느낀다면 그 공백이야말로 말이 차마 건드리지 못했던 진심의 영역에 가깝지 않을까. 1화에서 하마구치 류스케가 시도하는 건 언어의 파도를 만들어 내는 작업이다. 모델인 메이코(후루카와 코토네)는 일을 마치고 집으로 돌아가는 택시 안에서 친구 츠구미(현리)에게 새로운 연애 상대 이야기를 듣는다. 츠구미는 처음 만난 남자와 대화가 정말 잘 통해서 마치 서로의 깊숙한 곳을 만져주는 느낌마저 든, 마법 같은 시간이었다고 고백한다. 사귀기로 했냐는 메이코의 질문에 츠구미는 남자가 전 여자친구에게 받은 상처가 커서 조심스럽다고 말한다. 그렇게 메이코와 츠구미가 앉은 택시 뒷좌석 차창에는 그들이 지나온 길이 마치 무대의 배경처럼 계속 지나가고 길 위로 벅찬 말들이 쏟아져 내린다. 마치 무대 위에서 펼쳐지는 구연동화를 듣는 것처럼 생생한 이야기가 끝없이 이어지는, 도심 속을 가로지르는 천일야화 같은 시간이 화면 위를 아스라이 흐른다.

　　잠시 뒤 츠구미를 집에 내려준 뒤 메이코는 왔던 길을 되돌아간다. 그리고 한달음에 츠구미의 그 남자, 카즈아키(나카지마 아유무)의 사무실로 도착한다. 카즈아키가 사귀었던 전 여자친구가 메이코였다는 우연. 이후 메이코는 2년 만에 만난 카즈아키에게 수많은 말을 쏟아낸다. 갑자기 찾아온 전 여자친구를 앞에 둔 카즈아키 역시 미처 못 했던 말들이 있었다는 듯 지지 않고 이에 답한다. 메이코는 자신은 좋아하는 사람을 괴롭히는 천성을 타고났다며 변명하고, "너를 상처 주면서 내가 얼마나 상처받았는지 모를 것"이라는 메이코의 고백에 카즈아키는 굳게 닫았던 마음이 흔들린다. 말은 파도처럼 둘 사이를 오가다가 갑자기 폭풍우처럼 거세게 덮쳐오기도 하고 따사로운 햇살처럼 얼어붙은 시간을 녹이기도 한다. 이윽고 (메이코의 표현을 빌리자면 금세 다시 쉽게 넘어오는) 카즈아키에게 메이코는 말한다. "마법보다 불확실한 걸 믿어볼 생각이 있어?" 카즈아키와 츠구미가 서로의 깊숙한 속내까지 공유하는 마법 같은 시간을 보냈다는 걸 비꼬는 도발이다. 여기서 중요한 건 메이코는 지금 자신의 감정이 불확실하다는 걸 안다는 사실이다. 충동적인 감정과 흔들리는 마음을 발산하는 듯한 대화는 그 자체로 살아 숨 쉬는 생물처럼 변화무쌍하다. 이들의 대화는 상대를 향한 전달이라기보다는 자신도 알 수 없는 자신의 마음을 더듬어가는 과정에 가깝다. 그리하여 충동으로 치달아 가는 대화는 노트북을 찾으러 돌아온 비서의 출현에 간단히 무력화된다. 도망치듯 자리를 떠난 메이코를 쫓아가려는 카즈아키에게 비서는 묻는다. "저분이 마음에 드신다는 그분인가요?" "아니야." "근데 왜 쫓아가요?" "그럼 안 돼?" "당연히 안 되죠."

'마법(보다 더 불확실한 것)'은 말의 파도, 말의 애무, 말의 홍수를 찍는다. 의미를 온전히 담지 못하고 진심 언저리를 맴도는 말은 어쩌면 쓸모가 없기에 더 아름답게 느껴지는 건지도 모르겠다. 타인의 대화를 목격한다는 건 말을 하거나 듣는 것과는 전혀 다른 감각이다. 의미에 갇히지 않은 대화를 목격한 끝에 기억되는 건 차라리 인물들 사이를 왔다 갔다 유영하는 말의 리듬, 말의 파동, 말의 에너지다. 상황마다 달라지는 미세한 리듬의 차이 자체가 이 영화, 아니 〈우연과 상상〉 전반의 구성으로 자리 잡고 있다. 저 무수한 말들이 진실인지 거짓말인지, 진심인지 아닌지는 사실 중요치 않다. 분명한 건 말을 내뱉는 순간순간 망막에 아로새겨진 메이코의 표정이 지워지지 않는다는 거다. 그녀의 감정을 명확히 설명할 길은 없다. 아마도 어떤 언어를 동원해도 한 단어로 정리되지 않을 것이다. 아마도 우리가 목격한 건 감정이 형태를 잡아가는 변화의 과정이 아니었을까. 사흘 뒤 세 사람은 다시금 우연히 카페에서 마주친다. 이때 메이코는 츠구미에게 카즈아키가 전 남자친구였다는 고백을 한다. 정확히는 고백하는 상상을 하고, 영화가 이를 고스란히 보여 준다. 하마구치 류스케가 일어나지 않은 일, 메이코가 선택하지 않은 길을 구태여 물리적으로 재현한 이유에 대해 상상해 볼 수 있을 것이다. 얼굴을 감싸 쥐는 메이코를 급격히 줌인해서 들어가는 카메라도 어딘지 낯이 익다. 물론 그 의미를 구태여 입 밖으로 꺼내 지정하는 건 재미없는 짓이다. 두 사람과 헤어진 메이코는 길을 걷다가 뒤돌아 휴대폰으로 사진을 찍는다. 메이코는 왜 지나온 길을 찍었을까. 이야기는 습관적으로 그 이유를 고민하고 지정한다. 지나온 길을 기록함으로써 드디어 카즈아키와의 추억을 과거로 흘려보내는 거라 설명할 수도 있다. 역시나 재미없는 짓이다. 우리가 목격하는 건 지나온 길을 똑바로 응시하는 메이코의 표정이다. 어떻게도 읽을 수 있고 아무것도 정확히 설명되지 않는 그 표정만이 '마법(보다 더 불확실한 것)'을 증명한다.


**'문은 열어둔 채로', 우연의 필수 조건**

'2화 문은 열어둔 채로'에서는 이야기가 태어나고 의미가 되어 스며드는 순간을 담아낸다. '여대생 나오(모리 카츠키)는 교수 앞에서 그가 쓴 소설의 일부를 낭독한다'는 한 줄로 정리되는 이 단편에는 하마구치 류스케 감독이 장면을 선택하는 기준과 비결을 넌지시 알려준다. 세가와 교수(시부카와 키요히코)는 오랜만에 쓴 새 소설로 아쿠타가와상을 수상한다. 그는 TV 인터뷰에서 "고통스러웠던 20년이 거짓말이었던 것처럼 썼다"라는 소회를 밝히는데, 연구실로 찾아온 나오가 어떻게 이런 글을 쓸 수 있냐고 묻자 이렇게 말한다. "내가 원했다기보다는 말이 원했다. 말의 배치는 다른 말과의 관계로 결정된다. 말이 말을 원하는 거지 내가 말을 원하는 게 아니다. 완성된 말의 순서가 내 기준에 적합하다고 판단되면 그대로 둘 뿐이다." 이 창작론에서 말을 장면으로 바꾸면 고스란히 하마구치 류스케의 작업에도 적용될 것이다.

하마구치 류스케는 배우들과 오랜 리허설을 통해 말을 찾아내는 방식을 추구한다. 스토리를 설명하는 대사가 아니라 그 순간에 진실인 대사, 캐릭터를 연기하는 배우가 아니라 배우의 육체에서 저절로 배어 나온 말들로 대사를 짠다. 〈우연과 상상〉 역시 한 에피소드 당 일주일에서 열흘가량 배우들과 대본 워크숍을 가졌다. 감독이 원하는 이미지를 배우의 육체에 덧씌우는 작업이 아니다. '무언가 일어나는' 순간을 배우와 함께 발견하는 과정이라고 보는 편이 적절할 것이다. 그는 "배우가 캐릭터가 되길 바라는 대신 배우에게 우연이 일어나길 기다리며 찍는다." 그리하여 해당 장면은 유일무이한, 진실한 것으로 포착되는 것이다. 장면에 대한 이런 접근 방식은 홍상수 감독을 연상시킨다.

홍상수 감독의 〈소설가의 영화〉(2022)에서도 유사한 창작론이 언급된다. 영화를 찍고 싶은 소설가 준희(이혜영)는 "나의 영화는 다큐멘터리 같은 것이 아니다. 하지만 모든 것이 진짜여야 한다. 어떤 배우를 편안한 상태에 두고서, 그 사람에게서 나올 수 있는 무언가를 온전히 기록하는 것이 내가 만들고 싶은 영화"라고 설명한다. 하마구치가 픽션을 다루는 방식도 유사하다. 하마구치 류스케는 포착된 장면들을 어떻게 배치하여 픽션을 창조해 낼 것인지에 대한 실험을 꾸준히 반복한다. 세 편의 에피소드는 유혹을 모티브로 각기 다른 상황을 반복, 변주한다. 단편일 땐 단조로워 보일수도 있는 작품들이 일정한 거리를 두고 반복될 때 각 작품간에 배열과 배치를 통한 구성으로 서로 조응한다. 한마디로 또 다른 이야기가 된다.

같은 이유로 어쩌면 개별 단편의 스토리는 일종의 맥거핀에 불과할지도 모른다는 생각이 들었다. 세가와 교수와 나오의 대화는 그걸로 이 단편의 본질이자 전부다. 솔직히 앞뒤로 붙은 사연들(사사키(카이 쇼우마)의 의도나 교수의 처분 등)은 대화를 돋보이게 하는 장식(혹은 사족)처럼 느껴질 정도다. '문은 열어둔 채로'는 교수를 유혹하려는 여대생의 걸음을 따라간다. 나오는 결혼을 하고 아이를 낳은 뒤 뒤늦게 대학에 들어왔다. 스스로 성욕이 강해 의지가 약하다고 소개하는 그녀는 이미 몇 명의 애인을 사귄 적 있는 것으로 보인다. 나오는 같은 학교의 사사키와도 섹스 프렌드 관계다. 사사키는 자신에게 학점을 주지 않은 세가와 교수를 망치고 싶다며 나오에게 유혹해 달라고 조른다. 나오는 세가와 교수를 유혹하기 위해 연구실을 찾아가 교수의 소설 중 성적인 묘사가 있는 페이지를 낭독한다. 세가와 교수와 나오의 대화는 음란함과 진솔함을 넘나든다. 사사키의 협박이 통했는지 세가와 교수의 소설을 읽고 마음이 동했는지 나오의 진심을 알 길이 없다.

'1화 마법(보다 더 불확실한 것)'과 마찬가지로, 아니 훨씬 더 오묘하게 진심과 욕망 사이를 넘나드는 이들의 대화는 이미 소리이자 음악처럼 들린다. 의도를 숨긴 채 서서히 달아오르는 말이 평범한 연구실 안에 흘러넘쳐 이들의 감정까지 손에 잡힐 듯 그려진달까. 그걸 단순하게 '진심'이란 단어 안에 가두진 않겠다. 다시 말하지만 어쩌면 스토리는 부차적인 것에 불과하다. 존중과 이해의 말이 쌓여가는 과정, 시간을 목격한다는 게 중요하다. 세가와 교수와 나오의 대화 사이에는 우연들이 지속해서 개입한다. 말이 의도를 전달하는 도구라면 의도가 엇나간 말, 그러니까 말실수까지도 모두 우연의 일부다. 그리고 우연은 우리를 정해진 서사의 굴레와 외부의 시선, 관습과 편견으로부터 해방한다.

타인을 똑바로 바라보지 못하던 세가와 교수가 유일하게 나오를 응시하며 건네는 대사가 있다. "세상의 잣대로 자신을 평가한다면 멈춰라. 나만이 아는 나의 가치를 주장해라." 속 편한 이상론에 불과할지도 모른다. 스스로도 실행하지 못한 다짐일지도 모르겠다. 누군가 문을 닫을 때마다 세가와 교수는 문을 계속 열어두라고 한다. 표면적으로는 타인의 시선을 의식하고 오해를 사지 않기 위한 행동처럼 보이지만 다분히 상징적이다. 문이 열려있어야 우연도 시작된다. 이야기의 개연성은 과대평가 됐다. 그것은 닫힌 세계에서나 완벽하게 작동한다. 개연성이 있는지보다 중요한 건 그걸 어디서 어떻게 확보했는지다. 하마구치 류스케는 문을 열어둔 채로 우연의 순간들이 이야기를 향하도록 기다린다.


### '다시 한번', 당신의 이야기를 듣는다는 것

'3부 다시 한번'은 동창회에 참석하려고 고향에 돌아간 나츠코(우라베 후사코)의 사연을 따라간다. 아야(카와이 아오바)를 우연히 동창으로 착각한 덕분에 두 사람은 각자의 사연과 속내를 털어놓게 된다. 원래 타인에게 솔직하기 더 쉬운 법이고, 이건 이야기와 현실의 관계에도 고스란히 적용된다. 현실을 현실 그대로 보여주고 말하는 건 어렵다. 반대로 이야기를 이야기처럼 꾸미고 들려주는 건 진부하다. 현실이 이야기로 구성될 때, 이야기가 현실로 변모하려 발버둥 칠 때 우리는 비로소 삶을 입체적이고 객관적으로 통찰할 수 있는 거리를 확보한다.

'다시 한번'은 앞선 영화와 색도 결도 약간 다르다. 아마도 만들어진 간격 때문인 것 같지만 덕분에 영화는 배열과 배치로 이야기를 자아내는 입체적인 실험을 완성했다. 서사란 무엇인가. 하나의 선 위에 사건들을 정렬하는 것이다. 원리는 단순하다. 원인이 제시되고 결과로 나아간다. 하지만 현실은 하나의 선 위에 정렬 불가능하다. 사건과 사건 사이에는 무한대에 가까운 연결이 가능하고, 하나의 현상은 무수히 많은 우연의 집합으로 주어진다. 때문에 현실을 이야기로 재구성할 때는 보통 원인과 결과가 역전되기 마련이다. 원인이 있어서 결과가 주어지는 경우는 거의 없고 결과에 대한 원인을 지정하는 것에 가깝다.

그렇게 사후적으로 원인과 결과를 이어준 뒤 우리는 거기에 다시 '이야기'라는 이름표를 붙인다. 하마구치는 이 사후적인 인과관계에 우연을 적극적으로 개입시켜 서사를 느슨하게 만든다. 〈우연과 상상〉에서 우연은 무대를 만들어주는 시작점에 불과하다. '우연히' 상황이 만들어지고 난 뒤 펼쳐지는 것은 누구나 공감할 법하지만 단순명료하게 정의될 수 없는 덩어리들이다. 여기서 장면과 이미지와 감정과 대사는 하나의 의미로 정확히 매칭되기를 거부하며 끊임없이 미끄러진다. 이때 하마구치 류스케 감독은 오직 그 장면에만 유효한 진실을 찍는다. 진실이라는 단어가 무겁다면 거기에 있어야 하는, 그때 발생한 무언가라고 해두자.

〈드라이브 마이 카〉(2021) 속 연극 워크숍에서 거론했던 "여기 지금 무언가 일어났다"라는 상황은 이번에도, 아니 그의 거의 모든 영화에 적용된다. 하마구치 류스케가 택한 방식은 이야기를 목표로 장면을 창조하는 것이 아니라 포착된 장면들을 연결하고 보니 '우연히' 이야기의 형태로 빚어진 쪽에 가깝다. 요컨대 핵심은 배열과 배치에 있다. 그런 의미에서 〈우연과 상상〉이 개연성을 확보하는 방식은 두 가지다. 하나는 앞서 언급한 바와 같이 우연으로 시작해 말이 되게 마무리하는 거다. 정확히는 우연히 불꽃을 틔운 사건이 무수한 대화를 거쳐 '말이 되게' 정돈되는 사이 이를 지켜보는 우리의 머릿속에도 빈칸을 메우려는 상상력이 작동한다. 그리하여, '우연'(에서 시작된 이야기)과 '상상'(을 거쳐 당신의 것이 되는 체험)이 당신 눈앞에 찾아왔다. 여기서 핵심은 우연이라는 리얼리즘의 요소를 다시 이야기라는 표현주의 세계로 편입시킨다는 사실이다. 하마구치 류스케는 평행선을 달리는 두 세계를 연결시킬 수 있는 방법을 모색한다. 애초에 두 세계가 나뉘었던 적이 없는 것처럼. 어쩌면 감독 하마구치 류스케의 본질은 영화라는 행위 그 자체를 연구하고 고민하는 영원한 영화학도가 아닐까. 그에게 중요한 건 결과물이 아니라 그에 도달하는 과정인 것처럼 보인다.

그런 의미에서 〈우연과 상상〉이 테마로 삼은 실험은 반복과 변주, 그중에서도 대사의 사용이다. 하마구치 류스케에게 대사는 마치 음악과도 같다. 대사의 리듬과 완급 조절, 미묘하게 달라지는 밀도와 우연의 개입과 같은 구성이야말로 하마구치 류스케 영화의 육체, 피와 살이다. 그리하여 에릭 로메르에서 영감을 얻은 영화는 홍상수의 카메라를 거쳐 마침내 하마구치 류스케의 언어로 완성된다. "마법(보다 더 불확실한 것)", 우연을 허락하며 출발한 영화는 이야기의 "문은 열어둔 채로" 무대 위 실패를 기꺼이 받아들인 끝에, "다시 한번" 내일을 향한 출발을 응원한다. 스크린에 불이 켜진 뒤 여전히 화면 너머 사람들의 대화가 들려오는 것 같다. 아니, 이건 로베르트 슈만의 음악 소리인가. 삶은 그렇게 이야기가 된다. 반대도 마찬가지리라.

# 얼룩이 번져 영화가 되었습니다

〈헤어질 결심〉과 〈탑건: 매버릭〉

시간과 함께 내 안의 언어가 익어간다. 입을 닫자 갈 곳 잃은 마음이 넘치고 번져 끝내 지워지지 않을 얼룩이 되어버렸다. 〈헤어질 결심〉(2022)을 보고 나서 아무 말도 하지 않기로 결심했다. 굳이 말을 보태어 영화의 형태를 훼손하고 싶지 않기도 했거니와 내 안의 빈약한 언어로 이 상태를 설명할 도리가 없었다. 말을 더할수록 오해는 짙어지고 본질에서 멀어질 거라 생각했다. 다행히도 내게 얼마간의 시간이 주어져 내심 안도하고, 이 비껴간 인연에 감사하며 수줍은 마음을 저 깊은 시간의 바닷속에 던져버렸다.

때론 간격이 시야를 확장시킨다. 떨어졌을 때 보이지 않던 것들이 감지되는 경우가 있다. 〈헤어질 결심〉이 개봉한 뒤 많은 평자가 각자의 마음들을 꺼내놓았다. 스크린에 불이 꺼진 후 다시 시작되는 영화처럼, 순간을 영원으로 만들어주는 사진처럼, 미결된 사건은 스크린의 영원이 되어 지금도 끝나지 않은 이야기가 이어지는 중이다. 그렇게 바닷속에 던져버린 진심은 스크린 앞의 사람들에게 닿아 마침내 다른 형태로 거듭난 뒤 파도처럼 내게로 다시 돌아온다. 쉴 새 없이 반복되는 파도, 〈헤어질 결심〉을 향한 애정과 고백의 언어들을 보면서 어느샌가 결심이 흔들렸다. 정확히는 어디까지가 내 안에서 번져간 얼룩이고 어디서부터가 밖에서 스며들어 물든 생각인지 구분이 힘들어졌다. 사실 그건 그것대로 좋았다. 같은 장면을 두고 펼쳐진 다른 사유의 경로를 접하며 이제는 영화가 아닌 해석과 해석 사이의 대화가 시작된다.


**얼룩이 번져 사랑이 되었습니다**

박찬욱 감독이 카메라로 조각한 사랑의 형태를 감상하는 것만큼 그에 대한 반응을 살펴보는 건 행복한 일이다. "마치 바닷가에서 스스로 조개를 캔 것처럼 자신이 영화에서 받아들인 것을 소중하게 여기더라. 그게 참 기분 좋았다"라는 정서경 작가의 벅찬 고백을 들으며 한발 늦게 들이치는 파도에 관해 이야기해 보는 것도 나쁘지 않겠다는 생각이 들었다. 나는 "아무리 천천히 젖어 드는 사람에게도 마침내 파도는 친다"라는 김소미 평론가의 말에 공감하며 이미 젖어들었다. 동시에 나는 "무언가를 보았지만, 끝내 무엇도 보지 못했다. 감춰졌기 때문이 아니라, 차라리 투명하기 때문"이라는 김소희 평론가의 해석에 완전히 동의한다. 적어도 나는 "〈헤어질 결심〉은 '사랑'이라는 단어를 피해 사랑을 표현하는 말과 몸짓의 총화"라는 김혜리 평론가의 묘사보다 정확한 문장을 상상할 수 없다. 〈헤어질 결심〉에 관한 글을 읽는 건 마치 해변에서 서래(탕웨이)를 찾아 헤매는 해준(박해일)의 심경을 닮았다. 스스로 인지하지 못했던 자신의 마음이 타인의 언어로 정확히 표현되었을 때 찾아오는 뒤늦은 감격과 후회. 그리고 메울 수 없는 행복한 공허. 버티는 길은 오직 또 다른 파도를 만들어내는 것뿐이다.

본 것보다 아직 보지 못한 것이 더 많을 이 영화에 추가로 질문을 보태는 건 그리 어려운 일이 아니다. 영화 바깥에서 시작해도 좋겠다. 어떤 이들은 이 영화가 고풍스럽다고 하고 혼란스럽다는 이야기도 하는 한편, 누군가는 전작의 과격한 묘사에 비해 지나치게 얌전하다고도 말한다. 극한의 세공에 대한 경탄의 목소리 뒤로 여전히 과시적인 부분에 대해 불편함을 토로하는 말도 섞여 들려온다. 다행스러운 반응이다. 이 영화는 거울을 마주 선 듯 각자의 화답들이 충돌하여야 마땅하다. 먼 길을 돌아 다시 당도한 해변 앞에서 단순한 호기심이 앞선다. 〈헤어질 결심〉이 사랑을 어떻게 형상화하는지 묻기 전에 해결해야 할 질문. 사랑은 어떻게 정의되는가.

서래가 "마음을 가져다줘"라고 한 것을 번역기가 "심장을 가져다줘"라고 통역하는 순간 언어의 뉘앙스는 본래 정해진 고정관념 바깥까지 그물망을 확장시킨다. 힌트는 언제나 외부와의 간극에서 발견되는 법이다. '유 퀴즈 온 더 블럭'에 출연한 물리학자 김상욱이 "사랑은 상전이相轉移"라고 설명하는 것을 듣고 무릎을 쳤다. 물이 얼음이 되는 것처럼 물체에 변수를 투입할 때 어느 시점까지는 '온도가 내려간다'는 연속적인 변화가 있으나 어느 순간 '액체가 고체가 되는' 불연속적인 변화가 일어난다. 사랑을 하기 전과 후에 일어나는 불연속적인 변화. 본질을 유지한 채 다른 형태가 되는 순간에는 반드시 징후와 흔적이 동반된다. 서래와 해준이 언제 서로에게 마음을 빼앗겼나. 해준의 시점을 따라가는 〈헤어질 결심〉의 전반부는 천천히 스며드는 해준을 닮았다. 해준이 서래에게 마음을 빼앗긴 순간이 언제일까. 서래를 심문하며 휴대전화 패턴이 알고 싶다고 말할 때? 시신 상태를 확인하겠냐는 질문에 서래가 "말씀"을 듣겠다고 했다가 사진으로 선택을 바꿀 때? 시마스시를 함께 먹을 때?

나는 〈헤어질 결심〉의 현란한 편집이 마치 하나의 덩어리, 약간의 과장을 보태 롱테이크처럼 느껴졌다. 이 모든 순간을 사랑이라 부를 수도 있을 것이다. 이건 분리되지 않는 연속적인 변화다. 그리하여 마침내 해준은 말한다. "당신 때문에 나는 완전히 붕괴되었어요. 핸드폰을 바다 깊숙한 곳에 버리세요. 아무도 모르게." 붕괴와 헤어질 결심이라는 불연속의 변화를 기점으로 서래와 해준의 관계는 드디어 다른 상태로 전이된다.

언어 사이에는 메울 수 없는 간격이 있어 필연적으로 오해를 동반한다. 우리가 대화하고 있다고 믿지만 실은 각자의 해석만을 꺼내어 놓고 대화를 나누고 있다고 믿고 싶은 것인지도 모른다. 그리하여 이야기가 창조되었다. 이야기와 사건은 닿지 못한 마음의 갈증을 메우는 과정에서 빚어진 필연적인 결과물이다. 사건의 행간, 보이는 것 이면의 의미, 막간의 진실을 경유하여 누군가의 사연이 나의 것으로 거듭난다.

〈헤어질 결심〉 역시 언어의 간격과 오해, 발신자와 수신자 간의 시차를 원동력으로 삼는다. 간극을 좁히기 위해 동원되는 건 범죄 수사이다. 용의자를 상상하며 뒤쫓는 행위는 본질적으로 상대를 마음속에 그려 넣는 연인 간의 행위와 별반 다르지 않다. 다음 상황, 상대의 마음을 궁금하게 만드는 이른바 서스펜스는 오해와 긴장을 반복하며 로맨스와 같은 궤적을 그린다. 〈헤어질 결심〉은 해준이 던진 말이 다시 해준에게 사랑 고백으로 돌아오기까지 시차와 벌어진 간격을 따라잡는 영화다. 다만 이것을 다시 사랑이라는 언어로 포획할 수 있을지는 자신이 없다. 〈헤어질 결심〉은 우리가 쉽게 사랑이라는 언어의 감옥에 가두어왔던 마음의 형태를 끊임없이 더듬는다. 지연되고 잘못 전달되는 사이 발생하는 지워지지 않을 흔적들. 차라리 얼룩이라고 해두자. 해준의 일상은 다시 등장한 서래라는 얼룩으로 훼손되어 마침내 완전히 얼룩으로 잠식된다. 그때의 얼룩은 여전히 얼룩이라 불러야 할 것인가.

영화는 관객인 내게도 얼룩을 남겼다. 다만 서래와 해준의 관계, 두 사람 사이 마음의 형상은 오롯이 그들의 것이다. 다시 한번, 시선의 전환은 언제나 외부에서 시작된다. 예외적 인물 혹은 예외적 장면이라고 해도 좋겠다. 마지막 해변가의 부감 실루엣에 서래의 얼굴을 숨겨놓았다는 감독의 고백에 의하면 이 영화에는 무수한 기호들이 숨은그림찾기처럼 당신을 기다리고 있을 것이다. 내게 있어 해준이 서래에게 마음을 빼앗겼다고 느껴진 예외적 순간은 두 사람 바깥에 있다.

나는 항상 박찬욱 영화가 도착적이라고 생각해 왔다. 안에 담긴 내용물보다 포장의 방식을, 이야기보다 영화 언어를 더 사랑한 자의 숙명 같은 굴레(혹은 오해)가 있다. 장면과 이미지가 내용과 상황을 앞서는 그의 영화는 현란한 만큼 공허하다고 느껴왔다. 하지만 〈헤어질 결심〉에 이르면 끝과 끝이 통한다고 인정할 수밖에 없다. 극한의 세공이 도달하는 곳 역시 언어 바깥 정념의 덩어리, 이른바 포착된 진실과 본질적으로 다를 바 없어 보인다. (숨은그림찾기는 보너스 게임에 불과하다. 이 영화는 이미 모든 것을 보여주고 있다. 모든 것을 보고 들은 뒤 응시할 곳은 영화가 아니라 질문을 이어갈 자기 자신이어야 한다. 약간의 과장을 보태 〈헤어질 결심〉의 투명함은 에릭 로메르가 말했던 영화의 투명성과 끝내 같은 자리에 도착한다. 다른 경로와 같은 장소.)

박찬욱 영화의 지향점에 반발하면서도 끝내 동참할 수밖에 없는 항복의 순간은 해준도, 서래도 아닌 시마스시에 질투하는 수완이었다. 수완의 농담 같은 질투를 보며 나는 이해와 분석을 접고 이 영화에 기꺼이 마음을 내어주기로 했다. 경찰서 계단에서 해준이 부하 형사 수완(고경표)에게 '부검'이 무엇인지 서래에게 설명하라고 지시하는 순간이 강렬하게 박혀 좀처럼 지워지지 않는다. 수완은 서래에게 보내는 일종의 비밀 연애편지다. 해준은 수완을 메신저로 남겨두고 홀로 계단 모퉁이를 돌아 사라진다. 마치 다른 세계로 돌입하는 것처럼 분리되는 장면에서 나는 영화의 얼룩을 느낀다.

이후 수완이 서래를 경계하고 의심하는 건 그야말로 질투다. 해준을 서래라는 세계에 빼앗겨 버린, 남겨진 자의 질투. 메신저가 도구에 머물지 않고 질투까지 하는 흥미로운 풍경이다. 자신의 동기마저 감히 시마스시를 먹었기 때문에 수완의 질투하는 마음이 커졌다고 하면 과장일까. 농담 같은 질투의 중심에 놓인 시마스시는 적어도 내게 있어 이 영화가 그리는 어떤 사랑의 흔적보다 명료하게 다가와 나의 얼룩이 된다.

## 정지된 영원으로 남겠습니다

얼룩은 다른 영화로도 번져나간다. 우리는 모두 사랑의 깃발 아래 무언가를 탐닉한다. 줄곧 얼룩에 대해 말했지만 그렇다고 얼룩이 곧 사랑의 대체어가 되는 건 아니다. 사랑이 일종의 상태라면 얼룩은 이에 이르는 과정에 남겨진 흔적들의 총합이다. 사랑이라는 점에 도달하기까지의 선, 어쩌면 남겨진 껍데기일지도 모른다. 하지만 우리는 사랑이 신기루처럼 휘발된 자리에서, 혹은 사랑의 형상을 감지할 수 없는 상황에 내던져질 때 종종 남겨진 것들에 집착한다. 빈자리가 클수록 집착과 방황은 더욱 짙어져 종국엔 대상이 아니라 지나간 얼룩, 달이 아니라 달을 가리키는 손가락을 탐닉하기 시작한다. 〈헤어질 결심〉 이후 이 얼룩은 다른 영화에서도 보였다. 집요한 탐닉이 시작된 것이다. 나는 이 얼룩들에 대해 말하지 않을 수 없게 되었다.

예컨대 〈탑건: 매버릭〉(2022)은 36년이라는 시간이 지나고 뒤늦게 도착한 것들, 아니 살아남은 것들에 대한 애정으로 흠뻑 젖은 영화다. 〈탑건〉(1986)이 시대의 열기가 투영된 범상한 청춘 영화였다면 36년이 지난 뒤 도착한 〈탑건: 매버릭〉은 생존자의 진귀한 사례로 변모한다. 〈탑건: 매버릭〉은 속편이라기보다는 차라리 리메이크다. 구조와 형태를 고스란히 가져와 반복한다. 모든 것이 변해버린 상황에서 여전히 같은 행위와 갈망이 반복된다는 건 어딘지 섬뜩한 구석이 있다. 매버릭(톰 크루즈)은 특출난, 혹은 이질적인 존재다. 하늘과 비행, 속도를 향한 그의 갈망은 차라리 순수에 가깝다. 대척점인 아이스맨(발 킬머)은 전투의 승리와 생존, 군사적 목적의 성취를 위해 비행하지만, 매버릭은 비행 그 자체를 위해 비행한다. 목적이 배제된 순수한 욕망은 그 자체로 광기라고 해도 좋겠다.

사랑에 빠진다는 건 그런 거다. 선과 악, 옳고 그름 바깥에서 기꺼이 어떤 다른 열망에 몸을 불사르는 상태. 그리하여 아이스맨은 상식의 세계에서 제독이 되었고, 매버릭은 주변의 시간을 붙들어 맨 채 여전히 대령의 자리에 남아있다. 이것은 실패가 아니다. 매버릭은 마치 사진처럼 시간마저 박제시키며 자신의 순수한 열망을 여전히 수행 중이다.

조종사들의 시대가 결국 끝이 날 거라는 제독의 단언에 매버릭은 답한다. "언젠가는. 하지만 오늘은 아니다." 이 선언이 유독 애잔하게 들리는 건 '언젠가는'이라는 단서가 깔려있기 때문이다. 매버릭 역시 자신의 길이 끝까지 이어지지 못할 것이라는 걸 안다. 영원한 건 없다. 그렇기에 사랑에 빠진 자는 순간을 불태우고 기꺼이 사라진 뒤에 영원으로 기록되는 길을 택한다.

이것은 실패함으로써 남겨진 것들에 관한 이야기다. 적어도 현실에서는 그렇게 작동한다. 하지만 〈탑건: 매버릭〉은 그걸 실패와 미결로 남겨두는 대신 기어이 오늘의 승리로 포장한다. 적극적이고 공격적인 방식으로 환상을 향해 투신했다고 해도 무방하다. 시대의 물결에 떠밀려 간 것들을 대변할 더할 나위 없는 달콤한 환상.

할리우드 영화의 권능은 그것이 진실이 아님에도 기꺼이 만끽하는 해피엔딩으로부터 발생한다. 진실이 아니기에 기꺼이 불편함을 망각하고 만끽할 수 있는 낙원. 물론 영화라는 꿈에서 깨면 다시 초라한 현실로 돌아와야 할지도 모른다. 하지만 그렇다고 한여름 밤의 꿈을 미리 포기할 필요는 없다. 〈탑건: 매버릭〉을 이미지의 죽음으로 연결한 김병규 평론가의 탁월한 통찰과 죽음을 유예한다는 상상력에 전적으로 동의한다. 그럼에도 나는 〈탑건: 매버릭〉이 집착하는, 꿈을 향한 낭만적 해석을 포기하고 싶지 않다. 〈탑건: 매버릭〉은 〈헤어질 결심〉처럼 투명하다. 이 영화는 전쟁의 작동방식과 진실을 은폐하는 걸 목표로 하지 않는다. 물론 〈탑건〉은 실제로 그랬다. 〈탑건: 매버릭〉 역시 결과적으로는 전쟁의 실체가 은폐된다. 하지만 그것이 목표라기보다는 부산물, 요컨대 얼룩에 가깝다. 매버릭은 그저 꿈과 낭만에 눈이 멀어 그것을 향해 무한히 비행하고 있을 따름이다.

여기에 더해 〈토이 스토리〉(1995)의 한 장면이 떠오른다.

버즈가 폭발형 로켓을 타고 우디와 함께 날아오른다. 우디는 신이 나서 외친다. "버즈, 너 지금 날고 있어!" 버즈는 답한다. "이건 나는 게 아니야. 멋지게 추락하는 거지." 정지를 거부하는 현실 세계에서 그것은 추락으로 정의되어 마땅하다. 버즈와 우디는 추락을 향해 한없이 가까워지고 있다. 하지만 시간을 멈출 수 있는 영화에서는 다르다. 언젠가는 땅에 가닿을 걸 알고 있지만 그 순간만큼은 날고 있다고 해도 좋지 않을까.

영화는 죽음을 유예시켜 영원으로 만들 수 있다. 정지된 영상의 영원성. 비슷한 예는 얼마든지 있다. 리들리 스콧 감독의 〈델마와 루이스〉(1991)의 엔딩에서 두 사람의 차는 절벽으로 추락하는 것인가. 이마무라 쇼헤이 감독의 〈복수는 나의 것〉(1979)에서 유골은 뿌려지는 것인가. 땅으로 떨어지지 않고 하늘에 멈춰 선 영상은 현실과 환상 사이에 머물며 영원으로 기억된다. 현실(땅)로부터 한없이 유예된, 스크린(하늘)에 머물 것. 어쩌면 그건 영화의 근원적인 욕망 중 하나다. 〈탑건: 매버릭〉이 끝내 고집해 낸 환상 역시 하늘(혹은 영화)에 머무는 일이다. 36년의 간격을 두고 다시 반복된 이 영화의 순수함, 혹은 찬란한 광기에 마음을 빼앗기는 건 당연한 일이다.

그리하여 나의 뇌리에 박힌 〈탑건: 매버릭〉의 얼룩은 해변가에서 비치발리볼 게임을 하는 장면이다. 원리퍼블릭의

'I Ain't Worried'가 배경 음악으로 흘러나오고, 탑건 조종사들은 근육질의 몸매와 함께 에너지를 발산한다. 팀워크를 다진다는 건 변명에 불과하다. 이건 서사적으로 불필요한 장면이다. 정확히는 서사와 별개로 떨어져 단독으로도 위력을 발휘한다. (할리우드 장르) 영화가 끝내 붙들어 정지시키고자 하는 꿈은 무엇인가. 나는 지금 그 지워지지 않을 욕망의 흔적이자 (언젠가 좌절될) 꿈의 얼룩들 앞에 서있다.

문득 영화라는 행위 전체가 이 얼룩을 향한 연서戀書처럼 느껴진다. 'I Ain't Worried'의 가사가 이토록 애잔하고 결연하게 들릴 줄은 몰랐다. "네가 무슨 말을 들었는지 모르겠지만 / 이젠 시간이 없어 / 서둘러야 해, 조금씩 너에게 다가가고 있어 / 이 상황에 두려워하는 게 정상이겠지만 / 지금 난 걱정 따윈 안 해. / 난 뺏고 싶을 만큼 원하는 게 생겼을 때 가장 열정적이지 / 별거 아닌 일에 신경 쓰긴 너무 바빠 / 모든 걸 받아들일 준비는 끝났어." 기어이 정지된 영원에 머물겠다는 각오. 기꺼이 눈이 멀겠다는 결심. 영원히 당도하지 않을 연서를 손에 쥔 채 나는 언제까지 스크린의 해변가를 서성일 수 있을까. 문득 슬프고 두렵고 안타까운 파도가 차례로 발밑을 적신 끝에 문득 내가 영화를 사랑하고 있는 건지도 모른다는 걸 깨달았다. 이제야 마침내.

# 변하지 않는 건
# 모든 것이 변한다는 것뿐

〈아이리시맨〉

그래서, 시네마란 무엇인가. 마틴 스코세이지가 마블 영화가 "시네마는 아니다"라며 이견을 제기했을 때 사람들은 당연히 그 이유가 궁금했을 것이다. 스코세이지가 《뉴욕 타임스》에 장문의 글을 통해 그 이유를 설명한 순간 그의 차기작 〈아이리시맨〉의 운명도 바뀌었다. 〈아이리시맨〉은 한 편의 신작이 아니라 시네마의 형태를 증명해야 하는 처지에 놓인 것이다. 적어도 사람들은 〈아이리시맨〉을 볼 때 스코세이지가 언급한 시네마의 조건, '한 예술가의 독창적인 비전'을 떠올리며 비교하고 찾아 헤맬 수밖에 없다. 마치 거기에 정답이 있는 것처럼. 당연한 말이지만 정답 같은 건 없다. 그저 스코세이지의 신작이 있을 따름이다. 한편으론 그것이야말로 우리 시대가 목격하는 시네마의 어떤 종착지라고 봐도 크게 틀리진 않을 것 같다. 그냥 마틴 스코세이지의 영화. 바꿔 말해 마틴 스코세이지가 이제껏 쌓아온 영화적 경험치의 총합. 1960, 1970년대 히치콕 영화에 열광하던 세대가 사무엘 풀러, 잉마르 베리만, 장 뤽 고다르, 돈 시겔과 함께 한 뒤 지금까지 살아남아 내놓는 결과물.

## 마틴 스코세이지라는 시네마의 존재 방식

사실 예술가의 '독창적인 비전'이라는 말은 교묘하게 들린다. 스코세이지는 마블 영화로 대표되는 프렌차이즈의 공정과 예술가의 작업 사이 결정적인 차이 중 하나로 '모방할 수 없는 감각'을 꼽았다. 그것은 각자의 체험을 통해 쌓은 결과물이기도 하고 한 사람이 세상을 바라보고 소화한 후 토해내는 방식이기도 하다. 스코세이지는 마블 영화가 여러 사람의 공통 작업으로서 이야기의 가공이라고 선을 그었다. 반면 시네마는 설사 그것이 모두의 이야기일지라도 각자 다른 방식과 언어로 표현하는 매체라고 말한다. 스코세이지는 그것을 "현존하는 용어로 이름 붙이기 어려운 부류의 경험 가능성"이라고 표현했다. 달리 말하면 각자의 체험 속에서 다르게 해석될 여지가 있는 가능성이라고 해도 좋겠다. 그리고 시네마는 "활동하는 사진과 음향을 통해 이야기를 풀어나가는 방법론의 경계를 확장"한다. 요컨대 자신만의 리듬과 호흡으로 어떤 오리지널리티를 창조해 낸다. 물론 그건 단순한 스타일의 기계적인 확장과는 다르다.

시네마의 조건과 개념은 받아들이는 사람들의 인식과 시대의 변화에 따라 경계와 형태를 달리하기 마련이기에 여기엔 수많은 말과 생각들의 충돌이 동원되어야 한다. 다만 스코세이지가 던진 힌트를 바탕으로 오늘날 시네마가 어떻게 생존할 수 있는가에 대해서는 이야기해 볼 수 있을 것 같다. 그리고 〈아이리시맨〉은 그 좋은 바로미터가 될 수 있다. 〈아이리시맨〉은 시네마인가. 여기서 확실히 답을 내릴 수 있는 건 〈아이리시맨〉이 스코세이지가 생각하는 (혹은 그가 따르는) 시네마의 한 형태임은 분명하다. 앞선 스코세이지의 글을 바탕으로 정리하자면 그가 생각하는 시네마란 언어 바깥에 있는 것들을 전달하는 방식 중 하나인 것 같다.

우리는 '사과'라는 단어의 사전적인 의미를 통해 의사소통할 수 있다. 하지만 사과라는 단어가 누군가에게 전달될 때 각자의 머릿속에 피어나는 맛, 색, 형태는 각각 다를 수밖에 없다. 스코세이지가 하고자 하는 것은 바로 그것이다. 그는 이야기를 전달한다. 할아버지도 하고, 소설도 하고 있고, 마블 영화도 하는 것이다. 아니 마블 영화는 일대일로 정확히 도달하는 이야기의 평균값을 내는 작업이다. 반면 스코세이지가 〈아이리시맨〉을 통해 전하고자 하는 것은 모두가 아는 이야기 바깥의 감각들이다. 동시에 그것은 각자에게 있어 일회적인 체험으로 연결된다.

〈아이리시맨〉은 어떤 이야기인가. 2차 세계대전 참전용사 출신인 한 아이리시 남자 프랭크 시런(로버트 드 니로)이 미국의 이탈리아 마피아의 히트맨으로 활동해 온 60년 세월을 풀어낸 이야기다. 찰스 브랜트의 논픽션《I Heard You Paint Hauses》를 원작으로 한 〈아이리시맨〉은 미국 역사상 가장 유명한 미제사건 중 하나인 노조위원장 지미 호파(알 파치노)의 실종사건을 다루고 있다. 스티븐 제일리언은 각색을 맡아 미국 현대사의 중요한 사건들과 조직의 히트맨의 삶을 교차시킨 끝에 장대한 대서사시를 써 내려간다. 209분에 달하는 서사를 이렇게 몇 줄로 정리할 수도 있을 것이다. 하지만 이것이 영화와 완전히 다른 체험이라는 걸 우리는 알고 있다. 비유하자면 '사과'라는 단어의 사전적인 의미이다.

미국 필라델피아에서 축산유통 트럭 운전사로 일하던 프랭크 시런은 이탈리아 마피아가 운영하는 레스토랑에 고기를 빼돌려 납품한다. 그러던 중 우연히 조직의 권력자 러셀 버펄리노(조 페시)에게 발탁된 프랭크는 조직의 히트맨으로 발탁된다. 얼마 뒤 프랭크는 조직과 연결된 미국 최대화물 운송노조 '팀스터스'의 위원장 지미 호파의 일을 돕기 위해 파견되고 그의 오른팔로 활약하며 노조의 간부가 된다. 하지만 케네디 정권과 각을 세우던 지미는 표적 수사를 받다가 구속되고 노조에서는 이인자가 권력을 차지한다. 지미는 출소 후 노조위원장 자리를 되찾기 위해 판을 벌이지만 마피아는 이미 다루기 쉬운 이인자와 한편이 되어버린 후다. 프랭크는 사이가 틀어진 조직과 지미 사이를 어떻게든 중재하려고 하지만 갈등은 이미 돌이킬 수 없는 강을 건넌 상태다. 조직은 프랭크에게 지미 호퍼를 제거할 것을 명령하고 프랭크는 러셀과 지미 사이에서 갈등한다. 우리는 실화를 통해 결과를 이미 알고 있다. 지미는 실종되었고 이에 관련된 사람들은 모두 병이나 사고, 노환으로 죽어버려서 진실을 알려줄 사람이 없다. 〈아이리시맨〉은 프랭크의 입을 빌려 그 기억을 재구성해 나간다.

영화의 시작, 긴 병원 복도를 카메라가 훑고 지나간다. 한 명씩 사람을 지나 복도를 돌고 마침내 늙고 초라한 한 남자에게 카메라가 당도하자 남자는 카메라를 정면으로 응시하며 이야기를 시작한다. 누가 누구에게 이야기를 건네는가. 이야기의 화자가 누구인가는 이 영화에서 중요한 문제다. 동시에 이야기를 들려주는 사람과 장면을 보여주는 사람이 분리되어 있다는 것 또한 중요하다. 〈아이리시맨〉의 화자는 프랭크이지만 이 모든 상황을 배치하고 순서를 결정하는 건 감독 마틴 스코세이지다. 이 당연한 사실이 무엇보다 중요한 영화가 바로 〈아이리시맨〉이다.

'영화가 누구에게 말을 거는가'라는 질문은 '시네마란 무엇인가'라는 명제와 곧바로 이어지기 때문이다. 〈아이리시맨〉은 세 가지 다른 시간 축의 이야기를 교차시킨다. 하나는 늙어서 양로원에 머무는 프랭크다. 늙은 프랭크는 이야기의 화자이자 기억하는 존재이며 긴 시간의 축적 끝에 도달한 결론이다. 다시 말해 우리는 결론부터 목격하며 이 이야기를 회고한다. 두 번째는 러셀과 러셀의 아내, 그리고 자신의 아내와 함께 필라델피아로 향하는 중년의 프랭크다. 중년의 프랭크는 나흘간의 고속도로 위를 달리며 무언가를 고민하고 끊임없이 지연시키고자 애쓴다. 마지막으로 중년의 프랭크가 회상하며 플래시백으로 끼어드는 젊은 프랭크가 있다. 젊은 프랭크는 마피아와 관계 맺기 시작한 시절부터 필라델피아로 향하는 도로 위까지 지나온 시간을 재현하며 관객을 안내한다. 마피아의 히트맨으로 살아온 프랭크의 60년을 내레이션과 플래시백을 활용해 재구성하는 것이다.

이러한 플롯 자체는 그다지 새로울 것 없다. 다선적인 서사 구조는 〈인셉션〉(2010) 등 정교한 이야기 미로를 펼쳐낸 영화부터, 방대한 이야기를 다루는 TV 시리즈까지 수많은 장르에서 사용하는 방식이다. 하지만 대개 이런 방식이 관객과의 게임을 즐기기 위한 기교나 미로를 설계하기 위한 일종의 트릭으로 활용되는 반면 〈아이리시맨〉의 겹겹이 쌓인 플래시백 구조는 목적이 다소 달라 보인다. 마틴 스코세이지가 중요시하는 것은 플롯의 내용이나 구조가 아니라 순서다. 정확히는 겹겹이 쌓아놓은 이야기를 누가 들려주는가, 혹은 누가 무엇을 목격하는가의 문제다. 이것은 과거를 회상하는 대신 현재화시킨다. 만약 누군가 이 차곡차곡 쌓이는 축적의 과정을 생략하고자 한다면 그것은 영화 전체를 부정하는 것과 마찬가지다.

이 영화가 209분이라는 방대한 상영시간을 필요로 하는 이유는 예술적 허영심이나 이야기의 방대함 때문이 아니다. 이 축적의 과정을 고스란히 함께 체험할 필요가 있기 때문이다. 〈아이리시맨〉이 긴 상영시간에도 불구하고 한 호흡으로 다가오는 이유가 여기에 있다.

## 가장 냉혹한 것은 또박또박 흘러가는 시간이다

물론 관객은 (넷플릭스에서 서비스되는) 〈아이리시맨〉을 멈춰보거나 끊어볼 수 있다. 하지만 그것이 가능한 행위라고 해도 이 영화는 그런 관람 행위를 용납지 않는다. 〈아이리시맨〉은 시간에 대한 질문이며 그것은 한 호흡에 이뤄질 때라야 유효하기 때문이다. 우리는 이 영화의 특정한 숏과 세트 피스를 이야기할 수 있지만 동시에 그렇게 분리하는 순간 의미가 달라진다. 아니 정확히는 사라진다. 예컨대 프랭크가 지미를 마지막으로 만나러 가는 시퀀스에서 프랭크와 지미의 양아들 처키 오브라이언(제시 플레먼스)과 조직원들을 태운 자동차가 같은 장소를 오가는 모습을 여러 차례 보여준다. 꺾어지는 이 장면의 반복은 서사 상으로는 불

필요하다. 하지만 이 불안함의 축적과 반복이 있기에 프랭크의 고뇌와 허탈함이 과거의 것이 아니라 현재의 감각으로 다가올 수 있다. 시간이 필요한 이 고전적인 연출을 고집하는 건, 그게 바로 스코세이지가 영화를 감각하고 배워온 방식이기 때문이다.

중요한 건 내용이 아니라 순서다. 아니 순서와 반복과 축적, 그리고 그것을 풀어내는 시선의 자리다. 프랭크 시런이 우리에게 자신의 기억을 어떻게 전달해 주는가, 그 방식이 중요하다. 달리 말하자면 우리가 어떤 순서로 이 정보들을 받아들이는지가 〈아이리시맨〉을 시네마로서 성립하게 하는 조건이다. 어떤 부분에서 빈칸을 채우고, 무엇을 목격하느냐. 왜 프랭크가 바람을 피우는 장면이나 아이들과 시간을 보내는 장면은 생략되어 있는지, 어떤 살인들은 결과로만 제시되고 어떤 살인은 잔혹한 순간까지 모두 관람하도록 만드는지가 중요하다. 이 순서들은 바뀔 수도 없고 바뀌어서도 안 된다. 그런 의미에서 209분에 달하는 〈아이리시맨〉의 상영시간은 일종의 비가역적 시간에 관한 체험이다. 확장하자면 그것은 우리가 삶을 이야기로 바꿔내는 방식이기도 하다. 스코세이지가 말한 이야기와 다른 감각, 체험에 속하는 오리지널리티가 있다면 바로 이 지점이다. 〈아이리시맨〉은 시간의 흐름, 늙음, 바뀔 수 없는 어떤 결과에 대한 스코세이지의 비전이다. 누군가는 그곳에서 비장미를 느낄 수도 있고 어떤 이는 애상과 비애, 무상함을 건져 올릴 수도 있을 것이다.

나는 여기서 시네마의 존재 방식을 마주한다. 마틴 스코세이지의 현재를 마주한다. 그의 시네마는 과거의 것을 재현하는 것이 아니다. 그는 자신들의 세대에서 체험해 온 방식을 바탕으로, 오늘날 어떤 방식으로 시네마의 시간이 여전히 유지될 수 있는지를 증명한다. 〈아이리시맨〉에서 가장 냉혹한 것은 폭력이나 살인, 배신이 아니라 그저 또박또박 흘러가는 시간이다. 아무리 시간을 늦추고 지연시키려 해도 불가능하다. 영화 도처에 활자로 박히는 인물들의 죽음처럼 우리에게 허락된 것은 단지 그에 이르는 시간을 지켜보는 게 전부다. 영화는 재현과 회상, 플래시백을 통해 부지런히 그 작업을 반복하면서도 결국엔 그게 불가능하다는 것을 고백한다.

〈아이리시맨〉은 프랭크의 지나온 시간을 하나씩 현재화시키는 영화인 동시에 마틴 스코세이지가 익혀온 영화에 대한 감각을 모아놓은, 스코세이지 영화사의 총합과도 같은 결과물이다. 마틴 스코세이지는 미국 영화의 한복판에서 자신의 영토를 넓혀왔고, 〈휴고〉(2011)의 3D 기술도 자신의 언어로 받아들였고, CG를 활용해 로버트 드 니로, 알 파치노에게 젊음을 되돌려 주었다. 〈아이리시맨〉은 그런 시간을 겪어온 지금의 마틴 스코세이지이기에 허락된 영화일지도 모르겠다.

'마틴 스코세이지의 시네마' 안에서 과거와 현재는 동시에 존재한다. (그리고 실패한다.) 생각해 보면 모든 영화는 시간을 박제시키기 위한 발버둥이었다. (그리고 실패했다.) 〈아이리시맨〉은 마틴 스코세이지가 축적해 온 경험들을 통해 관객의 뇌리에서 과거로 밀려나던 '시네마'라는 개념을 지금, 우리 눈앞까지 끌고 온다. 비록 거기에 놓인 것이 늙고 고단한 몸뚱어리뿐일지라도, 넷플릭스라는 아이러니한 플랫폼의 힘을 빌렸을지라도, 화자이자 수행자였으며 목격자인 프랭크는 운명 앞에서 눈 돌리지 않고 카메라를 마주 보며 앉은 채 마지막까지 우리를 응시한다.

# 영화를 향한 향수병

### 〈1917〉

나는 대체로 무용無用한 것들을 사랑하는 편이다. 〈1917〉
(2020)은 카메라의 쓸모와 자신의 효용을 수다스럽게 떠들어
대는 것 같아 왠지 안쓰럽고 애잔했다. 침묵하는 법을 알았
던 카메라들이 그립다.

데번서 연대의 무모한 돌진을 중지시킨 스코필드(조지 매
케이)가 블레이크(딘 찰스 채프먼)의 형을 찾아 야전병원 막사
에 당도하는 순간 불안감이 엄습했다. 몰입을 압박하던 서
스펜스와는 분리된 감정이 영화 바깥에서 침투해 들어왔
다 해도 좋겠다. 막사 저 멀리 희미하게 나무 한 그루가 눈
에 들어왔을 때부터 스코필드의 서성이는 걸음에 집중이 되
지 않았다. 내심 아니길 바라면서도 저 노골적인 수미쌍관
의 장소가 스코필드의 여정이 마무리될 지점이 되는 것을
피할 수 없어 보였기 때문이다. 아니나 다를까, 스코필드가

막사를 둘러보는 순간부터 기이한 움직임이 감지된다. 영화 내내 스코필드에게 밀착해 있던 비현실적인 카메라가 문득, 아니 거의 유일하게 스코필드에게서 잠시 떨어져 홀로 어디론가 향해 날아가기 시작하는 것이다. 스코필드가 환자들의 침대를 빙 둘러 가는 사이 카메라는 부상자들로 가득 찬 침대 위를 지나 막사 중간을 관통하듯 직진한다.

스코필드의 동선과 분리된 카메라의 목적지는 당연히 저 멀리 꽃밭 위에 홀연히 서있는 한 그루의 나무다. 나무에서 눈뜬 남자가 한바탕 소동을 끝내고 다시 나무에서 눈을 감는 이야기. 헛웃음이 나올 정도로 도식적인 형식은 이 영화의 위치를 엄혹한 실화에서 한편의 동화로 치환시켜 버린다. 전장의 참혹함은 한여름 밤의 꿈과 같은 찰나의 시간으로 포장되고, 우리가 목격한 모든 비극은 귀향을 바라는 병사의 낭만적인 사건으로 기억되는 것이다. 그렇게 영화를 보는 내내 경탄하며 두근거렸던 내 마음도 극장을 나서는 순간 한여름 밤의 꿈처럼 날아가 버렸다. 〈1917〉에 대한 호기심 역시 거기서 끝났다.

### 화려함에 시선을 빼앗기다

〈1917〉을 처음 봤을 땐 실감 나는 재현과 카메라의 기교에 넋이 빠졌다. 화면을 자르지 않고 시작부터 끝까지 한 테이크로 시간과 공간을 담아내고자 했던 원 컨티뉴어스 숏*, 거기에 위성처럼 인물 주위 360도를 회전하는 카메라가 더해져 전장의 모든 순간을 놓치지 않고 재현한다. 이 영화 앞에 '체험'이라는 수식어가 자주 등장하는 건 그 때문이다. 〈1917〉은 적어도 기술적으로 상찬받아 마땅한 영화라고 느꼈고 나 역시 몇몇 장면에서는 드물게 놀라기도 했다. 〈1917〉의 기술적 성취가 그저 놀람에 머물지 않고 초기 영화가 품었던 가능성, 예를 들면 지가 베르토프의 기계적 시각을 연상시킨다는 김소희 평론가의 탁견에 전적으로 동의한다.

〈1917〉의 촬영감독 로저 디킨스의 직진하는 카메라처럼 나도 에둘러 가지 않겠다. 〈1917〉을 보고 난 후 마음이 차게 식었던 건 카메라의 노골적인 욕망 때문이었다. 내 질문은 간단했다. 이 영화에 왜 원 컨티뉴어스 숏이 필요했는가. 스코필드와 블레이크, 두 병사의 여정을 끊어지지 않는 카메라로 따라가야 했던 이유는 무엇인가. 〈1917〉의 매 장면은 컨베이어벨트 위 정돈된 부품처럼 매끄럽게 조립되고 연결되어 빈틈이라곤 찾기 어렵지만 그건 완벽한 영화 기계의 구현일 뿐 그 이상도 그 이하도 아니다. 샘 멘데스 감독은 관객이 뒤돌아보지 못하게 "뱀처럼 이어진 리본의 형태

---

* 다른 공간, 다른 장면을 편집으로 이어 붙이되 롱테이크로 찍은 것 같은 효과를 주는 촬영 기법이다.

로 전진하는 영화"를 만들고 싶다고 했지만 그건 굳이 원 신 원테이크가 아니라도 충분히 구현 가능한 운동이다. 요컨대 영화 내부를 아무리 뒤져봐도 롱테이크의 필연성은 발견하기 어려웠다.

목격하면서도 믿기 힘든 시각적 쾌감을 제공하는 〈1917〉의 진짜 주인공은 사실 인물이라기보다는 카메라다. 그 꼼꼼함과 완성도는 로저 디킨스의 유려한 롱테이크 그 자체가 영화의 목적인 것처럼 보일 정도다. 이야기와 플롯에 필요한 형식을 선택한 것이 아니라 그저 그렇게 할 수 있으니까 그렇게 찍은 게 아닐까 하는 합리적 추론. 다시 말해 〈1917〉은 끊어지지 않는 카메라의 욕망을 실현하는 것을 목적으로 기획된 프로젝트다. 요컨대, 서사와 이야기를 위한 카메라가 아니라 카메라를 위한 서사다. 〈1917〉은 끊어져서는 안 되는 숏에 봉사할 수 있도록 직진하는 이야기를 구성하고, 빠져나갈 구멍 없이 관객을 잡아끌고 가기 위해 360도로 인물 주위를 훑는 카메라의 움직임을 허락한다. 약간의 과장을 보태자면 이건 일종의 마술 공연이라고 해도 무방하다. 관객은 놀람을 통해 영화에 몰입하는 한편 끊임없이 트릭과 비밀을 궁금해하며 온전한 감상으로부터 분리되는 이율배반적인 상태에 놓인다.

관객의 위치와 감각의 분리에 대해선 뒤에서 다시 다루기로 하겠다. 〈1917〉의 이러한 마술적인 기교와 장치들이 영화의 가치를 떨어트린다고 생각진 않는다. 아니 오히려 〈1917〉에서 미학적 가능성 혹은 예술을 향한 씨앗을 발견할 수 있다면 그건 초기 영화의 기능들에 뿌리를 둔 이 영화의 기술적 시도들 덕분이다. 〈1917〉은 그려진 영화가 아니라 찍는 영화로서의 물리적 한계에 도전한다. 로저 디킨스에 따르면 "〈1917〉에서 실제로 물리적인 아날로그 롱테이크는 최장 7분 남짓"이다. 나머지는 교묘한 트릭으로 카메라가 끊어지지 않는 것 같은 착시를 유도했다. 그런 의미에서 〈1917〉은 원 컨티뉴어스 숏이 아닌 롱 컨티뉴이티 숏에 가깝다. 이 영화에서 시간과 공간이 연결된다는 건 '연결되어 있다'는 감각의 결과라기보다는 '연결시키고야 말겠다'는 의지의 산물이다. 우리는 의외로 쉽게 이 영화의 편집점과 트릭들을 발견할 수 있지만 그걸 안다고 해서 〈1917〉이 전달하는 퍼포먼스의 경이로움이 깎여나가진 않는다.

일부 CG나 편집의 트릭을 활용하면서까지 로저 디킨스가 도달하고자 했던 건 끊어지지 않는 카메라가 주는 원초적인 운동성이다. 디지털로 그리는 영화가 시각의 경이를 채우고 있는 현재, 〈1917〉은 구태여 물리적인 연결(그것이 비록 환영이라 할지라도)을 통해 초기 영화가 품었던 운동의 경이를 복원시킨다. 우리가 현재의 시점으로 과거를 바라보는 과정에서 착각하고 있는 사실이 하나 있다. 초기 영화들역시 당시 관객에겐 어트랙션 혹은 마술쇼의 연장으로서 시각적 쾌감에 충실했다는 점이다. 지가 베르토프의 영화는 '카메라 움직임'이라는 개념을 추상적으로 사유하는 영화가 아니다. 오히려 기계적 이미지와 카메라의 운동이 주는 직관적인 충격, 언어로 표현하기 힘든 현상 그 자체에 집중하는 영화다. 이를테면 이야기를 담아내는 정확한 형상이 아니라 리듬과 프레임, 외화 면과의 대화에서 파생되는 '대화'를 포착하는 게 중요하다. 영화에서 이른바 '체험'이라고 부를 수 있는 상태는 바로 이와 같은 해석이 무의미한 자유로운 움직임 또는 해방된 감각들이다.

반면 현대 영화들은 지나치게 내러티브에 종속되는 경향이 있다. 오랜 시간 길들어진 습관이라고 해도 좋겠다. 내러티브 영화에 학습된 관객은 플롯에 지나치게 많은 환상을 품는 경향이 있다. 영화는 우리에게 무엇을 보여줄 수 있는가. 이것은 가능성에 대한 질문이다. 메시지와 내러티브에 과잉된 의미를 부여해 온 습관은 영화의 '움직임'에 족쇄를 채운다. 이야기는 생각보다 대단하지 않다. 우리는 이야기를 듣기 위해서 영화를 보는 것이 아니라 영화의 움직임을 목격하기 위해서 영화를 관람할 수도 있다. 우리는 영화에서 무엇을 보는가.

그 연장에서 〈1917〉의 내러티브가 빈약하다는 지적에 대해 다시 생각해 볼 필요가 있다. 인물이 A에서 B로 이동하는 것. 〈1917〉의 플롯은 단순하게 말해 그게 전부다. 하지만 관점에 따라서 이건 약점이 아니라 서사로부터의 해방을 이끌어낼 열쇠가 될 수도 있다. 인물의 이동 과정에서 발생하는 움직임, 특히 카메라의 움직임이야말로 〈1917〉의 본질이며 그것을 중심으로 영화를 구성했다고 해서 폄하될 이유는 없다. 심지어 그 과정에서 의외의 순간들을 이끌어내기도 한다는 점이 이 영화의 비범한 면모 중 하나다.

가령 스코필드가 포탄이 터지는 전쟁터 한복판을 가로질러 뛰어가는 장면은 서로 다른 방향들의 충돌을 일으킨다. 이때 발생하는 순수한 운동의 쾌감을 극대화하는 것은 중간에 스코필드와 병사가 부딪치는 순간마다 멈칫하는 짧은 호흡이다. 운동은 장애물을 통해 비로소 실체를 드러내는 법이다. 실제 촬영 현장에서 엔지나 다름없었을 그 충돌들 덕분에 스코필드의 질주는 비로소 생명을 얻는다. 이러한 움직임은 단지 동작에 그치지 않고 장소의 이동, 공간의 이동, 감각의 이동, 나아가 시간의 이동으로 확장된다. 혹자는 그걸 '체험'이란 표현 안에 압축하기도 한다.

### 침묵하는 법을 잃어버린 카메라

여기서 다시, 김소희 평론가가 제기한 의문, "이 영화는 과연 21세기적 엔터테인먼트 체험으로 관객을 유도하는가. 도리어 시각에 매몰된 고전적 관람 경험으로 관객을 이끄는 쪽에 가깝지 않은가"로 돌아가 보자. 김소희 평론가의 글은 내가 어렴풋이 더듬던 개념을 구체화시킨 흥미로운 비평이었지만 이 질문에 대해서만큼은 좀 더 파고들 여지가 있다고 생각했다. 김소희 평론가는 고전적 재현 방식에 뿌리를 둔 〈1917〉의 가능성과 21세기 관객의 관람 방식의 괴리를 짚어내며 〈1917〉의 가능성을 탐구해 들어갔다. 일정 부분 동의한다. 로저 디킨스의 고집에서 그와 같은 탐미적인 접근을 발견하고 싶은 건 평자로서의 나의 욕망이기도 하다. 다만 동시에 나는 이것이 초기 영화에 과도한 의미를 부여하는 현대의 시선처럼, 〈1917〉이 스크린 위에 펼쳐진 구체적인 사태들을 있는 그대로 받아들이지 않고 개념화시킨 건 아닌지 스스로 의심해 본다. 적어도 내게 〈1917〉의 카메라는 관객 앞에 전장을 재현한다기보다는 관객을 전장 한가운데 소환하는 쪽에 가깝게 느껴졌기 때문이다.

두 가지 방식 사이의 간극은 크다. 전자가 시각적 재현과 그 한계를 인지하고 움직임 그 자체를 목격하는 '행위'라면, 후자는 무한대의 이미지를 활용하여 디자인한 '감각'에 가깝다. 전자가 외화면의 영역과 픽션의 관계를 탐구하는 쪽이라면, 후자는 가상현실이라는 자리를 확보하고 즐기는 철저한 유희다. 정리하자면, 전자가 (초기 영화가 추구했던) 영화적 체험을 목표로 하는 반면 후자는 (관객의 분리를 전제로 한) 게임, 혹은 마술쇼의 리얼리티를 추구한다.

〈1917〉이 의도와 관계없이 불러일으키는 착시는 여기에 있다. 우리는 〈1917〉을 보고 전장의 '체험'이란 수식어를 쉽게 갖다 붙이지만 이 단어는 좀 더 섬세한 취급이 필요하다. 〈1917〉이 스크린 위에 구현하는 전장은 안전한 가상현실과 다름없다. 샘 멘데스 감독은 영화의 역사가 축적해 온 여러 가지 몰입의 방식들을 사용하지만 역설적으로 로저 디킨스의 현란한 카메라는 이 몰입의 메커니즘에서 관객을 근본적으로 분리시킨다. 다시 말해 〈1917〉이 재현하는 전장이 아무리 생생해도 그것은 재현된 시공간이라는 두터운 벽을 절대 넘지 않는다. 로저 디킨스의 카메라가 관객의 멱살을 잡고 빈틈없이 끌고 가겠다는 본래의 의도와 달리 몰입의 방해요소로 작용하는 이유는 단절을 허용치 않는 카메라의 욕망이 모든 요소들을 앞서기 때문이다. 사실 이건 몰입을 방해하는 것이라기보다는 영화와 다른 방식의 체험에 가깝다.

우리는 그 표현 방식을 이미 알고 있다. 바로 비디오게임이다. 물론 그것이 〈1917〉의 의도는 아닐 것이다. 〈1917〉의 촬영은 근본부터 영화적인 것, 아날로그적인 향수에 집착한다. 그럼에도 그 의도와 달리 점점 영화적인 것으로부터 멀어진다. 나는 이와 같은 괴리가 오늘날 영화와 게임의 관계를 설명해 줄 단서라고 믿는다.

이것은 오늘날 극장이 어떤 공간, 무엇을 위한 장소로 변모해 가고 있는지를 드러내는 지점이기도 하다. 하나의 임

무가 끝나고 여전히 고향에 돌아갈 수 없는 병사 스코필드처럼, 리얼리티는 이제 영화로부터 멀어지고 있다. 사실보다 사실적인 재현은 역설적으로 관객의 자리를 앗아가는 쪽으로 작동하는 것이다.

여기서 영화와 게임의 매체적인 차이를 거시적으로 다루기엔 지면의 한계가 있다. 〈1917〉이 게임에 가까운 감각으로 소화되는 이유를 딱 한 가지만 꼽자면, 바로 외화면을 인지하고 다루는 방식 때문이다. 영화는 기본적으로 이차원 평면 위의 예술이다. 그것을 삼차원 혹은 현실로 확장하는 것은 관객의 사유를 통해서 이루어진다. 보여주지 않는 것은 언제나 보여주는 것 이상으로 중요하다. 화면 바깥, 제시된 정보 바깥 영역이야말로 픽션의 힘을 발생시키는 원동력이다. 이것은 비단 공간의 외화면에 국한되지 않고 시간의 외화면, 나아가 관객을 향한 빈자리로 확장된다. 가령 두 인물이 대화할 때 단 몇 초의 침묵이 영화 전체의 상태를 끌고 갈 수 있다. 어쩌면 영화는 그 침묵의 순간을 물질적으로 재현하기 위해 존재한다. 영화의 매혹은 침묵의 빈자리, 쓸모없는 시간, 사이의 공간을 발생시키는 것에서부터 시작된다.

반면 게임이 가상현실을 구축하는 기본은 가능한 한 모든 정보를 빽빽하게 채워 넣는 것, 달리 말하면 화면 바깥의 영역을 남겨두지 않는 것이다. 〈1917〉은 제한된 시점으로 인물의 뒤통수를 따라가지 않는다. 종종 물리적인 법칙마저 무시하며 인물 주위를 위성처럼 돌면서 모든 풍경을 샅샅이 잡아주는 카메라는 침묵하는 법을 상실했다. 그리하여 로저 디킨스는 미지의 영역을 확장하는 대신 즐길만한 가상의 현실을 구축한 뒤 그곳에 안전하게 머무른다.

### 죽음의 공포에 대한 몸부림

〈1917〉의 카메라는 마치 끊기면 죽을 것처럼 꾸역꾸역 상황을 이어간다. 어쩌면 로저 디킨스의 카메라는 죽음 뒤에야 정지와 침묵을 허락받는다. 1시간 즈음에 기절한 뒤 불쑥 출연하는 암전숏처럼 말이다. 적지 않은 영화에서 롱테이크는 자르고 붙여져 재구성된 시간, 그러니까 편집에 대항하기 위한 수단으로 활용되어 왔다. 편집이 사건과 사건의 사이에 놓은 시간, 그러니까 잉여로운 순간들을 모두 생략하고 사건들을 점으로 연결시킨다면 롱테이크는 이 잉여의 시간들을 부활시켜 '사이'를 채워 넣는다. 앞서 말한 침묵과 같은 맥락이다. 하지만 〈1917〉의 롱테이크, 원테이크는 그 목적과 방향이 전혀 다르다. 이 영화는 지속되는 시간, 시간의 동시성을 전달하는 듯 연기를 하지만 실은 그건 트릭이자 환상에 불과하다. 이 영화가 원하는 건 오직 시간의 동시성이 가져다 주는 효과다. 다른 말로 리얼리티, 그러니까 전장 한복판에 던져진 것 같은 생생함. 물론 모두가 느끼는 바와 같이 이것은 위장이다.

블레이크가 칼에 찔려 사망한 뒤에 기다렸다는 듯이 등장하는 영국군과 스미스 대령(마크 스트롱)은 롱테이크를 유지하기 위한 장치나 다름없다. 블레이크가 급격한 출혈로 죽는 과정도 마치 빨리감기를 한 것처럼 빠른 속도로 얼굴에 혈색이 사라지는데, 이 영화의 트릭과 환상이 노골적으로 깨지는 지점은 이 밖에도 곳곳에 흩어져 있다. 〈1917〉은 실시간, 그러니까 시간의 동시적인 연결이 아니다. 물리적으로 불가능하다. 동이 트기 전 8시간 안에 벌어지는 이야기를 2시간 안에 담아내는 영화는 어딘가를 압축해야 한다. 중간에 기절과 암전숏을 넣은 중요한 이유도 같은 맥락이다. 원테이크를 유지할 수 없기 때문이 아니라 리얼타임이라는 환상을 유지시키기 위해서 물리적으로 시간을 점프할 필요가 있으니까 한 번 끊어가는 것이다. 그럼에도 〈1917〉은 원 컨티뉴어스 숏이라는 형식을 통해 이를 실시간의 감각으로 위장한다. 〈1917〉의 구성요소와 카메라의 의지는 영화적이다. 하지만 영화의 욕망과 달리 모든 결과는 비영화적이다. 아니, 영화를 향한 욕망이 커질수록 역설적으로 간극은 점점 벌어진다.

필사적으로 이어가는 카메라와 달리 〈1917〉의 서사는 수시로 정지하고 고이고 맴돈다. 〈1917〉에는 무려 세 번의 엔딩이 있다. 블레이크의 죽음과 함께 영화는 한 번 끝난다.

블레이크와 스코필드의 버디무비였던 첫 번째 영화가 실시간으로 전장을 누비는 리얼리티 필름을 흉내 낸다면 스코필드 혼자 적진을 돌파하는 두 번째 영화는 환상적인 장면들과 극적인 분위기로 채워져 있다. 불타는 마을, 시리도록 차가운 강물, 흩날리는 꽃잎까지 마치 지옥에서 천국까지 오가는 단테의 《신곡》처럼 환상적이고 비현실적인 순간들이 펼쳐진다. 이 두 번째 여정은 19세기 미국 민요 '방황하는 나그네'가 울려 퍼지는 숲속에서 끝난다. 나무에서 시작해 숲에서 끝나는 이야기. 하지만 영화는 땅에 안착한 무거운 카메라를 기어이 다시 들고 스코필드를 한 그루 나무까지 끌고 간다. 이 기계적인 단절, 분리된 무대들에 비하면 영화 중반 스코필드의 기절과 함께 일어나는 카메라의 암전은 아무것도 아니다. 영화는 거대한 기계처럼 작동하고 매끈하게 연결되어 있는 듯 보이지만 실은 철저히 분리되어 있다. 이쯤 되면 〈1917〉의 멈추지 않는 카메라 운동은 마치 죽음에의 공포에 저항하는 부질없는 발버둥처럼 보인다. 어쩌면 그 죽음의 이름이 영화일지도 모르겠다.

# 어떤 균열은 반갑다

〈시카리오: 암살자의 도시〉

"자살을 당할 수도 있어."〈시카리오: 암살자의 도시〉 (2015, 이하 〈시카리오〉)에서 절정을 찍는 오싹함은 이 무미건조한 대사 한 줄에 실려있다. 암살자 알레한드로(베네치오 델 코로)는 케이트(에밀리 블런트)를 찾아와 자신들의 작전이 적법하게 이루어졌다고 위증하도록 강요한다. 케이트가 압박을 견디지 못하고 울음을 터트리자 알레한드로는 그녀의 볼을 부드럽게 쓰다듬으며 진정 걱정스러운 듯 말을 건넨다. 이 대사는 이상하다. 자살이라는 능동적 행위에 '당한다'는 피동사는 붙을 수 없다. 그러므로 이 말은 논리적으로 모순된다.

반면 이 상황은 적절하다. 우리는 알레한드로의 표현이 케이트를 살해하고 자살로 위장하겠단 협박임을 안다. 인상적인 건 옴짝달싹할 수 없는 상황에서 상대에게 일방적으로 강요당하는 이 순간을 굳이 '자살'로 꾸미겠다는 알레한드로의 표현이다. 이를 단지 알리바이를 확보하기 위한 수단이라 말하는 건 케이트가 겁에 질려 눈물을 흘린다고 보는 것만큼이나 충분치 않은 해석이다. 자유의지의 최종 수단이랄 수 있는 자살마저 누군가의 통제로 이루어진다는 건 나를 둘러싼 세계 전체를 박탈당하는 잔혹한 일이다. 영화 내내 이리저리 휘둘려도 이를 악물고 버티던 케이트가 이 지점에서 끝내 눈물을 터트리는 건 아마도 자신이 믿고 있던 법과 원칙, 진실이라는 울타리가 얼마나 허약한 것인지 새삼 확인'당했기' 때문일 것이다.


### 스크린 앞에 발이 묶인 자들

〈시카리오〉에는 두 가지 별개의 세계가 존재한다. 하나는 케이트가 속한 미국, 다른 한 곳은 세계에서 가장 폭력적인 도시라는 후아레즈다. 후아레즈의 폭력은 후아레즈 안에만 머물 것, 그것이 이 영화의 유일한 법칙이다. 이 법칙이 깨졌을 때 사건이 시작된다. FBI 아동납치 전담반의 케이트는 자국에서 일어난 마약 관련 폭력사건에 분노하여 근본 원인을 색출하기 위해 특별조사팀에 합류한다. 멕시코 카르텔 대응팀의 CIA 요원 맷(조시 브롤린)과 콜롬비아 출신의 특수요원이라는 알레한드로는 그녀를 작전에 참여시키되 실질적인 수행 과정에서는 철저히 배제한다. 케이트는 법을 피해가기 위한 도구로 후아레즈에 소환되었을 따름이다. 케이트가 거짓 증언을 해줌으로써 미국과 후아레즈는 각기 다른 법이 지배하는 상호불가침의 공간으로 존속 가능한 것이다. 그녀의 존재는 적어도 미국 내에서는 법을 지키는 척이라도 하겠다는 일종의 위악의 도구에 가깝다.

〈시카리오〉는 케이트가 두 세계의 경계를 찢고 건너가는 과정에 대한 체험이라고 해도 무방하다. 문제는 그녀가 자신이 속한 세계의 법과 원칙이 보편타당한 것이라 믿었다는 데 있다. 오직 목격자로서의 위치만을 허락받은 케이트는 짐승들의 법이 지배하는 후아레즈에 들어서자 혹한에 발가벗겨진 사람처럼 왜소하고 무력해진다. 처음부터 발가벗겨져 늑대들 사이에 내던져졌지만 정보의 통제와 격차 탓에 본인만 그 사실을 모른다. 영화가 사건의 내막을 까발릴 때마다 케이트는 질질 끌려다닐 수밖에 없다. 장르적으로 말해 서스펜스가 촘촘하다. 온전히 자유의지로 사건에 발을 들였다고 생각했던 케이트가 실은 자신에게 허락된 선택지가 아무것도 없음을 깨달을 때, 그녀는 자신이 '자살을 당할 수도 있는' 또 다른 세계의 진실을 받아들이며 끝내 무너진다. 흥미로운 건 케이트가 무력감에 젖어드는 과정이 관객이 느끼는 무력감과 정확히 일치한다는 점이다. 주인공의 감정에 동화했다고 말하면 그만이겠지만 이 영화의 형식은 그 이상의 작동 원리를 품고 있다고 믿는다. 목격만이 가능한 케이트의 위치는 언뜻 스크린을 마주한 관객의 자리를 연상시키기 때문이다.

## 현재진행형 지옥에 비애를 느끼는 이들에게

영화는 폭력적인 매체다. 극장에 들어선 관객은 정해진 위치에 앉아 일방적으로 정보를 받아들일 수밖에 없다. 사각의 프레임을 활용한 매체는 적지 않지만 영화는 제한된 공간 안에 시간의 개념까지 끌어들여 독자적인 관람 체계 안에서 작동한다. 스크린 맞은 자리에 놓인 관객은 피동의 존재다. 일체의 저항이 허락되지 않은 상태에서 영화가 쏟아내는 관람 체계에 복속한다. 적어도 영화가 상영 중인 동안 관객은 바깥 물리적인 세계와 단절된 채 스크린에 투사된 이미지를 일체의 의심 없이 사실인 양 받아들인다. 심지어 영화는 관객이 스크린이 제시하는 관람 체계 안에 투항했다는 사실조차 은폐시킨다. 이때 관객은 철저히 목격자의 위치에 놓인다. 간혹 스크린의 견고한 경계에 균열이 가는 드문 순간 관객은 오직 목격만 허락된 자신의 위치를 자각할 수 있다.

스크린 앞에 묶인 관객의 위치를 몇 마디 설명으로 정리할 수는 없다. 하지만 적어도 어떻게 〈시카리오〉의 스크린에 균열이 발생했는지에 대해서 이야기해 볼 수는 있을 것이다. 드니 빌뇌브 감독의 편집이 이음매를 찾아보기 어려울

만큼 매끄럽다는 점은 새삼 말할 것도 없다. 〈시카리오〉 역시 관객(또는 케이트)을 질질 끌고 다니는 서스펜스의 리듬감과 숏의 통제가 탁월한 영화다. 한데 이토록 영리하고 철두철미한 영화에 이질적인 순간들이 있다. 정보의 전반적인 통제가 이루어지긴 하지만 〈시카리오〉는 어디까지나 케이트와 연루된 것들의 흐름을 따라간다. 행위의 주체는 될 수 없을지언정 그녀와 무관한 사건은 있을 수 없다. 케이트는 영화 전반 시선의 매개로서 공고한 위치를 차지하고 있다. 오프닝에서 마약 카르텔이 애리조나주 가옥 벽에 시체를 매장해 둔, 이른바 '죽음의 집'이 살해 협박을 받는 영화 말미의 순간까지 이 영화는 케이트의 시선 아래 머문다.

하지만 마약 카르텔에 연루된 부패 경찰 실비오(막시밀리아노 에르난데스)가 등장하는 장면들은 케이트와 무관하게 진행된다. 케이트가 맷의 권유로 전담팀의 합류를 결정한 뒤 영화는 곧바로 실비오의 집 안 거실로 이동한다. 아들은 늦잠을 자고 있던 실비오에게 축구 경기에 가자고 조르고 실비오는 못 이긴 척 집을 나선다. 이후 실비오가 알레한드로에게 사로잡히는 순간까지 등장하는 모든 장면은 붕 뜬 느낌을 준다. 이유는 간단하다. 케이트의 시점이 아니기 때문이다. 아마도 멕시코의 평범한 가정을 상징하는 실비오의 숏은 케이트의 시공간과 불일치한다. 우리는 잉여라고 불러도 좋을 이 장면들이 집요하게 반복되는 이유를 추측해 볼 필요가 있다.

〈시카리오〉의 엔딩은 실비오의 아들이 축구 경기를 하는 장면으로 끝을 맺는다. 실비오는 알레한드로의 복수에 휘말려 간단하고 허무하게 살해당했다. 마약 카르텔에 협조한 그의 죄가 그렇게 살해당해 마땅한가에 대한 질문은 잠시 미뤄두고, 이 이상한 엔딩에 대해 한번 생각해 보자. 아버지를 잃은 아들의 축구 경기를 관람하는 건 어머니뿐이다. 아이들의 축구 경기가 한창일 때 어디선가 총성이 들려온다. 시합은 잠시 멈추지만 휘슬이 울리자 아이들도, 학부모들도 이내 아무 일도 아니라는 듯 다시 축구를 시작한다. 이 장면은 폭력이 일상화된 멕시코에 대한 상징이다. 마약 카르텔이 국경을 넘어 미국 내에서 폭력을 행했을 때 미국은 맷을 위시한 대응팀을 꾸려 즉각 응징한다. 맷의 목표는 폭력의 근절이나 법의 수호가 아니라 구분된 두 세계, 미국과 멕시코의 경계를 확실히 하는 것이다. 케이트는 그 냉혹한 진실 앞에서 무력감에 빠진다. 뒤이어 영화는 폭력이 일상이 된 멕시코의 삶을 엔딩에 배치한다. 드니 빌뇌브 감독은 오직 이 한 장면을 위해 실비오의 숱한 이야기를 중간중간 깔아둔 것이다.

〈시카리오〉를 향한 불만과 윤리적인 문제는 여기서부터 출발한다. 드니 빌뇌브 감독은 세계를 바꾸거나 메시지를 설파하는 것에 큰 관심을 두지 않는다. 그저 지금 세계의 모

습이 이러하다는 걸 증명하는 것에서 멈춘다. 이를 두고 혹
자는 소년이 계속 공을 찰 것인가, 총을 쥘 것인가에 대한
질문, 세계에 대한 책임을 방기했다고 비난할 수도 있다. 하
지만 이 잉여로운 숏들이야말로 매끄러운 연결과 호흡에 균
열을 일으키는 쐐기라는 점을 상기하자. 〈시카리오〉는 케이
트의 시점과 실비오의 시점, 두 시공간이 병행하는 서사가
아니다. 물리적으로 그렇긴 하지만 병행이라 하기엔 실비오
의 시점은 분량이나 밀도에서 현저한 차이가 있다. 그럼에
도 이 숏들은 중요하다.

　알레한드로와 조우하기 전까지의 실비오의 숏들은 다
른 층위의 세계다. 실비오는 케이트가 속한 사건의 흐름이
나 인과관계에 함께 있지도 않고, 케이트는 영화가 끝난 이
후에도 이들을 상상조차 할 수 없다. 말하자면 이 숏들은
케이트로부터 완벽하게 단절되어 있다. 케이트는 마치 스
크린을 마주한 관객처럼 주어진 자리에서 미국의 폭력과
멕시코의 폭력을 목격하고 그 정보들에 압도당한다. 스크
린이 제시한 관람 체계에 복속하고 이후 의심하지 않는 관
객처럼 가혹한 체험을 거친 후 자신의 믿음을 깨고 새로운
세계의 단면을 진실이라고 받아들인다. 하지만 그 결론이
과연 진실인가 하는 질문에 대해 드니 빌뇌브 감독은 거리
를 둔다. 다시 말해 케이트의 위치가 스크린 앞에 꼼짝없이
묶이는 고전적인 관객과 닮은 것에 반해 드니 빌뇌브는 관

객의 위치를 미세하게 흔들어 우리를 스크린으로부터 최대한 떨어트리려 애쓴다.

## 더 높고 먼 곳에서 바라보면

〈시카리오〉에는 여느 영화에선 좀처럼 보기 힘든 독특한 숏들이 몇 가지 있다. 케이트가 멕시코로 건너갈 때 카메라는 익스트림 롱숏으로 비행기의 그림자와 산맥의 구겨짐까지 담아낸다. 알다시피 이러한 부감숏은 비현실적인 시점이며 대개 스펙터클에 봉사한다. 심지어 이 영화에서는 조감을 넘어 위성숏이라고 불러도 좋을 만치 높은 시점의 화면들을 종종 보여준다. 국경지대의 끝도 없이 뻗은 도로, 멕시코 사막의 황량함, 후아레즈의 전경 등 근래 보기 드문 익스트림 롱숏의 향연은 그 자체로 조형적인 아름다움을 안긴다. 바꿔 말하자면 매우 영화적인 시점들이다. 이 비현실적이고 때때로 아름답기까지 한 장면들은 도시의 살벌한 분위기로부터 끊임없이 관객을 떼어놓는다. 스크린 속 압도적인 폭력에도 불구하고 우리가 이를 쾌감으로 받아들일 수 있는 건 스크린이라는 막이 우리의 안전을 보장하고 있기 때문이다. 빈번한 부감숏과 익스트림 롱숏은 관객에게 이것이 장르적인 순간들임을 자각하도록 유도한다. 빼어난 촬영과 유려한 편집 차원일 뿐 아니라 일종의 거리두기가 이루어지는 장치인 셈이다.

초반 애리조나주 '죽음의 집'에서의 총격 신이 클로즈업 위주로 구성된 사실감 넘치는 액션인 데 반해 후아레즈에서의 총격 신은 풀숏을 빈번하게 활용하는 것도 비슷한 이유라고 볼 수 있다. 〈시카리오〉는 뉴스나 보도 화면이 정보를 전달하는 방식으로 멕시코의 참상을 전한다. 관찰자의 입장에서 한 발 떨어져 바라보는 이와 같은 숏들이 쌓일수록 실제와 같은 현실감을 안기는 대신 재구성된 사건을 총체적인 시점으로 볼 수 있도록 이끈다. 대표적인 이미지가 영화 종반 멕시코 국경지대를 침투하는 일인칭 슈팅 게임을 연상시키는 화면들이다. 야간 투시경과 위성 화면으로 구성된 이 숏들은 차갑고 기계적인 시점에서 사건을 재구성한다. 여기서 느낄 수 있는 생생함은 여느 장르 영화가 재현한 사실성과는 조금 다르다. 긴박감이 넘치지만 실재가 아니라 실제를 흉내 낸 효과라는 점에서 게임의 감각으로 이 상황을 대리체험 하는 것이다. 이 모든 이질적인 숏들은 스크린과 관객의 간격을 벌리고, 전통적인 개념에서의 관객의 위치를 뒤흔들어 우리를 고민에 빠뜨린다. 사실적으로 재현할수록 스크린의 벽은 되레 두꺼워지기 때문이다. 관객은 케이트의 먹먹함에 일방적으로 동화하는 대신 맷, 알레한드로, 케이트 세 사람의 엇갈리는 욕망을 부감으로 내려다볼 수 있는 '거리'를 획득한다.

우리는 케이트가 이 사건의 온전한 목격자가 아님을 잊

어선 안 된다. 케이트는 테두리 바깥의 폭력을 목격했지만 끝까지 실비오를 보지 못했다. 반면 관객은 케이트와 실비오 두 세계를 목격한다. 실비오의 숏들은 케이트에 속한 장면들과 다르게 중성적이다. 알레한드로라는 폭력과 교차하기 전까지 그들은 특정 방향을 지시하지 않고 그저 평범한 일상에 속한다. 그 뒤에 무슨 장면이 연결되느냐에 따라 이 숏의 의미가 결정되는 것이다. 엔딩에 이르러서야 그 일상이 끔찍한 폭력과 얼마나 얇디얇은 막을 사이에 두고 겹쳐있는지 알게 된다. 그럼에도 케이트는 그 사실을 끝내 알지 못한다.

따라서 케이트는 이 영화의 온전한 목격자가 될 수 없다. 그녀는 맷과 알레한드로가 교차하는 시선의 매개일 따름이다. 〈시카리오〉 전반에 깔린 무력감, 세계의 불가역성이 케이트의 시점으로 해석되어선 안 되는 곤란한 이유가 여기에 있다. 우리가 케이트의 무기력한 심정에 감화되는 것과 이 영화의 먹먹함에 동조하는 건 별개의 문제다. 전자는 세계의 불가역성 앞에 무릎을 꿇는 것이고, 후자는 현실을 인정하고 다음 걸음은 각자에게 맡기는 것이다. 전자가 무책임한 방기라면, 후자는 불편한 진실에서 눈 돌리지 않으려는 결의에 가깝다.


**영화가 영화일 수밖에 없는 이유**

스크린과 관객은 계약 관계다. 관객은 스크린에 불이 들어와 있는 한 저 너머에서 일어나는 일이 사실인 양 받아들이기로 약속하고 그 자리에 앉아있다. 물론 그 환영이 강렬하여 스크린 바깥까지 잔영을 남길 때도 있다. 일부 확장 영화들은 스크린을 다면화하거나 관객의 위치를 변화시키는 방식으로 그 잔영을 스크린 바깥까지 늘리려 시도한다. 미래에 어떤 형태의 영화가 등장할지 모르지만 아직까진 스크린이라는 얇지만 두터운 막이 물리적으로 제거되는 일은 불가능하다. 아무리 한없이 투명에 가까워져도 거기엔 스크린이 있고 관객의 위치는 그 맞은편에 마련되어 있다.

〈시카리오〉는 근래 어떤 영화보다도 흡입력 있게 관객을 빨아들인다. 정확한 숏과 틈 없는 편집, 긴장감의 배분 덕분에 그야말로 영화 전체가 서스펜스 덩어리로 이루어졌다고 해도 좋을 정도다. 그럼에도 이 영화가 단지 장르적 쾌감을 위해 질문을 방기하지 않는다고 느껴지는 건 중간중간 스크린에 균열을 내는 이질적인 시점들, 화자들, 관찰자의 자각때문이다. 알레한드로의 경고대로 얼핏 '시곗바늘만 보는' 것처럼 보였던 케이트는 종막에 이르면 원하든 원하지 않든 시계의 작동 원리를 깨닫는다. 후아레즈 소탕 작전의 유일한 관객이었던 케이트는 끝내 스스로 부정하던 것들의 일부가 되어 미국과 멕시코의 경계를 찢고 위선의 대열에 합류한다. 영화 말미 케이트 주변을 맴도는 비애는 진실을 자각하기 위한 필수 불가결한 통과의례의 결과다. 스크린 안쪽이 아무리 들끓어도 안전한 관객의 자리를 보장받는 우리는 여기서 좀 더 나아가 한층 높이 올라간 부감 시점으로, 폭력의 작동 원리는 물론 세계를 가르는 경계까지 조망한다. 이는 서사의 결과라기보다는 형식의 효과에 가깝다.

당신은 〈시카리오〉의 엔딩에 대해 의문을 제기할 수도 있다. 실비오의 아들이 등장하는 엔딩 시퀀스는 일견 서사를 정지시키고 잔혹한 세계에 대한 질문을 방기하는 것처럼 비친다. 그러나 때론 아는 것보다 그것을 아는 방식이 중요할 때가 있다. 내가 이 영화를 지지하는 첫 번째 이유가 여기에 있다. 〈시카리오〉는 스크린을 투명하게 만들어 현실을 대리하는 척하지 않는다. 대신 드니 빌뇌브는 매끄러운 편집 사이 특색 있는 숏들을 요철처럼 배치해 관객을 스크린으로부터 밀어내고 지정한 위치에 앉힌다. 우리는 여전히 아무것도 할 수 없고 일어나는 일을 목격할 따름이다. 다시 말해 영화는 세상을 변화시키지 못한다. 하지만 나는 스타일 과잉이라고 폄하할 수도 있는 〈시카리오〉의 잉여들이 실은 영화가 영화일 뿐임을 경계하고 또 강조하는 고백처럼 들려, 끝내 어여쁘고 미덥다.

2장

# 선명하다가도 흐릿한

# 영화가 사라진 자리에서

〈감기〉 외

마음을 다지고 최전선에 섰더니, 영화가 사라졌다. 상투적인 표현으로 마치 영화의 한 장면 같다. 코로나19로 사람들이 외출을 삼갔던 당시 기묘한 사진 몇 장이 눈에 들어왔다. 텅 비어버린 뉴욕의 타임스스퀘어 광장, 사람이 사라져 물이 맑아졌다는 베네치아의 수로, 인적이 끊긴 로마 거리를 수행원 몇 명과 함께 거니는 교황의 모습까지. 그야말로 비현실적인 이미지들이 연일 뉴스를 통해 보도됐다. 그런데 그 있을 수 없는 사진들을 보고도 신기하다거나 섬뜩하기보다는 익숙한 기시감에 사로잡혔다. 한 번도 일어난 적 없는 일들이 전 세계에서 '실제로' 일어나고 있지만 우리는 이 이미지들이 낯설지 않았다. 언젠가, 어디선가 영화에서 본 일들이 스크린 너머 일상에서 재현되었다. 영화가 현실을 재현하는 게 아니라 현실이 영화를 따라잡고 있는 기묘한 사태 앞에서 이전에는 할 수 없었던 것들을 경험했다.

### 재난과 재난 영화 사이의 거리

첫 번째 풍경은 재난 영화에 대한 호기심이다. "왜 지금 같은 시국에 영화에서까지 재난 상황을 마주하고 싶어 할까요?" 지인의 경험담이다. 영화계 종사자인 그는 주변에서 요즘 볼만한 영화가 없느냐는 질문을 자주 받는다. 몇 편을 추천해 보지만 사람들의 관심이 대체로 당시 시국을 다룬 재난 영화들에 꽂혀있는 걸 보고 의아한 생각이 들었다고 한다. 생각해 보니 스티븐 소더버그 감독의 〈컨테이젼〉(2011)이나 김성수 감독의 〈감기〉(2013)가 부쩍 검색어에 오르내리며 재소환되고 있었다. 평소라면 감염병 상황을 다룬 재난 영화를 소비하는 건 대수롭지 않은 일이다. 하지만 스크린 바깥에서 영화 같은 일들이 실제로 벌어지고 있을 때 왜 굳이 스크린에서까지 재난을 마주하고 싶어 하는 걸까. 지인의 의문은 명료했다. 사람들은 왜 재난 시국에 재난을 소비하고 싶어 하는가.

단순하게는 궁금하기 때문일 것이다. 재난은 평등하게 발생하지 않는다. 정확히 사건은 파편적이되 사태는 안개처럼 전면에 퍼져나간다. 여기저기 들려오는 소식에 불안과 공포가 곰팡이처럼 피어나지만 실은 대부분 재난의 당사자라기보다는 번호표를 뽑아 든 예비자다. 우리는 재난의 전조와 변화된 일상까지 뭉뚱그려 '재난'이라 명명하지만 재난의 불똥으로부터 상당한 간격으로 떨어져 있다. 그래서, 알고 싶다. 전염병이 어떤 과정으로 퍼지고, 사람들이 어떻게 반응하며, 어떻게 종식될 것인지 궁금하다. 영화는 스크린이라는 안전장치를 치고 이를 명쾌하게 설명해 주는 해설서다.

대개 재난 영화에서 재난은 극복해야 할 상황으로 제시될 따름이다. 정작 영화가 뼈대로 삼는 건 재난이 아니라 이를 돌파하는 인물들의 관계다. 어떤 경우 이는 주인공의 영웅담으로 포장되기도 하고, 인물의 성장을 따라가기도 하며 간간이 로맨스가 양념처럼 버무려지는 경우도 있다. 대개는 위기 상황에 놓인 인물들의 연대에 초점이 맞춰지며 재난이라는 압력이 더해질수록 관계는 단단해진다.

반면 〈컨테이젼〉이 여느 전염병 소재의 영화와 다른 점은 전염병이 퍼지는 과정 자체에 집중한다는 것이다. 〈컨테이젼〉의 서사는 파편적이다. 감염자 가족, 역학조사관, 질병관리본부, 사이비 기자 등 각각의 자리에 흩어진 사람들의 상황들이 교차된다. '교차되는 정보'라는 톤을 유지하기 위해 영화는 한자리에서 회의하는 상황을 찍을 때조차 수시로 장면을 쪼개고 나눈 뒤 붙인다. 이것은 단절되어 있다는 간격의 확산이다. 〈컨테이젼〉이 사실적으로 느껴지는 것은 정보를 재현하는 방식이 얼핏 건조하고 객관적인, 그러니까 뉴스나 다큐멘터리의 톤을 유지하기 때문이다. 당연한 말이지만, 착각이다.

〈컨테이젼〉의 시작과 끝은 이 영화를 감상하는 관객의 위치를 지정한다. 홍콩 출장을 다녀온 베스 엠호프(기네스 팰트로)가 기침을 하는 장면으로부터 출발한다. 이후 영화는 백신이 개발되어 사태가 진정되기 시작한 135일째에 도착할 때까지 혼란과 공포가 퍼져나가는 일련의 상황을 따라간다. 베스의 가족은 엄마와 아내를 잃었지만 남겨진 딸과 아빠는 일상을 살아간다. 드라마는 거기서 끝을 맺는다. 하지만 영화는 에필로그처럼 가장 마지막 순간에 구태여 첫날을 보여준다. 첫날에는 전염병이 어떻게 생겼는지, 그것이 식당에서 밥을 먹은 베스에게 어떻게 전달되었는지를 설명한다. 즉 이 순간 이 영화의 주인공이 누구였는지 명확해진다. 이것은 전염병을 보고자 하는 영화다. 그리고 신의 자리에 앉아 이 모든 과정을 지켜보는 이는 오직 관객이다. 관객만이 이 모든 정보의 최종 소비자다.

〈컨테이젼〉을 왜 다시 보고 싶어 했는가. 답은 간단하다. 영화는 모든 것이 명확하기 때문이다. 영화는 재난이란 통제 불가능한 상황, 전염병이라는 공포조차 정리 정돈하여 깔끔하게 전달한다. 여기서 두렵고 혼란스러운 건 정보가 차단되고 소통하지 못하는 등장인물들뿐이다. 그들을 지켜보는 우리는 불안하지 않다. 아니, 그들의 불안을 지켜봄으로써 우리는 안전해진다. 관음증의 자리. 가장 안전한 곳에서 명확한 메커니즘을 확인하는 행위. 즉 우리의 관람은 오히려 불안한 현실에서 잠시 탈출할 수 있는 도피처가 된다. 저런 방식으로 전염병이 퍼지는구나 하는 확인. 결국 이 기나긴 재난의 터널도 언젠가는 저렇게 끝이 나겠구나 하는 안심. 우리는 재난 상황에서 답을 목격하기 위해 재난 영화를 보았다.

영화는 현실이 아니다. 당연한 말인데, 관객은 종종 이 당연한 간격을 잊어버린다. 〈컨테이젼〉 같은 영화가 다소나마 착시를 불러일으키기 때문이다. 영화는 얼핏 투명하게 세상을 재현하는 것 같지만 실상을 메울 수 없는 간격이 존재한다. 그것은 현실을 이야기로 정리하는 순간 발생하는 필연적인 간격이다. 이야기란 기본적으로 인과관계의 연쇄다. 사건을 고르고 순서를 정하고 배열하는 행위. 이 과정에서 필연적으로 배제, 삭제되는 순간들이 발생할 수밖에 없다. 영화가 투명한 창이 될 수 없는 결정적인 이유가 여기에 있다. 가령 〈컨테이젼〉이 제시하는 전염병의 전파 경로가 진실인가. 첫 번째 전파자인 베스 이외 전파자가 없다고 단언할 수 있는가. 현실은 그걸 몰라서 불안하지만 영화는 그것이 없다고 결정해 준다. 하지만 정보가 투명해질수록, 그러니까 인물들 사이에서 정보를 가로막는 물리적인 장벽(예를 들면 편집을 통해 연결시키는 공간과 시간)이 얇아질수록 실제 상황과는 멀어진다. 스크린이라는 막을 사이에 두고 간격이 벌어지는 것이다.

영화는 다양한 방식으로 이 간격을 지우고자 애쓴다. 〈컨테이전〉의 경우 다큐멘터리와 뉴스 화면에서 봤던 정보 전달 방식을 흉내 내며 기시감을 불러일으킨다. 〈감기〉처럼 극중 인물에게 감정적인 몰입을 유도하여 밀착시키는 경우도 있다. 쓰나미 상황을 다룬 〈더 임파서블〉(2012)에서는 일인칭 시점을 통해 현실 속 체험을 모방한다. 하지만 역설적으로 지금과 같은 재난 상황에서 재난 영화를 다시 보며 새삼 이 간격들을 실감했다. 영화는 그대로인데 바깥의 풍경이 바뀌면서 보이지 않던 것들이 보인다. 스크린 안쪽에서 상상하고 재현했던 것들이 스크린 바깥에서 실제로 벌어지고 있는 지금, 스크린 안쪽이 그렇게 안락해 보일 수가 없다.

내게 있어 재난 영화들은 스토리가 아닌 정황으로 기억된다. 위기 탈출의 지난한 과정이나 결과, 공포의 윤곽이 보다 인상 깊은 건 언제나 단 한 장의 이미지였다. 〈컨테이전〉에서 방호복을 입고 개나리가 효과가 있다는 전단지를 배포하는 사이비 기자의 위험천만한 행동보다 강렬한 건 그가 거니는 도시의 풍경, 도시 기능이 마비돼 쓰레기 천지가 된 거리의 모습이다. 불안을 유통해 거리를 폐허로 만든 사람이 홀로 폐허 속을 걷는 아이러니. 그리고 그때 그 거리의 모습이 지금 지구촌 어딘가에서 재현되는 것을 뉴스로 접하며 오싹함을 느낀다. 반대로 현실에서 멀어짐으로써 현실을 압도하는 이미지도 있다. 〈감기〉는 대체로 전형적인 드라마와 다소 과장된 캐릭터에도 불구하고 단 한 장의 이미지가 논리를 후벼 파고 들어와 자리한다. 돼지를 살처분하듯 운동장에서 시체를 대량으로 처리하고 있는 장면은 실로 충격적이다. 그 순간 영화는 현실을 압도함과 동시에 선언한다. 영화는 현실과 거리를 두고 간격을 발생시키고 있지만, 그 한 장의 이미지만큼은 때때로 불쑥 간격을 좁히고 들어와 현실과 겹쳐 보이기도 한다. 현실보다 현실 같은 영화들.

## 빈 극장을 무엇으로 채울 수 있을까

두 번째 풍경은 빈 극장들이다. 영화란 무엇인가. 시대와 상황에 따라 달라질 수밖에 없는 이 질문에는 꽤 긴 행간이 생략되어 있다. 정확히는, 모든 사람이 이해할 수 있는 보편타당한 이야기를 전달하는 것을 목적으로 한 내러티브 상업 영화를 제외하고, 영화란 무엇인가. 좀 더 덧붙이자면, 모두 다른 언어로 말하는 것처럼 뚜렷한 메시지나 언어로 설명하긴 어렵지만 분명히 거기에 있음을 감각할 수 있는, 영화란 무엇인가. 우리가 간격만큼이나 쉽게 간과하는 것 중 하나가 관계와 시간이다. 텍스트와 간격을 두고 마주 보는 대상,

즉 관객 말이다. 영화는 관찰의 대상이 아니다. 스크린 안쪽에 새겨진 텍스트가 아니라 영화를 보는 시간을 포함한, 관계의 과정이야말로 '영화'다. 영화의 개념을 '영화 보기'라는 행위로 확장했을 때 비로소 인지되는 몇 가지 물리적인 조건이 있다. 그중 첫 번째가 바로 극장이다. 이 글의 서두에서 언급한 '영화가 사라졌다'는 건 그런 의미다. 우리는 지금도 여전히 OTT를 비롯한 수많은 플랫폼을 통해 영상물을 감상하지만 거기에 (적어도 내가 사랑했던 고전적인 개념에서의) 영화의 자리는 없다.

〈타오르는 여인의 초상〉(2019)과 〈1917〉(2019)을 연달아 극장에서 보며 문득 〈고령가 소년 살인사건〉이 떠올랐다. 두 영화 모두 극장이란 공간이 필요하고 스크린이란 조건을 최적으로 활용하는 결과물이다. 다만 결정적인 차이가 하나 있는데, 한편은 모든 에너지와 구성 요소가 스크린 안쪽을 향하는 반면 다른 한편은 스크린 바깥으로 종종 그림자를 뻗어 나간다는 점이다. 강조하건대, 이건 개인적인 체험의 영역이다. 그리고 영화라는 행위는 이 체험의 연장선에서 성립한다고 믿는다. 〈1917〉은 구심력의 영화다. 모든 재현은 카메라에 의해 완벽하게 통제되고 관객은 오직 카메라라는 이름의 창을 통해서만 그 세계를 인지할 수 있다. 이것은 제한된 시야로 주변을 훑어 시뮬레이션하는 행위다. 결국엔 관객의 뇌리에 1차 세계대전 전장의 모습이 그려지긴 하지만 그것은 스크린 안쪽에 구축된 가상의 공간임을 깨닫는다.

반면 〈타오르는 여인의 초상〉은 원심력의 영화다. 셀린 시아마 감독은 화가 마리안느(노에미 메를랑)가 된 것처럼 매 화면 한 폭의 초상화를 그려낸다. 이 영화는 좀처럼 프레임을 흔들거나 화면을 바깥으로 열지 않는다. 엄격하고 정확한 프레임으로 수십 장의 화폭을 만들어낼 따름이다. 그런데 신기하게도 프레임이 견고해질수록 스크린 안쪽의 어둠은 바깥으로 동화되어 어느새 극장의 공기를 잠식한다. 마리안느가 어둠 속에 잠긴 엘로이즈(아델 에넬)를 응시할 때, 엘로이즈의 치마가 선연하게 불타오를 때 사각의 프레임이 무력화되고 극장에는 오직 엘로이즈와 내(관객)가 마주 보는, '관계'가 형성되는 것이다. 이 순간 카메라가 포착하는 것은 화면이 아니라 대화나 이야기 바깥의 침묵이다. 그리고 극장에서 영화를 본다는 것은 그 침묵이 깃든 정적의 시간을 관람하는 행위다.

〈고령가 소년 살인사건〉이 떠오른 이유는 이 두 영화의 차이 때문이었다. 〈1917〉은 마치 투명하게 다 보여주는 것 같은 환상을 심어주는 영화다. 반대로 〈타오르는 여인의 초상〉은 어둠 속, 혹은 모호하고 불투명한 상태에 잠김으로써 영화관 내부에 관객의 자리를 만들어내는 영화다. 〈1917〉은 환상을 통해 간격을 지우려 하고, 〈타오르는 여인의 초상〉은 반대로 침묵과 어둠을 통해 간격을 확보한다. 관객은 떨어진 자리에서 인물과 카메라의 관계, 카메라와 이야기의 마찰을 끊임없이 목격한다. 영화의 형식들은 당대의 편견, 고정관념, 내러티브로 대표되는 모든 딱딱한 것들과 수시로 충돌하며 불꽃을 일으킨다. 우리가 극장에서 목격하는 것은 바로 그 불꽃이다. 그 때문에 이런 종류의 영화는 극장이, 자유를 속박하는 극장의 어둠이, 그 침묵의 시간을 필요로 한다.

〈고령가 소년 살인사건〉 역시 극장을 필요로 한다. 어둠을 필요로 한다. '알 수 없음'을 필요로 한다. 〈고령가 소년 살인사건〉은 손전등 하나 분량의 영화다. 나는 이 영화만큼 어둠을 아름답게 사용한 장면들을 아직 보지 못했다. 에드워드 양은 모든 상황을 설명할 수 있다는 착각을 하지 않고, 모든 사건을 논리적으로 이어가겠다는 욕심을 부리지도 않는다. 그저 매 순간의 상태들을 차곡차곡 쌓아나갈 따름이다. 영화는 보여주는 부분보다 포착하지 못하는 분량이 훨씬 많고, 그 상태를 전등 불빛으로 그려낸다. 조그만 전등 불빛에 의지해 겨우 눈에 보이는 사소한 분량. 그 주변에는 감히 알 수 없는 압도적인 어둠들이 있다. 스크린 테두리의 어둠이 스크린 바깥으로 이어질 때, 종종 테두리는 사라지고 나는 영화 한가운데에 덩그러니 내던져진다. 감각의 교란 대신 관객의 치열한 사고와 감흥을 통해 구축되는 리얼리티. 그것은 극장이라는 제한된 상황, 약속된 장소에서만 허락되는 기적 같은 만남이다.

## 공간에서 장소로, 당신의 풍경은

물론 굳이 극장이 아니라도 〈타오르는 여인의 초상〉이나 〈고령가 소년 살인사건〉을 감상할 수 있을 것이다. 하지만 내가 여기서 말하고자 하는 '극장'은 물리적인 의미의 공간space이 아니다. 차라리 축적되는 시간과 체험에 가깝다. 모두에게는 각자의 극장이 있다. 각자 영화와 만나는 유일한 순간이 있다. 때로 어떤 영화들은 그 시간 안에서만 유의미하다. 각자의 경험들이 축적되어 스크린 속 텍스트와 함께 (사진처럼) 기억될 때 그곳은 나의 장소place가 되는 것이다. 영화란 관람 행위를 포함한 장소이며, 장소는 공간과 시간의 통일태다. 극장이라는 빈 공간은 영화가 제시하는 구체적인 사태들로 채워진 뒤에야 비로소 나의 장소가 된다. 그리하여 (관계와 행위로서의) 영화가 탄생한다.

물론 영화에 대한 고전적이고 편협한 형태의 정의라고 비판받는다고 해도 할 말이 없다. 시대가 바뀌고 상황이 변모하면 개념도 함께 변화한다는 것도, 안다. 그럼에도, 아니 그러므로 나는 나의 경험을 근거로 최선을 다해 저항하고자 한다. 어느 날 텅 빈 극장을 멍하니 바라보다 문득 그렇게 하고 싶다는 욕망이 치솟아 올랐다. 영화는 투명해질 수 없다. 영화가 현실을 말할 수 있는 유일한 방식은 스스로 투명하지 않다는 것을 고백하고, 한계를 인지하고, 재현의 마찰들을 응시하는 일이다. 이야기나 메시지가 아닌 언어로 치환 불가능한 구체적인 사태들. 그것은 때론 장면이 될 수도 있고, 인물과 카메라의 관계가 될 수도 있으며, 침묵의 순간을 선사하기도 한다. 결국 뇌리에 남는 건 오직 정황이다.

이제 마지막 풍경을 말할 차례다. 나의 첫 영화, 그러니까 내가 극장에서 처음 본 영화는 〈매디슨 카운티의 다리〉(1995)였다. 중학생 시절 단체관람으로 끌려가서 본 영화인데, 지금 생각해도 중학생 남자아이들을 데리고 그 영화를 보러 간 선생님의 선택이 우습고, 감사하다. 중년 남녀의 사랑이 제대로 전달될 턱이 없던 시절이지만 그래도 한 장면만큼은 선명하게 기억한다. 비 오는 거리에서 마지막을 고하는 로버트(클린트 이스트우드)의 미소는 아직도 사진처럼 잊히지 않는다. 그 시절에도 이해는 안 됐지만 울컥하는 무언가가 느껴졌고, 다른 이에게 그 감정을 설명하고 싶었지만 방법을 끝내 찾지 못했다. 아마도 영화란 글로 설명할 수 없다는 것을, 영화 글쓰기는 끝내 실패할 수밖에 없는 짝사랑이라는 것을 그때 깨달았던 것 같다.

하지만 단 한 가지는 분명하게 설명할 수 있다. 내게 있어 이 장면은 텅 빈 관객석을 포함한 한 프레임으로 기억에 남아있다. 함께 보러 갔던 친구들은 모두 포기하고 극장을 떠났지만 끝까지 남아있었기에 만날 수 있었던 이스트우드의 얼굴. 어쩌면 나의 영화 글쓰기는 그 순간을 누군가에게 전달하기 위해 시작되었다. 그때 극장의 풍경, 냄새, 분위기, 정황들을 빼놓고 이 영화를 전달하는 건 불가능한 일이다.

급변하는 시대에 우리는 〈로마〉(2018)를, 〈아이리시맨〉을 (운 좋은 몇몇을 제외하곤) 극장이 아닌 다른 곳에서 만났다. (그리고 곧 많은 영화가 같은 운명에 처했다.) 이 영화들은 당신에게 어떤 기억으로 남아있는가. 당신은 이 영화를 어디에서, 어떤 형태로 조우할 것인가. 재난을 맞이한 오늘의 영화 앞에서 당신의 눈에 각인될 한 장의 이미지가 무엇이 될지 궁금하다.

# "신세계가 구세계를 구할 것이다"

〈덩케르크〉

크리스토퍼 놀란의 서사는 늘 빈약했다. 〈메멘토〉(2000)는 결말에 도달한 뒤 거꾸로 돌려보면 매우 단선적인 이야기였고 〈배트맨 비긴즈〉(2005)는 전형적인 영웅 서사의 길을 따랐다. 아버지가 이루지 못한 것을 이어받아 투쟁을 지속하는 〈다크나이트 라이즈〉(2012)는 〈배트맨 비긴즈〉로 회귀한 반복에 불과하다. 복잡하기 이를 데 없는 인과로 거대한 미로를 구축했던 〈인셉션〉을 선형적으로 재배치한 뒤 조망하면 단선적으로 움직이는 황량한 인물들을 마주할 수 있다. 부녀간의 애틋함을 우주적 규모로 풀어낸 〈인터스텔라〉(2014)는 또 어떤가. 놀란의 캐릭터들은 관객을 고민에 빠트리지 않는다. 대개 단순하지만 강력한 동기를 지닌 채 목적을 수행하는 데 열중한다. 〈덩케르크〉(2017)도 여기서 크게 벗어나지 않는다.

실화를 바탕으로 한 이 사건에 극적인 드라마는 없다. 덩케르크 해변에 남겨진 앳된 군인들이 도버 해협을 건너 집으로 돌아간다. 그게 전부다. 귀향을 방해하는 장벽이 있지만 사건이라기보다는 사고에 가깝다. 말하자면 〈덩케르크〉는 100분가량 지속하는 전쟁 속 시간에 대한 묘사다. 캐릭터와 사건, 인물들의 충돌을 서사의 축으로 삼은 여타 전쟁 영화와 달리 이야기에 한정해서 볼 땐 빈곤하고 빈약하다. 〈덩케르크〉를 보고 나온 뒤 누군가에서 어떤 영화인지 말로 옮긴다고 생각해 보라. 탈출한다는 행위, 시간이 중첩되고 교차한다는 플롯, 실감 난다는 감상 이외에 무엇을 더 말할 수 있을까. 뭔가 대단한 걸 목격한 것 같긴 한데 설명하긴 난감하다. 그래서, 빈약한가. 절반은 맞고 절반은 틀리다.

역설적이지만 설명하기 난감한, 혹은 설명할 것이 없는 바로 그 지점이 〈덩케르크〉를 놀란의 최고작, 집대성, 정점의 반열에 올린다고 생각한다. 다소 추상적이지만 위대한 영화들은 대개 비슷한 미덕을 지니고 있다. 설명할 수 없고, 설명되지 않지만 존재하는 어떤 감각. 오직 움직임과 충돌을 통해 표현되는 비언어적인 영역의 물리적 정보들. 서사로 통합되지 않고 문학이 대체할 수 없는 영역의 표현들. 바로 무성 영화가 지녔던 조형적인 아름다움이다. 〈덩케르크〉는 무성 영화의 유산들을 크리스토퍼 놀란이라는 할리우드의 총아가 집대성한 작품이다.

## 21세기 무성 영화

놀란처럼 결론에서부터 반대로 되짚어 보자. 그는 왜 빈약한 이야기에서 출발할 수밖에 없는가. 이야기를 비운다는 건 그 자리에 대신할 무언가를 채우겠다는 말이다. 영화라는 물리적 시간의 한계를 지닌 틀 안에서 이것은 양자택일의 문제다. 하나가 더해지면 하나가 삭제된다. 하나가 삭제되면 하나를 더할 여유를 확보한다. 놀란은 거대하고 심도 있는 드라마라는 이야기를 삭제했다. 그 자리를 무엇으로 메우고 있는가를 되짚어 보면 놀란의 빈약한 서사의 정체를 파악할 수 있을 것이다. 놀란의 플롯에는 몇 가지 공통점이 있다. 우선 결과를 먼저 제시하고 원인을 찾아나간다. 서사 전체를 인과관계의 역전으로 배치한 〈메멘토〉가 여기에 해당한다. 다음으로 도드라지는 건 퍼즐의 연쇄다. 하나의 퍼즐이 끝나고 도출된 결과는 다음 퍼즐을 시작하기 위한 입구를 제시한다. 〈다크 나이트〉가 여기에 해당한다. 모든 상황과 우연마저 통제하는 전지적 '조커'의 시점으로 보기 전까지 〈다크 나이트〉의 서사는 조커가 구상한 치밀한 게임의 연쇄로 쌓아 올린 미로에 가깝다. 한편 서로 다른 시간을 인과의 사슬로 중첩한 〈인셉션〉(2010)은 두 가지 방식을 동시에 활용한다. 결과를 제시하고 원인을 다른 시간 축에 흩어 두면 관객은 이를 시간순, 인과순으로 재배치하며 플롯의 게임에 빠져든다. 이야기를 선형적으로 파악하고 이해하려는 내러티브의 관성을 역이용한 것이다.

대개 플롯이란 이야기라는 덩어리를 효과적으로 실어 나르기 위한 유효한 도구다. 하지만 놀란은 반대로 이야기를 조직해 나가는 과정과 방식에 집중하는 감독이다. 그릇의 내용물보다 그릇의 형태에 집중하는 것, 결과로서의 내러티브보다 구축 과정에 쾌감을 느낀다고 해도 좋겠다. 이런 관점에서 접근하면 놀란이 단순하고 빈약한 이야기를 선택할 수밖에 없는 건 당연하다. 플롯의 퍼즐을 구축하고 즐기려고 할 때 지나치게 방대한 이야기는 도리어 방해가 되기 때문이다. 심도 있는 이야기와 복잡한 플롯의 양립은 어렵다. 제한된 물리적 시간 안에 무엇을 목표로 할 것인가에 따라 선택해야 한다. 놀란의 선택은 당연히 후자였다. 그게 안 되면 〈다크 나이트 라이즈〉나 〈인터스텔라〉의 경우처럼 물리적인 제한 시간을 늘려버렸고 물론 결과는 만족스럽지 못했다.

그동안 나는 크리스토퍼 놀란이 과대평가된 엔터테이너라고 생각해 왔다. 흥미롭지만 알맹이가 없다고 느꼈고, 부분적으로 뛰어난 성취도 기술에 대한 도취가 아닐까 의심했다. 〈덩케르크〉를 본 후 정복한 산에서 그가 바라보고 싶어

한 경치가 무엇인지 어렴풋하게나마 짐작할 수 있을 것 같다. 엔터테이너로서의 놀란은 플롯의 게임이라는 형식을 유용한 도구로 삼아왔다. 재미있는 건 형식을 통해 자신의 세계관을 표출한 것은 소위 말하는 작가주의 감독을 구분 짓는 기준 중 하나라는 점이다. 감독을 기술자가 아닌 작가로 격상시키고 싶어 하는 쪽에서는 영화 연출만이 할 수 있는 어떤 것으로 영화의 고유성을 구분하려 한다. 이런 인식의 연장에서 봤을 때 놀란이 추구하는 플롯의 게임은 내용물보다 형식을 우선한다는 점에서 작가적 자의식의 발현이라 해도 무방해 보인다.

스스로 여러 번 밝혔듯 그는 엔터테인먼트 감독이지만 무엇을 재미있다고 느끼는지의 기준을 보면 매우 협소하고 엄격한 취향을 드러낸다. 필름의 질감과 아날로그 특수효과, 실제 촬영 등에 집착하는 놀란의 태도는 시네마를 향한 욕망이라 봐도 무방하다. 〈덩케르크〉 해변에 선 사람들이 CG인지 실제 인형인지 대다수 관객이 구분하지 못한다고 해도 상관없다. 그는 실제의 질감을 그려진 것이 따라잡을 수 없다고 믿는 것 같다. 안타깝게도 그마저 마케팅의 수단 중 하나로 포장됐지만 어떤 의미에서는 그는 순수주의자다. 놀란은 두 가지 다른 길을 걸어왔다. 하나는 〈메멘토〉부터 시작된 플롯의 게임이다. 이는 시간의 물리적 한계를 극복하는 놀란의 도전이었다. 또 하나는 〈다크 나이트〉부터 시작된 물리적인 사이즈의 팽창이다. 아이맥스는 그저 높은 해상도의 화면을 구현하는 기술이 아니라 영화라는 질료, 시각 정보에 대한 놀란의 태도에 가깝다. 스크린에서만 구현 가능한 움직임을 구현하는 것과 압도적인 정보량으로 관객을 덮치는 것. 가장 복잡한 방식과 가장 단순한 도구. 두 지팡이를 짚고 놀란이 기어이 오르고자 하는 정상은 어디일까. 〈덩케르크〉는 양쪽을 두루 거쳐본 놀란이 자신의 경험과 자신감으로 구현한, 21세기의 무성 영화다. 거대한 캔버스를 얻은 그는 이미지의 도상과 순수한 움직임에 집중한 끝에 무성 영화가 사라진 지 100여 년이 흐른 지금, 시장과 자본의 총애를 받은 자가 영화라는 거대한 체험을 다시금 부활시키려 하는 것이다.

대사가 있으니 엄밀히 말해 무성은 아니다. 하지만 〈덩케르크〉에는 무성 영화 시대 움직임의 마술이 배어있다. 완벽히 구현하거나 상영시간 내내 채워내진 못할지라도 그 지점을 향해 달려나가는 것만큼은 분명하다. 영화가 시작되면 덩케르크 해변에 모여든 영국, 프랑스 연합군에 대한 자막이 뜬다. "그들은 덩케르크 해변에 고립됐고"라는 문구 다음에 갈증에 물을 찾는 영국군의 모습을 보여주고 "구조되어 조국으로 돌아가는 기적만을 바라고 있다"는 문구 뒤에 총소리와 함께 한 명씩 쓰러져 가는 군인들의 뒷모습들을 따라잡는다. 이 장면은 대사 없이 내레이션 자막으로 상황을 제시하던 무성 영화 시대의 문법을 연상시킨다. 필사적으로 도망치는 군인 무리가 한 명씩 쓰러지는 장면을 굳이 컷을 나누지 않고 한 화면에 담아내는 영화가 내레이션 자막을 굳이 나눠 삽입의 형식으로 배치한 것이다. 표면적으로는 무성 영화 시대의 형식을 흉내 낸 것 같지만 이는 좀 더 면밀하게 살펴볼 필요가 있다. 〈덩케르크〉가 추구하는 것이 무성 영화의 향수인지, 아니면 목소리가 영화를 침범하기 이전 오직 움직임과 반응의 연쇄만으로 형성되었던 무성 영화의 비언어적 속성인지 말이다.

## 연쇄된 이미지들이 형성한 리듬

〈덩케르크〉는 잔교에서 일주일, 배 위에서 하루, 하늘에서 한 시간을 명시하면서 시작한다. 서로 다른 시간, 다른 공간을 교차 편집하면서 진행될 것이라는 걸 숨기지 않는 것이다. 〈인셉션〉이 과거에서 현재로 흘러가는 동일한 시간 축 위에 시간의 속도만을 다르게 중첩해 놓았다면, 〈덩케르크〉는 시간의 선후도 종종 뒤바꾼다. 중첩의 〈인셉션〉 플롯과 역전의 〈메멘토〉 플롯이 합쳐진 형태다. 시간을 뒤섞기도 하고 다른 시간 축을 중첩하기도 하는 플롯은 매우 정교하고 복잡하여 따라잡을 수 없을 것 같다. 설사 능숙하게 영화를 뒤따르던 관객이라도 문스톤호가 지뢰구축함과 좌초된 어선

130

에서 흘러나온 군인들을 구하는 장면에서 세 개의 각기 다른 시간이 몇 차례 반복되는 지점에 이르면 헷갈릴 만하다.

지뢰구축함을 구하려는 스핏파이어의 파일럿 파리어(톰 하디) 시점으로 제시되다가 문스톤호에 구출된 동료 파일럿의 시점으로 다시 한번 재현되기도 하고, 잔교에서 일주일을 보내다가 어선을 타고 탈출 중이던 영국군 토미(핀 화이트헤드)의 시점으로 같은 상황이 또 한 번 반복된다. 결과를 보여주고 과정을 다시 반복하는 역순의 방식을 지키는 것도 아니다. 과거, 현재, 다시 과거 등으로 시간 흐름과 관계없이 수시로 오간다. 무엇을 기준으로 잡아야 할지 종잡기 힘들다. 무릇 교차 편집은 하나의 장면을 기준으로 다른 시공간을 삽입하여 충돌시킨다. 〈덩케르크〉는 영화 전체를 세 가지 다른 시공간으로 교차 편집해 놓았다. 이때 기준이 되는 시간 축이 무엇인지 찾으려 하는 게 당연한 반응이다. 함정은 여기에 있다.

이 영화에서 플롯은 사실상 서사를 구축하지 않는다. 정확히 말해 하나의 선형적 서사 위에 구태여 재배치할 필요를 느끼지 못한다. 배경을 몰라도 전장의 생생함을 감각하는 데 아무런 지장이 없다. 이유는 명료하다. 〈덩케르크〉의 기준점은 시간이나 서사, 사건이 아니기 때문이다. 해변에서 얼마나 기다리고 탈출과 실패를 반복했건, 배 위에서 얼마나 덩케르크 해변을 향해 달려갔건, 스핏파이어가 얼마나 오래 비행을 했건 상관이 없다. 영화 속 모든 상황과 시간은 철저히 '현재'에 맞혀있다. 실시간이라고 해도 좋겠다. 세 가지의 다른 시간 축을 하나로 묶는 건 다름 아닌 이미지의 형태, 그리고 운동이다. 이 영화는 숏과 역숏, 액션과 리액션의 영화라고 불러 마땅하다.

모든 숏들은 지금 현재 상황, 이를테면 고립된 상황과 죽음에의 공포, 탈출을 향한 움직임 등 현재의 시공간으로 재현했다. 토미와 깁슨(아뉴린 바나드)은 정원이 차버린 배에 탑승하기 위해 부상병을 들것에 싣고 잔교로 향한다. 이어지는 장면은 영국의 조지(배리 케오간)가 출항을 앞둔 문스톤호에 짐을 싣는 장면이다. 이 두 시공간은 배에 타기 위해 움직이는 인물들의 행위라는 서사로 묶인다. 여기까지는 일반적인 방식이다. 동일한 행위, 유사한 이미지, 도상에 의한 연결은 관객의 인식을 하나로 정리하는 교차 편집의 기본이다. 인과가 아니라 같은 행동으로 병렬, 반복되는 셈이니 이해도 쉽다.

진정 흥미로운 건 영화 전체가 이러한 행위나 의미에의 일치를 반드시 따르진 않는다는 점이다. 숏 바이 숏으로 쪼개보면 〈덩케르크〉는 현재의 행위에 대한 반응으로 다음 숏을 배치한다는 걸 확인할 수 있다. 오른쪽에서 왼쪽으로 오는 인물을 찍었으면 다음에는 왼쪽에서 오른쪽으로 오는 인물을 찍는다. 동일한 시공간하에서는 당연한 문법이다. 가령 인물을 찍을 때 왼쪽에 배치된 인물을 한 번 찍었으면 오른쪽에 배치된 인물을 한 번 찍어야 '두 사람이 마주 본다'는 시공간이 통합된다. 하지만 〈덩케르크〉는 동일한 시공간이나 인물의 행위, 서사에 연연하지 않고 오로지 움직임과 이에 대한 반응을 중심으로 서로 다른 시공간의 숏들을 붙여 나간다. 조종석에 앉은 파리어를 왼쪽 아래에 위치시켰다면 다음 장면에서 파리어가 탄 비행기의 외곽 시점은 오른쪽 아래 위치시키는 식이다. 또는 잔교에서 출항하는 배가 왼쪽 하단에 오른쪽으로 향해서 전진한다면, 이어지는 장면에서 왼쪽에서 오른쪽으로 향하는 도슨(마크 라이런스)의 문스톤호를 보여준다.

거의 모든 숏이 현재의 움직임에 대한 역숏, 그러니까 대화하는 형식으로 배치되어 있다. 이건 차라리 대화의 연결이라고 보는 편이 맞을 것 같다. 왼쪽으로 향하던 문스톤호가 스핏파이어의 시공간을 거친 후 이어지는 장면을 보자. 처음으로 구축함을 스쳐 지나가는 문스톤호의 뱃머리는 어느새 오른쪽으로 향하고 있다. 명백한 방향의 충돌임에도 화면이 튀지 않는다. 스핏파이어의 시점을 거쳐왔기 때문이다. 문스톤호라는 시공간의 연속으로 볼 땐 위반이지만, 문스톤-스핏파이어-문스톤의 숏/역숏 관계로 볼 땐 자연스러운 것이다. 이처럼 〈덩케르크〉의 모든 이음매는 순수한 움직임과 이에 대한 반응을 기준으로 한다. 초기 무성 영화의 편집이 시도한 마술적 결합이 연상되는 이유다.

〈덩케르크〉의 시공간을 하나로 통합시키는 건 물론 한스 짐머의 사운드다. 테마와 멜로디를 제거한 음향이라고 보는 편이 적절한 소리들은 반복과 변주를 통해 상황과 감정을 직관적으로 지시한다. 빨라졌다가 상승하고 느려졌다가 다시 옥죄는 사운드의 응집력이 이 파편화된 시공간을 하나의 체험으로 전환시키는 것이다. 하지만 사운드가 이러한 기능을 수행할 수 있도록 할 수 있는 기반은 역시 액션/리액션으로 연쇄된 이미지들이 형성하는 리듬이다. 〈덩케르크〉의 화면들은 '반드시'라고 해도 좋을 만큼 '현재 보여주는 화면'에 대한 반응을 다음 화면에 배치한다. 왼쪽을 향한 움직임이 있었으면 오른쪽을 향한 움직임이 배치된다. 이는 단지 방향에 그치지 않고 이미지의 형태와 크기까지 계산되어 있다. 좌초된 어선에 물이 차오르는 장면 다음에는 추락한 스핏파이어 파일럿 콜린스(잭 로던)가 조종석에 갇힌 유사 장면을 배치한다. 하지만 그냥 같은 상황을 기계적으로 병치시키는 데 머물지 않고 그 사이에 탁 트인 전경을 한번 배치함으로써 리듬감을 만들어나간다. 각 장면은 서로의 움직임, 크기, 형태를 통해 마주 보며 대화한다. 약간 과장을 더 하면 세르게이 예이젠시테인의 〈전함 포템킨〉(1925) 중 오뎃샤 계단에서의 핵심적인 몽타주를 100분에 걸쳐 확장한 것만 같다. 〈전함 포템킨〉이 충돌에 의한 고양된 감정을 이끌어낸다면 〈덩케르크〉는 하나의 교향곡 같은 숏/역숏의 리듬과 응축을 통해 현재를 지속시킨다.

## 영화적 움직임을 복원하려는 의지

영화적 현재 속에 놓인 관객은 전장에서 느낄 감정, 긴장감, 절박함, 답답함의 100분 속에 속박된다. 그렇게 전장은 스크린을 통해 체험된다. 이 영화에 서사가 있다면 단 하나, 그런 부정의 감정들로 가득 찬 전장 한가운데 내던져진 평범한 사람들의 '그럼에도 불구하고(용기, 선의, 공공의 선 등)'이다. 다만 오히려 그와 같은 서사가 두드러질 때, 그러니까 영화의 후반으로 갈수록 〈덩케르크〉의 현장감은 생기를 잃는다. 가령 후반부 기차에 탄 토미가 집에 가고 싶다며 지쳐 쓰러진 다음, 잔교에서 한 병사가 잠에서 깨어 일어나는 장면이 이어진다. 이 두 장면의 움직임은 잔다/일어난다의 몽타주다.

하지만 여기에 굳이 서사적 의미를 부여하기 시작할 때 〈덩케르크〉는 숱한 토키talkie영화가 그래왔듯 서사를 얻고 무성 영화적인 풍성함을 잃는다. 이 장면은 그저 잠이 들고 일어나는 도상적인 연결로 충분하다. 잠들고 일어나는 두 병사는 이름을 지닌 특정 인물, 그러니까 주인공이 아니고 상징이 되어서도 안 된다. 그런 면에서 볼 때 〈덩케르크〉

의 서사는 해석하려 할수록 빈약해진다. 하지만 서사가 거의 제거된 순간, 숏의 크기-시점-움직임의 방향들이 형성한 리듬이 부각되며 원초적인 쾌감을 안긴다. 그렇다. 이건 마술적 체험이다. 언어와 서사가 침투해 오기 이전 숏과 숏 사이에 음악처럼 존재했던, 지극히 영화적인 어떤 율동. 놀란은 침묵, 우연, 흔들림 속에서 우연히 포착되는 비서사적 잉여를 기다리는 대신 고전적이고 순수한 움직임을 현재 동원 가능한 기술과 물량의 한계 속에서 이를 쟁취한다.

만약 이것이 놀란의 궁극적인 목표였다면 〈메멘토〉마저 달라 보인다. 플롯의 역발상이라고 생각했던 〈메멘토〉의 역전된 서사는 어쩌면 뤼미에르 형제의 〈무너지는 벽〉(1895)에서 착안한 것이 아닐까 상상해 본다. 영사기의 실수로 거꾸로 돌려진 필름이 시간마저 거꾸로 돌리며 움직임의 흔적들을 환기했던 것처럼 놀란은 플롯이라는 장치를 통해 거꾸로 영화의 순수성을 복원하려 했던 건 아닐까. 아마도 과잉해석일 것이다. 하지만 플롯의 마술사가 아이맥스를 만난 후 지금의 단계에 이른 걸 감안하면 전혀 엉뚱한 상상은 아닐 것 같다. 아이맥스는 화질과 규모의 총량으로 시네마, 아니 영화관이라는 공간이 도달할 수 있는 압도적 실감의 끄트머리에 서있다. 다만 산업적인 이유로 완벽한 실현은 불가능하다. 놀란도 모르지 않을 것이다. 그럼에도 그는 굳이 스크린의 크기, 필름의 질감을 빌려 초기 영화가 품었던 마술적 체험을 구현하려 한다.

〈덩케르크〉에 이르러 놀란은 '아이맥스라는 규모'와 '리액션의 플롯'의 교차점에서 '영화라는 체험'을 창조했다. 이것은 실화-감독-영화(혹은 세계와 작가)라는 관계에 대한 놀란의 화답이다. 아마도 놀란에게 있어 영화적 감각과 실감은 분리될 수 없는 것이리라. 다시 말해 세상의 일부가 스크린이 되었다. 어쩌면 이 영화는 놀란의 경험이 반영된 거대한 실험에 가깝다. 크리스토퍼 놀란은 자본의 정점에 선 구도자다. 그는 "(아이맥스와 기술이라는) 신세계가 (시네마라는) 구세계를 구하고 해방할 것"이라는 믿음 아래 할리우드의 최전선에서 영화의 영토를 재구축하는 중이다. 어쩌면 놀란은 시네마를 구할 다크 나이트가 되고 싶은 건지도 모르겠다. 물론 배트맨의 슈퍼 파워는 돈이다. 아이언맨과 달리 배트맨은 구태여 그걸 자랑하지 않는다. 막강한 자본을 수단으로 활용할 따름이다. 그가 시네마를 신세계로 이끌지는 확신할 수 없다. 다만 놀란이 시네마의 구원자가 될 수 있다면 그것은 새로운 방식이 아니라 오래된 영화들, 오래 전부터 제 자리를 지켜왔던 방식에 뿌리를 두었기 때문이라는 점은 확신한다.

# 액자가 그림의 일부일 순 있어도

〈사울의 아들〉

〈사울의 아들〉(2018)을 VR로 감상할 수 있다는 소식을 듣곤 잠시 멍해졌다. 관계자들에게 대체 무슨 생각인지 묻고 싶었다. 누가 그 끔찍한 학살의 현장을 생생하게 체험하고 싶어 한단 말인가. 〈사울의 아들〉에 쏟아진 격찬의 근거는 대개 차마 말할 수 없는 것을 비틀어 접근하는 형식, 재현의 윤리 때문이다. 감독은 대학살의 현장을 있는 그대로 재현해선 안 된다는 판단으로 프레임을 제한하고, 초점을 흐리고, 일인칭의 제한된 시점을 택했다고 수차례 밝혔다. 적지 않은 평자들이 이 영화에 보낸 지지 역시 이러한 형식이 영화의 윤리성을 담보한 고뇌의 결과물이라 믿었기 때문이다. 그런데 VR은 연출 의도를 정면으로 뒤집는 포맷이다. 보다 생생하고 구체적으로 영상을 재현하는 것을 목표로 한 지각적 리얼리티로서의 VR 방식을 라슬로 네메시 감독이 과연 허락한 것일까.

한편으론 궁금하다. 형식적 성취를 완전히 배반하는 VR을 앞두고 호기심이 앞선다. 〈사울의 아들〉의 어떤 장면을 어떻게 VR로 어떻게 바꾸었을까 하는 구체적인 변환 과정을 알고 싶은 게 아니다. 진정 알고 싶은 건 왜 내 마음속에 거부나 분노보다 호기심이 더 큰지에 관해서다. 답은 간단하다. 나는 〈사울의 아들〉이 윤리적인 영화라고 믿지 않는 쪽의 사람이다. 한발 더 나아가 〈사울의 아들〉이 택한 형식, 그러니까 표현을 제한하고 이미지를 에둘러 표현하는 연출이 되려 매우 비윤리적이고 비겁한 선택이라 여긴다. VR 버전 〈사울의 아들〉을 접하는 순간 의아함은 있어도 거부감은 없다. 비록 구현 방식은 달랐을지 몰라도 VR과 〈사울의 아들〉의 지향이 근본적으로 동일하기 때문이다. 〈사울의 아들〉은 학살의 현장을 보여주지 않는다는 사실을 강조하지만 역설적으로 보여주지 않음으로써 그 존재감을 뚜렷하게 만든다. 끔찍해서 눈을 돌리는 게 아니다. 끔찍하지만 끝내 보고 싶어 하는 욕망이 이 영화에 잠재되어 있다. 대신 직접 응시하지 않아도 체험할 수 있도록 윤리라는 허울로 완충장치를 엮어냈다. 아우슈비츠의 끔찍함을 '만끽'할 수 있도록 마련된 관객의 자리. 그렇다. 이 영화 앞에 만끽이라는 표현은 하등 어색하지 않다.

〈사울의 아들〉은 제한을 통해 체험적 리얼리티를 유도한다. 유려하고 세련된 형식은 그 완성도가 높을수록, 접근 방식이 이색적일수록 우리의 호기심을 자극하기 마련이다. 실재하는 죽음, 혹은 죽음의 이미지는 우리를 불안감으로 내몬다. 재현의 윤리란 "불안과 동요로 접근"하는 방식이다. 자크 리베트의 말을 빌리자면 "이 신비로운 것을 찍는 순간 어떻게 스스로 사기꾼이 된 것 같은 기분을 느끼지 않을 수 있을까?" 장르 영화는 다양한 방식으로 이 불안감을 해소하고 안전한 자리를 마련하는 적극적인 사기 행위다. 다만 우리는 이것이 영화(라는 이름의 사기)임을 이미 알고 있다. 공포 영화를 볼 때 우리가 쾌감을 느끼는 건 불안을 제거하고 쾌감으로 전환시키는 정교한 장치들 덕분이다. 모든 영화가 그래서는 안 된다는 말이 아니다. 하지만 적어도 실화를 바탕으로 한 영화들은 스릴과 서스펜스를 곡예처럼 다루어선 안 된다. 한데 〈사울의 아들〉은 보면 볼수록 잘 구성된 한 편의 곡예처럼 느껴진다. 시신을 정면으로 응시하지 않는 흐린 초점은 "우리 자리가 있지 않은 곳에 자리 잡아서는 안 된다"는 세르주 다네의 충고를 기계적으로 받아들인 결과물이다. 그 순간 감독은 (그리고 관객은) 진정 죽음의 이미지에서 눈을 돌리고 있는가. 아니다. 이 영화는 기술적으로 눈을 돌리고 있다는 효과, 혹은 면죄부를 부여할 따름이다.

〈사울의 아들〉을 보는 내내 진짜 불편했던 지점은 바로 여기에 있다. 라슬로 네메시 감독의 제한된 형식들은 그 끔찍한 현장을 감히 응시하지 말도록 권유하는 대신 거꾸로 자신의 기교적인 선택이 얼마나 우월하고 효과적인지 끊임없이 강조한다. 우리는 힐끔거리는 눈으로 아우슈비츠 학살의 현장을 훔쳐보며 그 순간을 상상한다. 이 순간 관객의 머릿속에는 죄책감 대신 당시의 생생함이 깃든다. VR이 시야를 극적으로 확장해 지각적 리얼리티를 강화한다면 〈사울의 아들〉은 시선을 제한하고 사운드를 활용하는 방식을 통해 체험적 리얼리티를 구축하는 것이다. 노골적인 전시가 포르노그래피의 속성이라면 이 영화는 다 보여주는 것보다 상상을 자극하는 것이 더 효과적임을 증명하는 위선의 흔적인 셈이다.

## 공백과 흰색의 덧칠을 구분할 것

〈사울의 아들〉의 비겁함에 대해 장황하게 언급한 것은 최근 몇몇 영화가 활용한 화면비율에서 〈사울의 아들〉처럼 형식에 전도된 흔적을 발견했기 때문이다. 만약 시야를 극적으로 확장하는 VR과 의도적으로 제한한 1.33:1의 화면비가 본질적으로 같은 방향을 가리키고 있다면, 우리는 영화 속 화면비의 문제를 좀 더 민감하게 받아들일 필요가 있다. 1.85:1의 비스타 비전이 일종의 표준처럼 자리 잡은 이래 그보다 작거나(1.33:1) 그보다 큰(2.35:1) 화면비율을 사용한 영화들은 특별한 연출적 의도가 있다고 보는 편이 타당하다. 〈사울의 아들〉의 경우 시선의 제한을 위해 1.33:1의 화면비를 골랐다. 이 글에서는 〈사울의 아들〉과 〈산하고인〉(2015), 그리고 허우 샤오시엔의 〈자객 섭은낭〉(2015)이 1.33:1의 화면비율을 활용하는 방식을 비교해 보려 한다. 이 세 영화는 적어도 화면비율을 통해 형식적인 메시지를 전달하겠다는 자각이 있다. 하지만 그 결과물이 우리에게 남기는 감흥은 천차만별이다.

화면비율이 다른 영화는 2D와 3D, 2차원 화면과 VR만큼 확연한 형식적 차이가 있다. 영화가 선택과 배제의 예술이라고 한다면 그 첫 번째 선택이 바로 화면의 비율이다. 세계를 담는 틀 자체가 달라지면 그 안에 깃든 모든 구성요소가 바뀌어야 마땅하다. 하지만 슬프게도 그런 고뇌의 흔적이 엿보이는 영화를 만나기란 그리 쉽지 않다.

가령 2000년대 초반 한국 영화에서 시네마스코프(2.35:1) 비율이 유행했을 때 관습적으로 이 비율을 선택한 영화들이 대다수였던 기억이 있다. 좌우로 길어진 만큼 그 공간을 의미로 채워 넣어야 했건만 기존의 방식과 하등 다를 것 없이 찍다 보니 좌우의 넓어진 공간들이 공백으로 남아버린 것이다. 그저 비어있는 것과 투명한 색으로 메워져 있는 건 엄연히 다르다. 하지만 카메라의 움직임과 시점의 문제에는 민감해도 화면비 자체는 으레 그러한 것으로 받아들이고 넘어가는 경우가 적지 않은데, 이것은 단지 받아들이는 쪽의 문제는 아닌 것 같다. 되려 그것을 제대로 인식하고 활용하는 영화들이 적기 때문이 아닐까 싶다. 찍는 쪽이 고민이 없으니 보는 쪽도 무감각해지고 당연히 상영하는 쪽 역시 이 어마어마한 차이를 배려하지 않는다. 제대로 찍은 영화의 화면비를 멋대로 바꾸는 건 아예 다른 영화를 상영하는 것과 진배없지만 최근 극장들이 편의대로 화면비율을 조정하는 문제도 있다.

1.33:1의 화면비가 단지 제한과 축소를 의미하는 건 아니다. 정보의 물리량으로는 그러하지만 이는 카메라의 움직임과 시점의 문제가 함께 맞물려 돌아가는 요소이기 때문이다. 큰 틀에서 보자면 화면비는 인물의 시점이 아니라 앞으로 어떤 방식으로 접근하겠다는 관점과 태도의 문제다. 물론 1.33:1의 화면비가 표준으로 채택된 1917년 무렵에는 아니었을 것이다. 당시에는 구도의 안정감을 위한 익숙한 비율이라는 이유로 이 화면비율을 선택했다. 이후 시네마스코프, 비스타비전의 화면비가 태어났고 관객들은 그 세계를 이미 체험했다. 이 시점에 새삼 뒤로 돌아가는 선택(1.33:1)을 했다는 건 창틀의 존재를 새삼 환기시키는 작업이나 다름없다. 스크린 양쪽 검은 화면의 비율을 마주할 때 우리는 액자의 의미를 되새길 수밖에 없다.

롱테이크를 예술 영화의 인장으로 받아들이는 건 바보

같은 일이다. 롱테이크 하나만으로는 아무런 의미를 지니지 못한다. 마찬가지로 화면비율 자체가 어떤 형식적인 의미를 드러내진 않는다. 만약 그렇다면 그때 형식은 형식에 전도되어 본말을 잊은 과시에 불과하다. 나는 〈사울의 아들〉이 자신의 노골적인 욕망을 윤리성이라는 방패 뒤로 은폐하려는 위선이 여기서부터 출발한다고 생각한다. 이 영화의 제한된 프레임은 정말 제한되어 있는가. 물론 그것은 시야를 차단하는 방식 중 하나이긴 하다. 초점을 얕게 하고 뒷배경을 흐릿하게 만드는 연출도 마찬가지다. 하지만 그 결과는 사울의 시점으로 재현한 페이크 다큐의 감각에 깊게 접속하는 것으로 이어진다. 이 영화는 역사적 공포를 응시하는 대신 끔찍한 죽음과 학살의 주변에 흩어진 감정의 흔적에 흥분한다. 제한된 시점은 정보의 제한 대신 시점의 일치를 위한 것이 아닐까 하는 의심이 싹트는 건 자연스러운 일이다.

  "〈사울의 아들〉의 영화 언어가 윤리적 선택이라기보다 과학적 선택"이라는 송형국 평론가의 지적을 액면 그대로 차용하면 관객은 사울이 현장에서 느낀 먹먹함과 초점이 풀린 눈동자의 상태를 가상체험 한다. 정보량을 줄이는 것으로(차단이 아니라는 점에 주목해야 한다) 화면 안쪽 깊숙이 들어가는 효과를 유도하는 과정은 VR과 같은 맥락 아래 해석되어야 마땅하다. 차이라면 선택적 정보가 철저히 사울의 시점에 머물러 구현된다는 것 정도다. 어떤 의미에서는 사용자의 능동성마저 배제했다는 면에서 더 악질적일 수도 있다. 시선의 제한은 보여주지 않기 위해서라기보다는 체험의 감각 확장을 위한 장치에 가깝다. 그것이 온전히 감독의 의도였는지는 알 길이 없다. 다만 이와 같은 결과로 이어진 건 대상을 다루는 태도 이전에 형식과 기교를 우선시한 과시욕 때문이 아닐까 짐작해 본다.

지아장커 감독의 〈산하고인〉에서도 유사한 과시욕이 발견된다. 세 가지 화면비율을 모두 활용한 이 영화는 1.33:1로 과거를, 1.85:1로 현재를, 2.39:1로 미래를 담는다. 지아장커에 따르면 과거와 현재의 비율을 이처럼 지정한 것은 그가 일찍이 수집해 놓은 영상들의 비율이 애초에 그랬기 때문이라고 한다. 지아장커는 잊혀가는 풍경을 수시로 카메라에 담아두었는데 과거에 해당하는 장면들을 처음부터 1.33:1의 카메라로 찍었기 때문에 나머지 드라마의 재현도 이에 맞췄다는 것이다. 새롭게 구성한 것은 시네마스코프 비율로 찍은 미래뿐이다. 그 결과 과거 에피소드는 여전히 빛나고, 현재 에피소드는 무난하며, 미래를 찍은 에피소드는 끔찍해졌다. 제시된 형식적 틀에 맞추려 재구성한 영상은 틀 자체를 지나치게 의식한 나머지 의미를 잃고 배회한다. 이 영화에서 유의미한 장면들은 과거 에피소드 중 수렁에 빠진 트랙터를 옮기거나 편양 지역의 축제 영상처럼 당시 촬영한 기록을 끼워 넣은 순간들이다. 그것은 이전까지

지아장커의 카메라가 그러했듯 눈앞의 실재하는 사진적 영상의 존재를 부각시킨다. 투영한 것이 아니라 투영된 것이며 저절로 걸러지고 정제된 영상이며, 사진적 존중과 물리적 보존성 아래 포착한 진실들이다.

지금까지의 지아장커는 형식이 시선을 앞선 적이 없다고 생각하지만 미래의 에피소드를 접하면 그의 철저한 형식주의에 당황스러울 정도다. 〈산하고인〉은 액자 틀을 먼저 짜놓고 거기에 이야기를 쏟아부은 영화다. 적어도 마지막 에피소드에 이르면 이야기 요소 하나하나가 전부 상징과 의식으로 가득 차있다. 그 순간 우리는 이 영화에서 현실의 흔적을 발견할 수 있을 것인가. 나는 아니라고 본다. 〈산하고인〉의 마지막 에피소드가 엉성한 것은 (그것마저 의도라고 해석한다면 할 말이 없겠지만) 정해놓은 액자 틀 안에 무엇을 담아야 할지 결정하지 못한 채 기존의 형식을 관습적으로 진행시키기 때문이다. 정체성을 잃고 표류하는 달러(동자젠)가 호주의 드넓은 풍광을 배경으로 방황할 때 스쳐 지나가는 광활한 대지와 도로는 달력의 카달로그와 별반 다를 게 없다. 지아장커는 화면은 그저 물리적으로 잡아 늘여놓고 촬영은 기존의 방식을 그대로 고수한다. 마지막 에피소드를 1.33:1의 비율로 잘라낸다고 해서 영화가 바뀔까. 아닐 것 같다. 미래 에피소드의 가로 비율의 일부는 그저 잉여 혹은 겉치레에 불과하다. 큰 그림에서 연출 의도와 상관관계가 있을 뿐 감독이 재구성한 세계와 인과관계를 맺지 못한다. 반면 첫 번째 에피소드가 아름다운 건 그 장면들이 애초에 그렇게 찍혀있기 때문이다. 면밀한 구상 끝에 쌓아 올린 산물이 아니라 현장의 직관과 본능으로 채워진 장면들, 형식에 전도되어 효과를 자아내지 않고 자신의 감흥을 있는 그대로 쏟아부은 리얼리즘의 편린들은 1.33:1에 맞춰 촬영된 것이 아니라 처음부터 그렇게 태어났다.

### 틀은 바깥을 상상하게 한다

잠시 기계적으로 접근을 해보자. 흔히 세로가 긴 화면비율일수록 클로즈업에 유리하다고 한다. 한가운데 인물에 집중하기 편안하다는 것이다. 세로가 길면 수직적인 움직임에 유리하다고도 한다. 반대로 가로가 늘어나면 시야가 넓어져 여타 풍광을 담아낼 수 있다. 수평적 움직임도 부각된다. 이를테면 시네마스코프 비율은 스펙터클에 유리하다. 단순히 정보량이 많아서가 아니라 활용할 수 있는 공간과 여지가 그만큼 늘어나고 좀 더 아름다운 수평 트래킹을 활용할 수 있기 때문이다. 기본적으로 틀린 이야기는 아니지만 이 순간 일말의 착각이 끼어들기 쉽다. 특정 비율이 특정 문법을 구현하기 알맞을 것이라는 공식. 허우 샤오시엔의 〈자객 섭은낭〉을 본 후 이것이 얼마나 큰 환상인지 깨달았다. 들어맞을 때도 있을 뿐 화면비율에 따른 황금 공식은 존재하지 않는다.

앞선 두 편의 영화(기억을 더듬자면 자비에 돌란의 〈마미〉(2014)도 포함하여)는 화면비율이란 형식 자체가 일종의 메시지다. 그 선택 자체가 문제라는 건 아니다. 다만 형식이 제일 앞자리를 차지한 채 무엇을 담아내야 할지 간과할 때 그것은 기교에 머문다. 허우 샤오시엔의 〈자객 섭은낭〉을 처음 봤을 땐 왜 1.33:1의 비율을 선택했는지 궁금했다. 하나 이내 그것이 얼마나 의미 없는 질문인지 깨달았다. 이유는 단순했다. 그 비율이 가장 아름답기 때문이다. 허우 샤오시엔은 스스로 밝힌 바와 같이 리얼리티를 매우 중요시하는 감독이다. 다만 허우 샤오시엔의 리얼리티는 재현의 정밀함보다는 사회를 투사한 방식으로서의 리얼리티에 가깝다. 세계의 현존하는 성격을 영화라는 세계에 (방식은 닫아놓지 않고) 구현하는 것이 그 리얼리즘의 핵심이다. 이 지점에서 〈자객 섭은낭〉은 화면비가 단순히 비율의 문제가 아님을 일깨운다. 그것은 세계와 인물들의 관계 맺음, 주관과 객관을 넘나드는 시점의 문제, 장면과 행간을 비워둔 접혀있는 시간의 문제와 유기적으로 결합하여 있다. 만약 이 영화가 1.85:1로 상영되었더라도 나는 충분히 아름다웠으리라 본다. 하지만 1.33:1의 비율은 훨씬 더 아름답고 풍성하다. 여기서 아름답다는 모호한 표현을 쓴 건 이것이 어디까지나 감각과 느낌의 문제이기 때문이다.

세로가 긴 화면비는 수직 운동에 적합할 거라고들 한다. 리산드로 알론소의 〈도원경〉(2014)를 보면 과히 틀린 말도 아닌 것 같다. 이 영화 속 수직 운동의 유려함은 서부극의 장대한 이동에 비견될 만하다. 하지만 〈자객 섭은낭〉은 여전히 허우 샤오시엔의 호흡대로 수평 트래킹을 할 때 좀 더 빛난다. 요컨대 이 영화에서 화면비는 특정 움직임을 강조하기 위함이 아니다. 굳이 이유를 찾자면 밀도의 문제라고 하는 편이 적절할 것이다. 매 장면 무엇을 제거할 것인가보다는 무엇으로 채워야 할 것인지를 고민이 배어있다. 인물이 표정이나 클로즈업보다 이들이 어떻게 움직여야 하고 어디에 위치시켜야 할지 심혈을 기울인 끝에 최적의 한 수를 둔다. 따라서 우리가 주목하는 것은 공간의 심도, 마치 인물이 배경인 것처럼 보이게 만드는 공간의 밀도다. 세로가 긴 화면비는 이 밀도를 높이는 데 적지 않은 몫을 한다. 시종일관 인물의 얼굴로 가득 찬 자비에 돌란의 〈마미〉가 1.85:1의 화면비로 전환되는 그 순간에야 잠깐 빛난다면 〈자객 섭은낭〉은 처음부터 끝까지 농밀한 공간의 관능(혹은 흔적으로서의 감각)으로 가득 차있다. 그것은 때론 흔들리는 나뭇가지로, 일렁이는 강물로, 불어오는 바람으로 구현된다. 단순히 물리적인 정보량의 문제가 아니다. 화면 바깥까지 뻗어있는 유기성의 관점에서 카메라의 움직임을 어떻게 이어나갈 것인지에 관한, 태도의 문제다.

〈자객 섭은낭〉에서 허우 샤오시엔이 제거, 압축하는 것은 오직 시간과 사건의 설명이다. 여기서 가로가 짧은 화면비는 카메라의 움직임과 그 흔적으로 남아있는 풍경, 이른바 영화적 운동을 고양시키는 효과적인 틀로서 작동한다. 화면비율을 정해두고 정보를 취사 선택한 것이 아니라 순간을 포착하여 압축시키는 도구로 세로가 긴 화면비율을 선택한 것이다. 따라서 〈자객 섭은낭〉은 영화 중간 1.85:1의 화면비로 바뀌는 순간이 와도 이음매를 느낄 새 없이 자연스럽게 흘러간다. 그것은 칠현금 연주를 제대로 보여주기 위한 자연스러운 프레임 이상도 이하도 아니다. 풍경도, 인물도, 심지어 카메라의 움직임도 화면비율이라는 틀 안에 갇히지 않은 채 오히려 보이지 않는 외연을 상상하도록 돕는다. 〈사울의 아들〉과 〈산하고인〉〈자객 섭은낭〉은 모두 화면비율을 통해 보이지 않는 것을 자극하고 관객의 동참을 이끌어내지만 그 지향점과 결과물은 이토록 다르다. 이것은 사실주의와 형식주의에 관한 이야기가 아니다. (애초에 이 둘은 동전의 양면처럼 붙어있다.) 무릇 액자의 역할은 관객을 그림 속으로 초대하면서 동시에 그림 안에 묶어두는 것이다. 여기 틀에 얽매여 형식을 강조한 액자의 디자인만 보이는 영화가 있고, 틀에 구애받지 않아 액자조차 투명해진 영화가 있다. 어느 쪽이 더 아름다운지는 명백하다. 액자가 그림의 요소가 될 순 있어도 액자를 먼저 짜놓고 그림을 그리는 법은 없다.

# 서사를 잃고 헛돌다

〈레버넌트: 죽음에서 돌아온 자〉

휴 글래스(레오나르도 디카프리오)가 무덤에서 일어난 순간 헛된 기대인 걸 알면서도 그의 걸음이 복수를 향하지 않기를 간절히 바랐다. 피츠 제럴드(톰 하디)에게 살해당하는 아들 호크(포레스트 굿럭)의 참상을 목격한 장면부터 이미 내정된 걸음이었지만 그럼에도, 글래스의 처절한 걸음이 종국에는 복수 이외의 다른 곳에 안착할 수 있을 거라는 기대를 했다. 복수극이 끔찍하다거나 식상해서가 아니다. 영화 중간 어떤 가능성을 보았기 때문이다. 아니면 어느 지점부터 주의가 흩어졌다고 해도 좋겠다. 〈레버넌트: 죽음에서 돌아온 자〉(2015, 이하 〈레버넌트〉)를 한 줄로 정리한다면 죽음에서 돌아온 자가 복수에 도달하는 이야기가 될 것이다. 하지만 이 영화의 서사를 추동하는 게 정말 복수심일까. 그 계기가 되는 사건, 아들의 죽음은 거의 45분이 지나야 벌어진다. 그렇다면 알레한드로 이냐리투 감독이 40분 넘게 보여준 것은 무엇인가. 그 장황하고 긴 시간에 〈레버넌트〉의 욕망이 깃들어 있다.

## 모든 것을 다 보았다는 착각

알레한드로 이냐리투 영화의 뼈대는 액션이라고 생각한다. 다만 액션을 찍기 이전에 카메라가 액션을 한다. 카메라의 움직임, 롱테이크로 연결되어 공간을 훑는 행위는 언젠가부터 그의 영화 미학의 중심에 서있다. 핸드헬드 카메라와 스테디 캠을 활용한, 현란하다고 밖에 표현할 길 없는 카메라 무브먼트가 지향하는 것은 얼핏 봐도 강렬한 현장감과 리얼리티일 것이다. 〈레버넌트〉에서도 여지없이, 그리고 자랑스럽게 그 관능의 카메라가 등장한다. 그것도 보란 듯이 초반 오프닝 시퀀스에 두 번 크게 도장을 찍고 간다.

영화 초반에 아내와 아들이 나오는 꿈의 영상(이라고 밖에 표현할 길 없는 생존에 대한 명제들)이 지나가고 나면 바로 엘크 사냥 중인 헨리 대령(도널 글리슨)의 캠프 장면이 이어진다. 곧바로 인디언 부족이 습격해 전투가 벌어지고 부대는 소수의 생존자와 함께 배를 타고 강으로 도주한다. 장장 10분에 가까운 시간 동안 카메라는 한두 차례 끊어질 뿐 긴 호흡으로 강가의 혈투를 훑는다. 〈버드맨〉(2014)에서 영화 내내 시도했던 것과 같이 전지전능한 카메라가 공간을 휘젓고 다니는 것이다. 기술적으로 말해 이 롱테이크는 놀랍다. 하지만 단절 없는 동선의 효과가 진정 현장에 있는듯한 리얼리티냐고 묻는다면 단호히 아니라고 답하겠다.

이 장면의 롱테이크와 카메라 무브먼트는 현란함 그 자체가 목적인 것처럼 보인다. 적어도 서사적 기획에서의 목적을 찾기 어렵다. 움직임을 위해 렌즈의 왜곡도 마다하지 않는 이 시선은 누구의 것일까. 〈버드맨〉에서도 그랬지만 카메라는 완벽하게 사건으로부터 분리되어 있다. 특정 시점이 아니라 움직임이 주인공이며, 시점의 연결점은 액션에서 액션으로, 학살에서 학살로 붙어있다. 누군가가 죽으면 다음 죽음의 대상으로 초점을 옮겨 다니며 액션을 하나의 선으로 꿰뚫는다. 어지럽다 해도 좋을 이 같은 카메라가 남기는 건 리얼리티가 아니라 관찰자의 부재다. '리얼함'에는 반드시 시선이 필요하다. FPS 게임의 리얼리티가 가능한 것은 그 모든 공간이 조작자의 일인칭 시점을 따라 움직이고 있기 때문이다. 하지만 〈레버넌트〉의 이 시퀀스에는 시선이 부재한다. 비인칭 시점도 아니고 일인칭도 아니다. 그 자리에 존재하는 것은 오직 카메라다.

촬영감독 엠마누엘 루베즈키는 전장이라는 공간을 탐한다. 물론 〈그래비티〉(2013)에서도 루베즈키의 카메라는 비인칭적 카메라 시점과 일인칭 시점을 수시로 넘나들었다. 그러나 적어도 〈그래비티〉가 시도한 이 같은 시각적 기획이 남발되진 않았다. 감독의 통제하에 소박한 서사를 메우고 우주의 공간감을 복권하는 도구로 활용되었다고 보는 편이 적절할 것이다. 〈버드맨〉에 이르면 카메라는 완전히 해방되어 인물을 물리적으로 잇는 가공의 연속선 역할을 맡는다. 카메라가 아예 편집과 봉합의 도구가 되어 사건과 인물의 연쇄를 이어 붙인다. 그 결과 우리 앞에 자라나는 건 리얼리티가 아니라 카메라의 권능이다.

〈레버넌트〉는 한발 더 나아가 아예 카메라가 얼마나 전지전능한지 확인하는 작업부터 시작해 버린다. 우리는 사건의 목격, 인물의 관찰 이전에 카메라의 존재, 움직임, 기술적 성취부터 마주하고 인지할 수밖에 없다. 이 짧지 않은 초반 시퀀스에서 우리가 체감할 수 있는 건 휴 글래스와 그 일행이 겪은 끔찍한 전투의 서막이 아니라 카메라가 이렇게 능수능란하게 움직인다는 사실, 오직 그것이다. 전투가 얼마나 처절했는지, 얼마나 현장감이 있는지 등은 오히려 부수적으로 발생하는 효과에 가깝다. (일인칭 게임 시점에 익숙해져 일으킨 일종의 착시라 생각한다.)

요컨대 〈레버넌트〉 역시 카메라 무브먼트 자체를 사건화한다. 이런 시퀀스를 영화 전면에 배치한 건 우리가 얼마나 잘 찍을 수 있는지에 대한 자기과시적 노출증이나 다름없다. 이냐리투는 이제 카메라의 통제를 포기한 채 해당 시퀀스에서 보여줄 수 있는 기술적 성취에 경도되어 집착하는

154

것처럼 보인다. 무릇 감독의 권능이란 시선의 제한과 시점의 통제에서 비롯된다. 그 고삐를 카메라에 맡겨버렸을 때 우리가 목격하는 것은 날뛰는 카메라, 그 이상도 이하도 아니다. 〈레버넌트〉의 오프닝은 앞으로 펼쳐질 장면들에 대해 선언을 하고 들어가는 것이나 마찬가지다. 당신이 주목해야 할 것은 무엇을 찍었는가가 아니라 우리가 얼마나 그것을 '잘' 찍어왔는지 감상하는 일이라고. 결정적 사건이자 영화의 출발인 아들의 살해가 등장하기 전 40분가량 〈레버넌트〉는 내내 그 사실을 과시한다.

## 카메라가 움직이면 세계가 움직인다

카메라 무브먼트 자체가 문제라는 말은 아니다. 애초에 카메라의 운동성은 비서사적이고 언어가 담지 못하는 순간들까지 포착하는 힘이 있다. 카메라의 아름다움은 거기서부터 출발한다. 다만 그래서 신중하게 사용되어야 한다. 무엇을 찍느냐 만큼 중요한 것이 어떻게 찍느냐, 언제 카메라를 움직일 것인가에 달렸다. 왜냐하면 카메라의 움직임은 그 자체로 자의적인 것, 일종의 장식이기 때문이다. 고다르의 표현을 빌리자면 "트래블링*은 도덕의 문제다." 단지 트래블

* 대상의 움직임과 같은 속도, 같은 방향으로 따라가며 촬영하는 기법이다.

링뿐 아니라 트래킹, 클로즈업, 줌 모든 카메라 기술이 마찬 가지다. 카메라가 움직일 때 세계도 함께 움직인다는 걸 알 아야 한다. 적어도 서사적 기획이나 감독의 비전과 일치해 야 한다. 〈레버넌트〉의 초반부 닥쳐오는 피로감은 초반부 자 기 과시의 카메라와 "포기하면 안 돼. 숨이 붙어있는 한 싸 워야 해"라는 휴 글래스의 반복되는 비전이 불일치하기 때 문이다. 액션의 연결에 그토록 예민한 이냐리투는 두 가지 각기 다른 성질의 시퀀스들을 그저 덩그러니 옆자리에 배치 했을 뿐, 서로 다른 카메라의 속도와 정서를 봉합하려는 별 다른 노력을 하지 않는다.

사실 정확히 말하자면 무언가를 하긴 한다. 웅대한 산맥, 숲의 정적, 높은 하늘, 구름의 흩어짐 등 자연의 풍광을 서 로 다른 톤의 시퀀스 사이 완충재로 제시한다. 일견 이 선택 은 영리해 보인다. 미국 영화의 오랜 전통 중 하나인 광활한 자연 풍경의 익스트림 롱숏은 감상의 대상이 아니라 그 자 체로 서사의 일부다. 끝없는 황야, 산맥의 위용, 아득하고 우 거진 밀림의 풍경을 마주할 때 인물 중심의 서사는 왜소해 지고 서사가 담을 수 없는 어떤 초월성이 그곳에 깃든다. 흔 히 '거대한 자연 앞에 왜소한 인간'이라고 일컫는 관습적인 표현은 이를 담아낸 몇몇 영화들에 허용되는 묘사다. 예를 들자면 위대한 서부극이나 〈2001 스페이스 오딧세이〉(1968) 같은 영화들 말이다. 그저 광활한 자연을 찍어놓았다고 웅

대한 것이 아니다. 그것이 서사 안으로 수렴될 때, 혹은 그 과정에서 미처 수렴되지 못하는 요소들이 발생한다면 그 거대한 영감, 체험, 시청각적 충격이 바로 걸작에 깃든 자연의 숭고함이다. 얼핏 시청각적 충격의 효과가 유사해 보여도 이 간극은 크다. 〈레버넌트〉가 담아낸 혹독한 설원과 거친 물살, 아찔한 산맥도 기본적으론 이런 속성들을 가지고 있을 것이다. 거듭 말하지만 기술은 중립적이다. 문제는 이 화면들을 어느 시점에 어떻게 붙여나가는가에 달렸다. 이 점에서 〈레버넌트〉는 또다시 과잉의 수사에 빠져든다.

〈레버넌트〉는 장엄한 자연의 풍광을 그저 풍경으로 전락시킨다. 앞뒤의 이질적인 시퀀스들을 이어 붙이는 완충재, 도구로 한정해서 사용했기 때문이다. 이냐리투 감독은 원래 유사 몽타주를 빈번하게 활용한다. 붙지 않아야 할 숏들마저 롱테이크로 붙이고 싶기 때문인지도 모르겠다. 가령 아들의 시체 앞에서 숨을 몰아쉬는 글래스의 입김은 클로즈업한 카메라 앞에 뿌연 성에를 만들고, 다음 장면에 거대한 산맥을 휘감고 지나가는 구름의 움직임이 이어지며, 곧이어 피츠 제럴드(톰 하디)가 내뿜는 담배 연기로 바뀐다. 얼핏 보면 제법 그럴싸해 보이는 몽타주다. 하지만 여기에 영화를 관통하는 리듬이 있는지는 의문이다. 이런 기계적인 연결은 카메라의 존재를 뚜렷하게 부각시키는 것 외에 별다른 효과를 발휘하지 못한다. 세르주 다네가 쓴 〈카포의 트래블링〉이란 글의 표현을 빌리자면, "아무짝에도 쓸모없는 예쁜 트래블링(여기서는 몽타주) 하나를 '추가로' 새겨넣었"을 뿐이다.

〈레버넌트〉에 죽음과 생존을 관찰하는 어떤 윤리가 있다고, 혹은 있어야 한다고까진 생각하지 않는다. 이 영화는 훌륭한 (카메라에 관한) 액션 영화이며 관습적인 상업 영화의 틀 안에서 움직인다. 하지만 그 점을 감안하더라도 장식이 본질보다 과하다면 그건 짚고 넘어가야 할 문제다. 다른 차원에서가 아니라 지루해지기 때문이다. 영화가 주는 피로감(혹은 지루함)은 150분에 달하는 상영시간 때문도, 휴 글래스의 지난하고 악착스러운 여정 때문도 아니다. 처음부터 끝까지 자기 존재를 드러내지 못해 안달하는 카메라, 그리고 그 강박적인 움직임 때문이다.

## '진짜 이야기'는 무엇에 기인하는가

또 하나 빠트릴 수 없는 장면이 있다. 영화의 실질적인 절정이라고 봐도 무방한 글래스와 회색 곰의 사투다. 실존 인물 휴 글래스가 회색 곰으로부터 치명상을 받고도 살아 돌아온 이야기는 이 영화가 실화를 바탕으로 했다는 자부심의 근거다. 이냐리투는 이것이 진짜 같은 이야기가 아니라 진짜 이야기라고 말하고 싶었던 걸까. 이 장면은 종전에 보지 못한 방식으로 곰의 습격을 그린다. 진짜 곰의 습격 방식을 알 길이 없으니 롱테이크로 담아낸 이 격투 장면이 실제와 얼마나 유사할진 모르겠다. 하지만 철저히 고증을 했다고 하더라도 이 장면은 사실적이라기보다는 관능적으로 탐닉하는 쪽에 가깝다.

"휴 글래스가 곰과 사투를 벌이는 장면은 이상하게도 성적 학대의 순간처럼 그려졌다"라는 정지혜 평론가에 전적으로 공감한다. 이 장면이 그저 끔찍하고 무섭다고만 말하는 건 솔직하지 않다. 곰이 땅에 엎드린 글래스를 때리고 핥고 냄새를 맡는 동작은 실제로 곰의 사냥이 그러하다 하더라도 에로틱하게 다가온다. 단지 행위의 유사함 때문은 아닐 것이다. 그보다는 이를 관찰하는 카메라의 시선이 포르노그래피의 그것과 똑같기 때문이다. 포르노그래피의 핵심은 노골적인 탐닉이다. 어떤 가림도 없이 모든 행위를 적나라하게 묘사한다. 이 순간 카메라는 모든 걸 보여주겠다는 서커스적인 욕망에 사로잡혀 있는 것 같다. 사실성을 쌓아 올리기 위한 재현이라기보다는 진귀한 눈요깃거리를 전시한 것이다. 곰의 습격이 끔찍함이 아니라 박진감 넘치는 볼거리로 다가오는 이유다.

〈레버넌트〉는 카메라의 존재를 끊임없이 드러낸다는 점에서 처음부터 '외설적'이다. 서사 바깥에서 기교를 뽐내는 카메라는 경외의 대상이어야 할 19세기 미국의 혹독한 풍광까지 그저 경치 감상쯤으로 만들어버린다. 말하자면 체험시키지 않고 관광 상품처럼 매끈하게 포장해 보여준다. 영화 속 끔찍한 장면들, 온몸이 찢기고 부러져도 다음 걸음을 내디뎌야 하는 휴 글래스의 모진 여정은 가혹하다기보단 생경해 신기한 볼거리로 다가온다. 그의 처절한 심정에 동화되는 대신, 뭘 저렇게까지 고생하나 싶어 일말의 동정마저 이는 것이다.

이는 단지 스크린 저편 안전한 자리에서 관람하기 때문만은 아닌 것 같다. 〈레버넌트〉는 생존을 위한 모든 몸부림을 대상화시킨다. 아무리 자연광을 빌려 찍고 생생하게 재현해 낸다고 해도 여기엔 베르너 헤어초크가 〈아귀레, 신의 분노〉(1972)에서 쏟아냈던 육체적인 질감, 피로, 가혹함이 없다. 없다기보다는 내 것이 아니다. 악조건 속에서 자연과 싸우고 살을 에는 바람 소리를 담은, 어쩌면 잔혹하다고 부를 만한 사실주의는 이 영화에도 있다. 그 기적 같은 감흥과 조우할 순간이 없는 것은 아니지만 스스로 도취된 카메라 무브먼트로 모든 생생함을 흩어버린다.

〈레버넌트〉에서 인디언의 추적을 피해 살아남고자 강물에 몸을 던져 떠내려가는 글래스의 몸부림과 〈아귀레, 신의 분노〉에서 아귀레가 뗏목 위를 뛰어다니는 원숭이 떼와 함께 물살에 밀려가는 엔딩 장면은 비슷해 보이지만 전혀 다르다. 〈아귀레, 신의 분노〉의 최후를 장식하는 거침없는 패닝숏은 훨씬 역동적이지만 어디까지나 아귀레로 상징되는 인간의 광기에 초점을 맞춘다. 비현실적인 패닝숏을 통해 세계와 분리, 정지되어버린 시공간은 영화 전체를 관통하는 시적인 언어의 압축이라 할만하다. 반면 〈레버넌트〉에서 글래스가 격류에 몸을 숨기는 장면은 글래스의 불안과 공포, 생존 욕구보다 격류의 격렬함이 더 중요하게 부각된다. 물살이 얼마나 가혹하고 거친지에 초점을 맞춰 흥미롭게 전시하는 것이다. 바로 뒤이어 익스트림 롱숏으로 이어 붙는 겨울 강의 싸늘한 풍광이 그저 내셔널지오그래픽의 한 장면처럼 다가오는 이유이기도 하다. 담아내야 할 것은 서사가 미처 품지 못한 자연의 웅장함, 숭고함이었건만 습관적으로 매끈하게 이어 붙인 기계적 연결 탓에 편편한 자연 다큐멘터리의 자료화면처럼 다가오는 것이다. 〈레버넌트〉에 조형적인 영상미는 있을지언정 현장감은 없다. 카메라가 기교를 부릴수록 우리는 포근하고 안전한 스크린 의자에 몸을 파묻고, 진기한 쇼를 감상한다.

앞서 〈시카리오: 암살자의 도시〉를 긍정하기 위한 근거로 이 영화가 마련한 관객의 자리에 대해 논했다. 오독의 가능성을 감수하고서라도 강조하고 싶었던 것은 〈시카리오〉가 스스로 영화라는 사실을 은폐하지 않고 관객의 자리를 마련해 질문을 던지고 있다고 보았기 때문이다. 그러나 이른바 '거리두기'가 반드시 윤리를 담보하는 건 아니다. 관객을 몰입시키지 않더라도 얼마든지 본질을 왜곡시킬 수 있다. 거리의 정도보다 중요한 것은 마련된 빈 공간에 무엇을 채워 넣을까 하는, 태도의 문제다. 〈시카리오〉 역시 일정 부분 그 공간을 윤리적인 책임의 방기나 은폐로 재활용하고 있는지도 모르겠다. 그러나 〈레버넌트〉만큼 직접적이고 심각하진 않았다. 〈레버넌트〉는 분명 기술적으로 잘 만들어진 영화다. 하지만 그 매끈하고 매끈한 솜씨에 경도되어 순수한 운동이 주는 최상급의 아름다움들을 놓치고 있는 건 아닌지 염려스럽다. 언젠가부터 이냐리투는 과장과 과시를 위한 수사들을 작품의 중심에 가져다 놓기 시작했다. 장식이 본질을 압도할 때 감독의 의도와 관계없이 장면의 순수성은 쉽게 왜곡된다. 특히 실화 또는 도덕적으로 민감한 사안일수록 이는 분명해져야 할 필요가 있다. 그게 아니라면 때론 문제적 행위조차 아름다운 장식들로 미화되어 예술적 권위를 얻을 우려가 있다.

솔직히 〈레버넌트〉가 그 정도로 민감한 사안을 다루고 있는 영화라 말하긴 어렵다. 하지만 적어도 영화 초반에 강가 전투 시퀀스의 과장된 카메라와 곰과의 사투에서 보여주는 외설적인 방식을 동의해선 안 된다고 생각한다. 사실 〈레버넌트〉의 서사는 곰의 습격을 받은 이후부터 시작한다고 봐도 좋다. 그러나 거꾸로 이냐리투의 영화는 그 순간 이미 끝난 것처럼 보인다.

보여주고 싶은 걸 다 보여주고 한껏 달아오른 몸이 식은 후 남은 건 처절하지만 지루한 여정의 연장이다. 환상 속에서 글래스가, 아니 레오나르도 디카프리오가 아무리 "숨을 쉬어라"라고 반복해도 영화의 숨은 이미 진즉에 끊어진 것처럼 느껴지는 이유다. 그리고 남겨진 건 생존 본능이 아니라 죽음을 향한 충동, 어쩌면 영화가 빨리 끝나길 바랐던 나의 충동인지도 모르겠다.

# 설득당하고 싶은 마음

〈더 라스트 오브 어스 파트 2〉와 〈반도〉

"너를 이해한다"라는 말을 믿지 않는다. 정확히는 함부로 입에 올리기 두렵다. 스스로의 마음도 제대로 알지 못하는데 어떻게 감히 타인을 안다고 말할 수 있을까. 그래서인지 "이해해"라는 말에 담긴 온기와 선의를 넉넉히 짐작함에도 직접 그 말을 들으면 도리어 마음이 차게 식어버리는 기분이다. 내가 가까스로 받아들이고 건넬 수 있는 건 너를 이해하기 위해 애써보겠다는 다짐 정도다. 언어는 대개 진실의 주변부를 맴돌 따름이고, 말은 부차적인 것에 불과하다. 그럼에도 우리는 누군가의 마음을 더듬고자 이야기를 짜낸다.

게임 〈더 라스트 오브 어스〉(이하 〈라오어〉)가 걸작으로 기억될 수 있었던 이유 중 큰 부분은 아름답고 강렬한 15분의 오프닝 덕분이다. 이건 픽사의 애니메이션 〈업〉(2009)에서 칼과 그의 아내 앨리의 여생을 압축한 5분의 무성 영화 오프닝에 비견할 만한, 게임사에 남을 오프닝이다. 좀비 바이러스가 퍼진 세상에서 딸을 잃은 아버지 조엘의 심정은 감히 이해할 수 있는 것이 아니다. 〈라오어〉는 게이머들이 잠시나마 조엘이 될 수 있도록 이야기를 들려주고 체험시킨다.

이후 조엘이 퉁명스런 얼굴로 아무 말을 하지 않아도, 우리는 앨리를 지키고자 하는 조엘의 모든 행동을 납득할 수 있었다. 〈라오어〉의 엔딩에서 세계의 구원 대신 앨리의 목숨을 택한 조엘의 거짓말을 들은 앨리는 짧게 답한다. "알겠어요." 조엘이 무슨 선택을 했건, 진실이 무엇이건 간에 받아들이겠다는 침묵의 긍정. 함부로 설명하지 않는, 언어 바깥의 교감을 통해 〈라오어〉는 그렇게 걸작의 반열에 올랐다.

〈더 라스트 오브 어스 파트 2〉(이하 〈라오어 2〉)와 〈반도〉(2020)를 둘러싼 반응을 보며 묘한 기시감을 느낀다. 좀비가 원인이 된 포스트 아포칼립스물이지만 좀비 자체보다는 이후의 상황, 살아남은 인간들의 반응과 선택에 초점을 맞췄다는 점에서 두 작품은 닮았다. 무엇보다 유난히 겹쳐 보이는 건 콘텐츠 자체보다 이를 소비하는 대중의 반응이다. 공교롭게 비슷한 시기에 공개된 두 작품을 두고 플레이어와 관객은 일제히 반발 중이다. 둘 다 성공한 전작을 등에 업은 기대작이었지만 기다렸던 게이머와 관객에게서 쏟아지는 혹독한 평가는 게임과 영화라는 형식적인 차이와 거리마저 건너 두 작품 간에 유대감을 만들어낸다.

다만 〈라오어 2〉와 〈반도〉에 대한 낮은 평가와 불만의 양상은 조금 결이 다른 것 같다. 전자는 게이머를 불편하게 만들어 모독하고, 후자는 관객을 무시하며 불쾌감을 유발한다. 한쪽은 게이머들을 지나치게 믿고 있고, 다른 한쪽은 관객을 너무 낮춰 보고 있다. 그 결과 〈라오어 2〉에 대해서는 제작자를 향한 분노가 쏟아졌다면, 〈반도〉를 향해선 실망과 조롱, 체념이 이어졌다. 특히 〈라오어 2〉의 경우 평단의 우호적인 반응과 게이머들의 분노가 대립하는 양상으로 치닫고 있다는 점을 주목할 필요가 있다. 두 사례를 통해 흔히 '대중'이라 지칭되는 모호한 대상의 윤곽과 불분명하게 유통되는 믿음에 대해 더듬어볼 수 있을 것이다. 이것은 창작자의 태도와 수용자의 반응, 그 사이에서 갈피를 잃은 고유한 형식에 대한 탐색과 반문이다.

### 나를 부정하는 것으로 시작하는 게임

결론부터 말하자면 〈라오어 2〉는 빼어난 작품이다. 공들인 그래픽과 향상된 조작성은 물론 게임 디자인 면에서도 치밀한 구성을 자랑한다. 무엇보다 완성도 높은 스토리텔링을 바탕으로 기존의 틀을 깨부수고 새로운 체험으로 이끈다는 점에서 이 속편의 야심을 엿볼 수 있다. 그럼에도 불구하고 〈라오어 2〉가 좋은 게임이냐고 묻는다면 선뜻 답하기 어렵다. 창작자 닐 드럭만의 의도와 의지는 충분히 전달되지만 그것이 온전히 납득이 가느냐는 또 다른 문제다. 게임이 예술이 될 수 있는가. 개인적으로 사실상 이미 예술이 되었다고 생각하지만 닐 드럭만은 이 오래된 명제를 꺼내 새삼스레 도전장을 던진다. 이 과제를 해결하기 위해서는 예술이 무엇인지부터 정의 내릴 필요가 있는데, 닐 드럭만은 실로 고전적인 방식으로 이 문제를 다룬다. 소비자의 기대와 쾌락에 봉사하는 대신 고통과 불편을 안겨줌으로써 플레이어와 대결을 벌이는 것이다. 충돌 끝에 새가 알을 깨고 나오듯 새로운 체험을 도출해 내는 이들도 있겠지만 이 도전은 근본적인 한계에 부딪힌다. 이것이 '플레이'를 기반으로 한 게임이라는 사실을 애써 무시(혹은 부정)하고 있기 때문이다.

〈라오어 2〉의 정서적 핵심은 자기부정과 파괴에 있다. 내가 지금 하고 있는 것이 무엇인지 끊임없이 되묻도록 유도하는 것, 게이머를 밀어내고 몰아붙여 스스로를 의심하게 만드는 것, 그리하여 끝내 실패를 통해 여기 있음을 감당하게 하는 것, 압축하면 실존적인 서사라고 해도 좋겠다. 〈라오어 2〉는 전작이 쌓아 올렸던 것, 당연하다고 생각되는 체계들을 무너뜨림으로써 세계를 뒤흔든다. 좁게는 전작의 주인공인 조엘을 죽이는 것부터 시작하는 구성이 그렇다. 전작 주인공의 머리를 골프채로 깨부순 후 싸늘하게 식은 시신에 침을 뱉는 행위는 앨리에게 복수의 동기를 제공하는 것 이상으로 게이머에게 모욕감을 안긴다. 애정을 쏟고 감정이입했던 전작의 모든 플레이와 고뇌(세계를 포기하고 앨리를 구했던, 이기적이고 애틋하며 인간적인 조엘의 선택)를 부정당한 당혹감 뒤로 이 이야기가 나를 어디로 데려갈지 불안이 파도처럼 밀어닥친다.

〈라오어 2〉는 여기에 그치지 않고 앨리의 시점으로 플레이를 시키다가 별안간 대립하는 인물 애비의 시점으로 전환하여 다른 각도에서 플레이하도록 강요한다. 이건 단순히 애비의 사정에 면죄부를 주고 복수의 허망함을 깨닫게 하는 것과는 질적으로 다르다. 〈라오어 2〉는 도덕적인 명분과 당위를 찾는 서사가 아니다. 이것은 결국 실패하는 이야기다. 실패 끝에서 그럼에도 불구하고 어떻게 '나'를 지키는 선택을 하는지에 대한 탐구라 해도 좋겠다. 〈라오어 2〉의 모든 인물은 실패한다. 그들의 잘못이 아니다. 인류의 절멸을 앞두고 각자도생하는 그곳은 애초부터 불가항력적이고 부조리한 세계다. 게임은 인물들의 행동 동기마저 부정당하는 세계에서 끝내 무엇을 선택할 수 있는지 되묻는다.

사실 이건 전작에서 앨리의 목숨을 택했던 조엘의 선택과도 맥을 같이한다. 지옥 같은 세상, 옳고 그름으로 가를 수 없는 문제들, 최악의 상황과 들끓는 분노, 그럼에도 불구하고 우리는 무엇을 선택할 수 있는가에 대한 탐구. 이야기의 끝에서 우리는 분노와 허탈감, 탈진 상태의 고통을 겪은 후에 지옥 속에서 인간으로 산다는 것에 대한 무게를 절감한다. 여기까지가 닐 드럭만의 고매한 의도다.

닐 드럭만의 스토리텔링은 합리적이다. 관객은 '나'라는 세계를 부수는 폭력적인 작업을 통해 인간을 인간일 수 있게 하는 앨리의 선택을 목격한다. 실패를 통해 실존을 증명하는 건 그리 드문 서사가 아니다. 문제는 〈라오어 2〉가 영화가 아닌 게임이라는 사실이다. 〈라오어 2〉에는 플레이와 게이머는 없고, 이야기와 이를 목격하는 관객만이 존재한다. '오픈 월드'처럼 디자인되어 있지만 플레이는 완벽히 제한되어 있어 유저들은 선택을 일방적으로 강요당한다. 물론 메인 서사와 엔딩이 결정되어 있던 건 〈라오어〉도 마찬가지였다. 하지만 〈라오어 2〉의 경우 플레이어가 쌓아온 체험과 지나온 시간에 대한 해체까지 강제한다는 점에서 사뭇 결이 다르다. 〈라오어 2〉에서 가장 폭력적인 것은 다름 아닌 이야기다. 플레이어는 객석에 몸이 묶인 관객처럼 옴짝달싹하지 못한 채 창작자의 의도를 강제로 수용해야 한다. 요컨대 이 게임의 공격 대상은 게임을 조작하고 있는 플레이어다.

"논란의 핵심인 애비에 대한 플레이는 결코 그가 조엘을 죽이고 앨리와 싸우는 과정을 정당화하기 위한 것이 아니다. 그에게 그럴 이유가 있었다고 말하는 것과, 그러니까 그래도 된다고 말하는 것은 전혀 다른 일이다. 게임이 보여주는 것은 전자까지다."* 스토리텔링 단위에서 위근우 칼럼니스트의 지적은 정확하다. 〈라오어 2〉의 스토리텔링은 정당성을 강변하는 것이 아니라 그저 이유를 말해주는 것에 머문다. 하지만 여기에 게임 플레이라는 행위가 더해지면 상황이 달라진다. 영화처럼 단지 이야기를 '목격'할 땐 거리를 둘 수 있지만 이건 플레이어가 직접 손으로 시간을 들여서 행위를 '수행'해야 하기 때문이다. 〈라오어 2〉가 애비를 위한 변명의 내러티브를 만들진 않는다. 대신 플레이어를 향한 창작자의 공격에 대해서는 그래도 된다고 정당화시킨다. 이 게임의 진짜 폭력은 거기서 시작되고, 대중(플레이어)의 불쾌도 거기서 발생한다.

## 예술이 되기 위해 게임이 포기한 것

게임이 예술이 될 수 있는가에 대한 질문에서 가장 오래된 숙제 중 하나는 게임 플레이와 이야기의 불일치다. 스토리가 전하고픈 메시지와 플레이 과정에서 발생하는 이야기는 기본적으로 분리되어 있다. 예컨대 총 쏘는 '행위'를 주축으로 디자인된 게임에서 폭력은 일종의 당위이다. 아예 작

---

* "[위근우의 리플레이] '더 라스트 오브 어스 파트2', 비극적 아이러니를 담아낸 위대한 속편", 위근우, 2020.

정하고 모든 걸 부수는 데 매진하는 스토리라면 관계없겠지만 스토리의 폭을 넓히고 깊이 있는 메시지를 넣으려고 할 때 여지없이 이러한 플레이의 한계에 제약당한다. '언차티드 시리즈'를 예로 들자면 주인공의 정체성은 사람 좋고 유쾌한 보물 사냥꾼이지만 실상 그가 벌이는 행위는 학살이나 다름없다. 개발자들은 이른바 '루도 내러티브'라 불리는 이러한 부조화를 줄이고 플레이의 목적과 서사의 방향을 일치시키기 위해 노력해 왔다. 〈라오어 2〉에서 발생하는 결정적인 부조화는 조엘과 애비, 어느 쪽으로 플레이하든 살인을 반복해야 한다는 점이다. 생존을 위해서건 복수를 위해서건 행동에는 명분과 목적이 필요하다. 어떤 의미에서 게임 스토리란 플레이를 위한 동기 제공이 핵심이라고 해도 과언이 아니다.

하지만 〈라오어 2〉의 스토리텔링은 플레이 자체를 동의할 수도 없고 하기 싫은 일을 반복해야 하는 불쾌한 고문으로 바꿔버린다. 〈라오어 2〉의 플레이 디자인은 전작, 아니 대부분의 AAA게임과 유사하다. 기본적으로 상대를 죽이도록 디자인되어 있는, 쏘고 베고 찌르는 살육의 쾌감을 바탕으로 한다. 거기에 생존을 위한 다양한 행동과 퍼즐들이 더해져 살육보다는 생존을 위한 긴장감이 주를 이루면서 변주를 가하지만 본질은 변하지 않는다. 앨리가 애비를 향해 복수의 행보를 걸을 때 관객은 응당 함께 분노한다. 상대의 몸에 칼을 쑤셔 넣는 불쾌함을 감수하는 건 (혹은 이를 쾌감으로 소비하는 건) 오직 내 행동이 정당하다는 믿음을 바탕으로 한다. 그런데 별안간 애비의 시점에서 긴 설명과 함께 그동안의 행위들이 의미 없었음을 들을 때 플레이어의 긴 행위가 송두리째 부정당하는 것이다.

그 부정과 자기 파괴야말로 이 게임의 본질이라고 한다면 할 말이 없다. 어쩌면 그 과정에서 자기 해체의 체험, 세계가 부서지는 경험이 플레이어를, 그리고 게임을 한층 높은 차원으로 고양시킬 수도 있을 것이다.

극장을 나온 뒤에 비로소 다시 시작되는 영화들처럼, 플레이가 끝난 후에 손끝에 남은 불쾌함을 곱씹어보는 게임이 될 수도 있다. 하지만 그 모든 과정이 일방적이며 모욕적이라는 사실 역시 부정하기 어렵다. 누군가는 닐 드럭만의 메시지에 공감하겠지만 어떤 이는 동의하지 못할 수도 있다. 그럼에도 〈라오어 2〉는 거부라는 선택지마저 차단한 채 실패의 체험이라는 정해진 답을 강요한다. 이 지경에 이르면 실패를 통한 실존의 자각인지, 실존을 위한 실패의 강요인지 헷갈린다. 요컨대 문제는 내용이 아니라 태도다. 〈라오어 2〉에는 플레이어에 대한 공감이 완전히 생략되어 있다. 플레이의 감각과 스토리의 결과가 완벽하게 분리되어 있는 이 게임은 게임이라기보다는 관람을 강요하는 영화에 가깝다. 게임을 예술로 승화시키는 방식이 이렇게 플레이라는 본질을 외면하고 스토리텔링이라는 결과물에 집착하는 거라면, 나는 차라리 오락과 유희의 영역에 남는 걸 택하겠다.

## 앞질러 가는 영화를 바라볼 수밖에

한편 철저히 오락과 유희에 맞춰 기획된 〈반도〉를 보면 다시금 생각이 복잡해진다. 〈반도〉를 둘러싼 아쉬움의 대부분은 개연성의 부족, 그리고 신파로 대표되는 지나친 감정의 강요에 쏠린다. 정석(강동원)은 왜 굳이 매형을 따라 반도로 다시 들어가는지, 유진(이레)은 뭘 믿고 일면식도 없는 정석을 도와주는지, 황 중사(김민재)는 왜 그렇게 집요하게 정석 일행을 쫓는지, 유진의 가족들은 지옥 같은 반도에서 어떻게 그렇게 해맑고 순수할 수 있는지, 영화는 설명하지 않는다. 이런 질문들이 납득되지 않을 때 〈반도〉는 액션의 전시만을 위해 어설픈 이야기와 억지스러운 상황을 이어 붙인 영화처럼 다가온다. 하지만 가만히 따지고 들어가 보면 〈반도〉가 개연성이 떨어진다는 지적에는 동의하기 어렵다. 이 영화의 공백들, 인물의 행동에 대한 동기와 성격은 설명이 가능하다. 다만 어떤 지점에서는 시간 관계상 설명하지 않고, 어떤 지점에서는 설명할 필요가 없다는 판단에 넘어갈 뿐이다. 그럼에도 관객이 〈반도〉의 개연성이 떨어진다고 느낀다면 그건 이야기의 구멍이 있어서라기보다는 영화와 연출자가 취하고 있는 태도 때문이다. 말하자면 〈반도〉에서 지적되는 개연성은 이야기의 논리적 공백이라기보다는 무시당했다고 느낀 관객의 심정적 결과에 가깝다.

〈반도〉는 어디서부터 관객으로부터 거절당하는가. 이 영화는 명백히 대중이라는 집단의 평균치를 낮게 잡고 있다. 강력한 심리적 동기만 제공해 주면 더 이상 요구하지 않을 거라는 판단 아래 액션과 볼거리에 집중하고 있는 것이다. 문제는 〈반도〉가 택한 심리적 동기화의 방식이 낡고 편의적인 연출이라는 점이다. 예컨대 슬로모션의 경우 문자 텍스트로 바꾼다면 밑줄 치고 동그라미 그리는 표시나 다름없다. 전통적인 영화연출 문법 중 가장 비현실적이고 강력한 왜곡을 세 가지만 꼽자면 포커스인, 클로즈업 그리고 슬로모션을 들 수 있다. 셋 다 관객에게 지금 이걸 보라, 여기에 집중하라 하고 직접 지시하는 신호다. 이중 포커스인과 클로즈업의 경우 실은 우리가 실제 사물을 바라보는 방식과 완전히 다른 왜곡이지만 영화적 시선에 익숙해진 지금, 대다수 관객은 구분하지 않고 자연스럽게 받아들이곤 한다. 하지만 슬로모션은 상황이 다르다. 여전히 작위적이고 이질적이다. 슬로모션이 펼쳐지는 순간 대체로는 이야기로부터 간격이 멀어진다. 상황에 빠지는 대신 거리를 둔 채 창작가의 의도를 목격하게 되는 것이다.

현실에서 슬로모션은 일종의 접신 상태에 가까운 체험이

다. 하지만 꽤 많은 슬로모션은 '시간이 느리게 간다'는 환상이 아니라 감정이입이 깨어 '나를 무시한다'는 불쾌감으로 연결되는 연출로 전락했다. 관객과 동화되어 함께 접신하지 않고 혼자 스타일로만 남는 것이다. 스타일만 남은 연출은 신호로서 기능한다. 지금부터 감정적인 고조가 시작되니 받아들이라는 신호. 연상호 감독은 이를 대중을 위한 쉽고 직관적인 연출이라는 믿음 아래 남발한다. 남발되는 만큼 관객의 불쾌감도 쌓여간다. 관객의 감정을 무시한 채 영화 혼자 뚜벅뚜벅 걸어가기 때문이다. 기능적으로 배치된, 결이 다른 연기들 역시 같은 맥락이다. 김노인(권해효)의 과장되고 연극적으로 보이는 성격에 대해서 이 정도는 양해하겠지, 라며 넘어간 감독의 책임이 크다.

　연상호 감독은 디테일에 약하다. 아니 무관심하다. "제가 있던 세상도 그렇게 나쁘지 않았어요"라는 유진보다 훨씬 낙관적인 시선으로 빳빳하게 버티고 선 사람은 다름 아닌 감독 자신이다. 뼈대가 되는 블록들만 안전하게 고정되어 있으면 나머지 부분들은 기능적으로 납득하고 넘어갈 것이라는 낙관은 부정적으론 관객의 관람 방식과 위치까지 멋대로 지정하는 것처럼 보인다. 여기엔 오락 영화에서 이런 부분의 디테일은 차라리 쉽고 직관적이며 과장되게 묘사하는 편이 나을 거라는, 근거를 알 수 없는 믿음이 깔려있는 것 같다. 이건 대중이라는 불분명하고 모호한 테두리에 대한 감독의 판단일 것이다. 누군가는, 아니 나를 포함한 상당수는 감독의 의도대로 어트랙션의 연장에서 쉽게 납득할 것이다. 하지만 누군가에겐 이러한 낮은 눈높이의 태도가 불쾌감으로 작동해 종국엔 감정적인 밀착을 방해하고 액션의 쾌감마저 관객으로부터 분리시켜 버리는 결과로 이어지기도 한다. 요컨대 〈반도〉의 문제 역시 창작자의 판단에 따라 관객의 위치를 임의로 지정해 버리는 태도에 있다. 정해진 액션들로 조립된 이 영화의 감각은 놀이기구나 스테이지를 돌파하는 게임에 가깝다.

영화나 게임은 물론, 대다수의 미디어가 뒤섞이고 있는 흐름을 부정할 필요는 없을 것이다. 다만 경계가 얇아지고 서로를 닮아갈수록 당부하고픈 것이 있다. 함부로 관객을 상상하지 말 것. 멋대로 대상을 판단하지 말 것. 무엇보다 주어진 형식의 가능성을 먼저 고민하고 할 수 있는 것부터 챙길 것. 공감을 불러일으키는 이야기는 자신의 정체성을 잊지 않는 태도로부터 싹을 틔운다.

# 겪어보지 못한 기억을 추억하기

〈남매의 여름밤〉

여름, 그리고 밤. 따로 부를 땐 몰랐지만 연달아 입에 올리면 이상한 단어. 그 울림에는 꿈결 같은 애잔함이 깃들어 있다. 눈뜨면 사라질 하룻밤 환상 같은 시간. 들뜬 열기만큼이나 선명하게 남은 기억들. 어딘지 포근하고 그리운 작별 인사의 추억. 그 모든 흔적에는 한때 모두가 지나왔고, 이제 다시 오지 않을 시절에 대한 애상이 묻어난다. 〈남매의 여름밤〉(2020)의 영어 제목은 'Moving on'이다. 영화 전반 내내 '남매의 여름밤'보다는 '(아마도 머물 곳을) 옮기다'라는 제목이 영화의 상태를 더 정확하게 설명해 주고 있다고 생각했다. 이건 담백하게는 남매가 여름 동안 의도치 않게 이사를 하게 된 사연이다. 터전을 옮기는 과정을 적은 일기이자 생의 다음 단계로 넘어가는 변화에 대한 고백처럼 보이기도 한다. 무엇보다 사람만큼 집이 중요한, 공간에 얽힌 기억에 대한 영화이기에 '이동한다 / 머문다'라는 키워드가 내내 중요하게 작동한다. 당연히 카메라의 위치나 앵글도 거기에 충실하다. 그러다 최후에 이르러서야 〈남매의 여름밤〉이란 표현이 썩 어울리는, 왜 이런 제목이 붙었는지 납득할 수 있는 장면이 등장한다.

### 추억이 당신을 그리워할 때

옥주(최정운)는 할아버지의 장례식장에서 넋이 빠진 것처럼 멍하니 앉아있다. 문득 동생 동주(박승준)가 엄마는 오지 않느냐고 묻자 옥주는 엄마가 여기를 왜 오냐고 반문한다. 그리고 말이 끝나기 무섭게 바로 다음 컷에 엄마가 찾아온다. 나는 이 연결이 꽤 재미있다고 느꼈다. 〈남매의 여름밤〉전반에 깔린 태도인데, 편집으로 괜한 기교를 부리지 않고 정확하게 이전의 장면과 조응하는 장면을 배치한다.

〈남매의 여름밤〉은 마치 숏 자체에 인격을 부여한 것처럼 거의 모든 연결이 숏끼리 서로 마주 보고 나누는 일종의 대화처럼 구성되어 있다. "엄마가 왜 와"라는 대사 뒤에 엄마가 등장하고, "조용하고 진중하고 자기 가족 잘 챙기는 남자 만나라"라는 고모의 조언 뒤엔 노을 녘 벤치로 이동하여 마음에 둔 남자친구와 만난다. 비단 서사적인 차원뿐이 아니다. 집 안쪽에서 앵글을 한 번 잡으면 (설사 중간에 시간의

178

점프가 있더라도) 반드시 반대 방향에서 다음 앵글을 시작한다. 그렇게 모든 숏이 서로를 마주 보며 화답하는, 공간의 대화처럼 구성되어 하나의 세계를 창조하고 있다.

그런데 장례식장에서는 이러한 톤을 깨고 갑자기 침범하듯 정면 숏들이 차례로 등장한다. 밥이나 먹고 가라는 의례적인 인사 후 카메라가 갑자기 동생, 아빠, 고모 그리고 옥주 순으로 할아버지 영정 사진을 등지고 밥을 먹는 장면을 정면에서 잡는 것이다. 매우 이상한 숏이라고 의문을 가질 찰나, 할아버지의 영정을 배경으로 식탁에 마주 앉아 밥을 먹는 식구들을 잡은 롱숏이 이어진다. 결과적으로 이와 같은 연결은 카메라의 시선, 말하자면 화자의 존재를 드러낸다. 지금 이 가족을 지켜보고 있는 존재는 누구인가. 윤단비 감독은 복잡하게 꼬지 않고 이런 기묘한 숏의 원인을 '옥주의 꿈'이라고 바로 답한다. 심지어 앞쪽에 고모의 입을 빌려 꽤 친절한 설명도 깔아두었다. 상영시간의 중간, 영화의 허리가 꺾일 즈음 옥주와 고모는 방충망 안쪽에 누워 이야기를 나눈다. 카메라는 할아버지와 할머니의 젊을 적 결혼 사진을 슬쩍 보여준 뒤 고모의 꿈 이야기를 가만히 듣는다. "갓난아기일 때 할머니가 나를 안고 횡단보도를 막 뛰어갔어. 진짜 생생했거든. 어렸을 땐 그게 내 기억인 줄 알았어. 근데 생각해 봐라? 포대기에 싸인 내가 보이는 거면 그건 기억이 아니라 꿈인 거잖아."

누가 누구를 보고 있는가. 이야기에서 화자의 시점 혹은 위치는 영화라는 세계를 창조하는 출발점이다. 개별 장면으로 놓고 보자면 세계를 그린 소실점이라고 해도 좋겠다. 영화에선 대개 은폐된 삼인칭 객관묘사를 통해 리얼리티를 부여하곤 하지만 어떤 영화들은 공공연하게 화자(카메라)의 존재를 드러내는 것을 통해 주관의 세계를 구축한다. 사실 여기서 카메라가 일인칭인지 삼인칭인지는 그리 중요하지 않다. 핵심은 시점의 이동이 언제 발생하는가, 그리고 그 이동이 얼마나 자의적인가에 달렸다. 시점을 이동시키는 방식이야말로 창작자가 세계를 인식하는 태도를 결정짓는다. 윤단비 감독은 카메라의 존재를 공공연하게 드러냄으로써 기억과 꿈을 구분한다. 장례식장 시퀀스에서 이질감을 느낄 수 있는 건 거꾸로 그전까지 모든 숏들이 정확하게 배치되어 있었기 때문이다. 〈남매의 여름밤〉은 카메라를 함부로 움직이지 않음으로써 세계의 형태를 고정시키는 종류의 영화다. 영화는 카메라를 고정시켜 공간이, 장소가 그들을 바라보도록 유도한다. 그러다 말미에 이르러 문득 기억과 꿈의 차이에 대해서 논한다.

시선의 문제는 결국 엔딩으로 연결된다. 집으로 돌아온 옥주네 가족은 이제 할아버지가 없는 집에서 식사를 한다. 이때 할아버지의 빈 소파를 잡아주는 시선의 주인은 누구인가. 옥주의 것, 가족의 것이라기보다는 이제 사라진 주인을 그리는 2층 양옥집의 시선처럼 보인다. 포대에 안긴 자신을 보았다는 고모의 꿈처럼, 주인을 떠나보낸 집은 이제 그 빈자리를 응시한다. 밤새 오열하던 옥주의 실루엣은 다음 날 아침, 잠을 자고 있는 옥주의 모습으로 이어진다. 한참 잠이 든 옥주를 바라보던 카메라는 이제 덩그러니 남겨지는 것들을 연결한다. 할아버지와 할머니의 사진, 2층 계단에 비치는 햇살, 청명한 날씨의 빨랫줄, 토마토를 키우던 할아버지가 늘 앉아있던 마당의 의자까지 카메라는 집의 기억들을 찍는다. 이것은 옥주의 꿈인가. 아니면 집이 꾸는 꿈일까.

장례식장 시퀀스를 이미 목격한 관객은 이제 어디까지가 기억이고 어디까지가 꿈인지 알 길이 없다. 사실 윤단비 감독은 이제 그런 구분이 상관없는 것 아니냐며 넌지시 감정 한가운데로 관객을 안내한다. 〈남매의 여름밤〉 전반에 깔린 추억과 그리움은 다시 돌아오지 않을 여름밤에 대한 뭉근한 감성 안으로 모든 요소들을 포섭한다.


**과거를 삼인칭으로 응시할 때**

이상한 건 누가, 무엇을 그리워하는 것인지 주체를 알 길이 없다는 것이다. 정확히는 후반부 꿈을 통한 시점의 이동을 거치며 기억과 추억의 윤곽이 흐려진다. 분명 무언가를 그리워한다는 감각은 남아있는데, 구체적으로 누가 무엇을 어떻게 그리워하는지가 불분명하다. 이는 〈벌새〉(2019)를 비롯해 근래 한국 독립 영화 중 과거를 배경으로 하는 몇몇 영화에서 공통적으로 나타나는 현상이다. 비유하자면 겪어본 적 없는 무언가를 향한 노스탤지어라고 해도 좋겠다. 이건 물리적으로 연출자가 그 시절을 실제로 겪었는지에 관한 의문이 아니다. 가령 〈벌새〉의 경우 감독의 실제 유년 시절 경험담이 반영되어 있다고 여러 차례 밝혔고, 〈남매의 여름밤〉에도 그와 같은 흔적은 곳곳에서 묻어난다. 다만 그 기억들을 반영하는 형태에 구체성이 결여되어 있어 결과적으로 안전한 방식, 그러니까 추억으로 환원되는 것이 아닌가 싶다. 이후경 평론가는 〈벌새〉의 엔딩을 두고 "자기 연민과 극복의 감상주의"*라고 평가하기도 했는데, 과거의 사건을 있는 그대로 응시하는 대신 시대적 감수성 혹은 추억이란 이름의 회상으로 뭉뚱그리는 경향이 있다는 것이다.

이는 최근 독립 영화감독들이 자신들의 영화적 고향을 오즈 야스지로나 대만 뉴웨이브 영화들에서 발견하는 것과도 무관하지 않을 것이다. 한국 영화의 시대적 단절이야 어제오늘 일이 아니지만 최근 젊은 감독들에겐 근접한 시기의 한국 영화들보다 좀 더 먼, 어쩌면 본인들의 유년기를 함께

* 《필로》10호 "〈벌새〉그 소녀의 은유법", 이후경, 2019.

거쳐왔을 영화들이 자양분으로 깊게 각인된 듯하다. 그럴 수 있고 자연스러운 일이기도 하다. 그럼에도 1950년대 오즈 야스지로와 1980년대 대만 뉴웨이브로 돌아가는 건 어딘지 안전 지향의 도피적인 기운이 감지된다.

노스탤지어란 얼핏 과거를 응시하는 것처럼 보이지만 실은 지금 자신의 상태를 이야기하는 언어다. 현재의 결핍을 인지하고 과거로부터 그것을 발견해 회복하려는 태도인 셈이다. 하지만 〈벌새〉〈남매의 여름밤〉 등 일련의 영화에선 '그리움'이라는 핵심 정서만 취하고 구체성을 지워버린다. 오해해서 안 되는 건 로케이션, 미술 등 시대 고증에 관한 이야기가 아니다. 〈남매의 여름밤〉의 아름다운 노을이 주는 아스라하고 애틋한 분위기가 문제다. 가령 옥주가 할아버지의 집을 팔아버리려는 아버지의 부도덕함에 분노하고 집을 뛰쳐나간 뒤, 자신이 아빠 몰래 신발을 훔쳐서 남자친구에게 건넸던 일이 부끄러워 다시 뺏어 들고 집에 돌아가는 길에서조차 해 질 녘 골목길 노을이 아름답게 옥주를 감싼다. 그 시절은 진정 아름답고 무해했었나.

지나간 것을 애잔하게 포장하는 것은 기억이 아니라 추억이다. 그리고 기억과 추억의 태도를 구분 짓는 결정적인 요소는 결국 구체성이다. 주체가 설정되지 않은 공간은 추억이라는 보편타당한 감성으로도 충분히 구현 가능하지만 장소는 구체적인 기억을 통해 성립한다. 최근 한국 독립 영화들이 시대를 얼마나 정확하게 제대로 응시하고 있는가를 자문해 보면 답은 분명하다. 〈남매의 여름밤〉의 시공간은 모호하다. 인천 어딘가의 양옥집, 누군가는 언젠가 보았던 시절을 배경으로 하는 이 영화는 노스탤지어를 주제로 한 일종의 테마파크처럼 정교하게 꾸며져 있다. 여기에는 언젠가의 인천이라는 장소가 없고 대신 대만 뉴웨이브 영화 속에서 접했던 익숙한 공간들이 자리한다. 꾸며진 풍경을 전시하는 익명의 공간. 혹은 재현 위의 재현. 〈남매의 여름밤〉이 레퍼런스로 삼았다는 오즈 야스지로의 영화들이나 대만 뉴웨이브 영화와 비교해 보면 차이는 더욱 선명해진다. 가령 에드워드 양의 영화가 특별한 건 그가 직접 겪고 버텨낸 시대성이 정면으로 투영되어 있기 때문이다. 이는 단순한 반영이나 투사와는 다르다. 에드워드 양의 영화에는 본인의 의식 바깥에서 본인도 의도하지 않은 순간들까지 포착되어 있다.

이것은 재현이 아니라 포착이다. 포착을 위해서는 '거기에 있는 것'을 찍을 필요가 있다. '거기에 있는 것이 우연히 와서 찍힌다'라고 표현해도 좋겠다. 역설적으로 이것은 영화로는 모든 것을 재현할 수 없다는 한계를 자각함으로써 가능하다. 그렇게 포착된 지극히 평범한 장면들은 연출자의 의식 바깥에서 시대를 포착한다. 반면 〈남매의 여름밤〉이 재현하는 것은 구체적인 시공간이 아니라 감독의 의식으로 구

축된 추억이다. 다른 말로 스스로를 삼인칭으로 바라볼 수
있는, 한여름 밤의 꿈이라고 해도 무방하다.


## 노스탤지어의 강한 빛에 눈멀다

이렇게 말하고 나면 〈남매의 여름밤〉의 성취를 부정하
는 것처럼 들릴 수도 있을 것이다. 일정 부분 그런 면이 없
지 않다. 우리는 추억으로 포장된 재현의 전능함 앞에서 의
심을 해야 한다. 감성이란 이름의 강한 빛에 눈이 멀어 많은
것들이 가리고 지워질지도 모르기 때문이다. 그럼에도 불구
하고 나는 〈남매의 여름밤〉이 전하는 정서들까지 진실을 가
리는 의도된 은폐로 폄하하고 싶진 않다. 고모가 말했던 것
처럼 꿈은 신기한 구경거리가 아니라 그저 솔직한 욕망의
고백일지도 모른다. 그냥 엄마가 보고 싶으니까 엄마를 보
고, 함께 있는 식구가 보고 싶으니까 한번 그려보는 가상의
구현. 적어도 〈남매의 여름밤〉은 꿈을 현실인 양 포장하진
않는다. 그저 우리가 잃어버린 것들의 애잔함을 도구 삼아
꿈결 같은 아련한 정서를 복구할 따름이다. 이것은 대만 뉴
웨이브 영화의 스타일만 모방한 오독인가. 아니면 그 감각
들을 하나의 경험으로 체화한 뒤 다시 뽑아낸 재창작인가.
〈남매의 여름밤〉에 대한 평가는 이 지점에서 갈릴 것이다.

물론 〈남매의 여름밤〉은 연출자가 겪은 실재real의 반영,

시대의 재현이 아니다. 영화적 레퍼런스들 위에 서서, 재현된 것들을 또 한 번 재현한 것에 가깝다. 하지만 그렇다고 이 영화가 생산해 내는 감정들이 실제reality가 아닐 이유가 없다. 우리는 이미 수많은 레퍼런스 위에서 재생산을 반복하고 있는 영화들을 알고 있다. 디지털 시대에 어느덧 고색창연해진 말이지만 이미 우리 체험의 상당 부분은 시뮬라크르를 기반으로 한다. 〈남매의 여름밤〉이 전달하는 노스탤지어는 이젠 존재하지 않지만 존재하는 것보다 더 생생하게 인식되는 정서들 위에 서있고, 급기야 정서적 공감대라는 촉매를 거쳐 원본이 되는 영화들마저 현재형으로 되살려 놓는다.

대만 뉴웨이브 영화가 여전히 재상영되며 관객과 만나는 작금의 상황을 통해 알 수 있듯이 이것은 흘러간 과거가 아니라 동시적으로 존재하는, 영화적 현재들이다. 최근 젊은 감독들이 자신의 영화적 토대를 1950년대 일본영화나 1980년대 대만 뉴웨이브로 설정했다면 그 선택 또한 지금 우리 시대의 무의식을 더듬어볼 수 있는 하나의 실재를 형성한다. 그렇다면 우리는 여기서 질문을 확장해 볼 수 있을 것이다. 〈남매의 여름밤〉을 비롯한 일련의 영화들의 선택은 무엇을 의미하는가. 〈남매의 여름밤〉과 〈벌새〉는 어떻게 닮았고 무엇이 다른가. 거제도를 배경으로 강한 지역색을 드러내는 오정석 감독의 〈여름날〉(2020)과 인천을 무대로 한 〈남매의 여름밤〉은 왜 서로 다른 길을 걷는가. OTT를 중심으로 지정학적 조건은 물론 시대마저 뛰어넘어 동시적으로 섞이고 있는 오늘날, 1980년대 대만 뉴웨이브와 같은 내셔널 시네마는 여전히 가능한 것인가.

이것은 끝이 아닌 시작, 답이 아닌 질문을 바라는 글이다. 우리는 일련의 영화들이 던질 변화의 파장을 응시해야 한다. 이 짧은 글에서 모두 소화할 순 없겠지만 제일 처음에 꺼낸 질문 한 가지만큼은 정리하고 넘어가야겠다. 〈남매의 여름밤〉의 노스탤지어는 어디에서 기인하는가. 이 향수병은 이야기의 결과물도, 재현된 공간의 유사함도 아니다. 차라리 형식적인 모방에 가깝다. 〈남매의 여름밤〉이 모사하는 건 이들 영화가 발견했던 영화 언어 그 자체. 예컨대 클로즈업을 배제한 인물의 풀숏, 인물이 사라진 뒤에도 잠시 공간을 응시하고 기다려주는 지연된 편집 등은 대만 뉴웨이브 영화에서 익히 봐왔던 보편적인 형식이다. 표정보다는 쿵쿵거리며 계단을 올라가는 발소리를 통해 더 정확하게 전달되는 감정들이 있다. 인물로부터 적당한 거리를 둔 카메라는 인물이나 사건이 아닌 공간의 시점에서 거꾸로 인물을 바라보도록 유도한다.

〈남매의 여름밤〉의 진짜 주인공이자 화자는 옥주가 아니라 2층 양옥집이다. 옥주의 꿈으로 전환되기 전까지 이 영화는 철저히 2층 양옥집의 시점에서 상황을 바라본다. 남매가 처음 집에 들어서던 날, 카메라는 집 안쪽에서 현관을 바라보며 손님을 맞이한다. 반면 할아버지가 병원에서 돌아올 때 대문에서 현관을 바라보는 쪽으로, 그러니까 식구를 뒤따르는 방향에 카메라가 위치한다. 남매가 2층 양옥집의 가족이 되는 순간은 어떤 사건을 거쳐서가 아니다. 카메라가 집 안쪽에 틀어박혀서 남매를 관찰하는 대신 할아버지처럼 안으로 품어줄 때 비로소 가족이 된다.

말 한마디 없던 할아버지가 신중현의 〈미련〉을 듣고 있던 밤. 아빠와 고모로부터 할아버지의 젊은 시절에 관한 이야기를 들었던 밤. 희미한 음악 소리에 잠을 깬 옥주가 계단을 내려가는데 이때 거실에서 기다리고 있던 카메라가 할아버지를 보는 옥주의 얼굴을 정면으로 '바라본다'. 이 장면에서 옥주를 보는 이는 누구인가. 눈을 감고 음악을 듣고 있는 할아버지는 옥주를 보지 못했다. 할아버지를 보는 옥주를 정면에서 마주 보는 건 2층 양옥집이다. 아니 2층 양옥집의 육신을 빌린, 과거를 탐미하는 노스탤지어다. 다시 2층으로 올라가던 옥주는 계단 중간에 걸터앉아, 할아버지와 같은 방향을 바라보며 함께 음악을 듣는다. 서로를 마주 보고 응시하던 과거와 현재가 어느새 같은 공간에서 같은 음악(정서)을 공유하며 같은 방향을 바라보고 있다. 같은 방향을 보는 자는 함께 그리워할 수 있다. 그리하여 스크린에 불이 들어올 때마다 내가 겪어보지 못한 그 시절이 아직도 그리워진다.

# 시네마는 마법의 이름이 아니다

〈라라랜드〉

쇼가 끝나는 순간 마법도 풀린다. 그랬어야 했다. 한데 그토록 열망하던 재즈바 '셉스'에서 피아노 건반에 손을 올리는 세바스찬(라이언 고슬링)의 애잔한 실루엣은 꽤 오래 지워지지 않았다. 〈라라랜드〉(2016)는 좌절된 사랑을 낭만으로 포장한다. 여름밤 폭죽 냄새의 설렘이 묻어나는 말캉한 화면들은 제법 근사해 세바스찬의 씁쓸한 우울감마저 멋들어져 보인다. 몇 가지 이유가 있을 것이다. 본래 이루지 못한 사랑에 대한 가정법은 완성된 행복보다 오랜 잔영을 남기는 법이다. 과거라는 사막의 신기루가 유독 아름다운 건 우리가 이미 그것이 신기루임을 알기 때문이다. 그 회복할 수 없는 시간과 거리가 확인된 다음에야 상실의 계곡 사이로 멜랑콜리한 감정을 때려 부을 수 있다. 현재진행형의 관계에서는 불가능한, 낭만적인 되새김질은 공감과 체험이라기보다는 관람에 가까운 행위다.

아련함에 흠뻑 취해 피아노 선율을 곱씹고 있을 때 흥미로운 해석을 들었다. 함께 영화를 본 친구는 투덜거리며 불만을 이어갔다. 그는 남자의 어리석음을 답답해하며 말했다. 여자가 두 번이나 자신을 붙잡아 달라는 신호를 보냈는데 남자가 알아듣지 못하고 떠나보낸 거라고. 그리고선 혼자 순정을 지키고 있었던 양 낭만적인 사람인 척한다고. 세바스찬의 입장에 한껏 이입했던 나는 그때 이렇게도 볼 수있구나 정도로 생각했다. 그런데 그 친구의 말 중 유독 '~척한다'는 표현이 뇌리에 박혔다. 어쩌면 그 단어가 이 영화를 함축하는 열쇠인지도 모르겠단 생각이 스쳤다.

## 우리는 어떻게 별들 사이를 걸었나

〈라라랜드〉는 수사적 표현이 그대로 화면이 되는 가정법의 영화다. 비단 '우리는 그랬어야 해'라는 상상의 플래시백으로 채워진 엔딩 때문만은 아니다. '그랬으면' 하는 모든 묘사가 영화에선 고스란히 현실이 된다. 여타 이야기들을 감정을 에둘러 표현하고 사물에 빗대어 표현할 때 〈라라랜드〉는 은유적인 수사를 화면 속에 일대일로 치환시켜 버린다. 수사적으로 구름 위를 걷는 기분이라고 말하는 대신 〈라라랜드〉는 그냥 구름 위를 걷는 남녀를 보여준다. 쏟아지는 별

빛이 필요한 낭만적인 밤에는 별들 사이로 올라가 춤을 추면 그만이다. '~처럼'의 문장이 영화 속에서는 직유, 은유, 환유 등등 숱한 비유의 다리를 건너뛰고 곧장 현실이 되는 것이다.

어쩌면 뮤지컬 영화이기에 허락된 마법일 것이다. 시네마스코프를 선언하며 군무를 펼쳐 보이는 오프닝 시퀀스는 하나의 약속이다. "지금부터 환상의 땅으로 들어설 예정이니, 사실적이니 말이 되느니 따지지 말고 흥겨운 쇼를 감상하십시오." 우리는 합의된 환상의 자리에서 거부감 없이 영화가 펼치는 마법 같은 순간을 관람한다. 체험이나 이해가 아닌 관람이란 점이 중요하다. 합의된 환상의 세계로부터 객석까지의 거리는 뮤지컬 영화의 동력이자 매력이다. 뮤지컬은 여타 드라마보다 훨씬 폭넓은 영화적 허용을 강요한다. 이 권유에 응할 수 있느냐 없느냐에 따라 장르에 대한 호불호가 결정된다. 우리가 만끽하는 건 이야기가 아니다. 이야기를 다시금 재구성한 (영화적 시공간이라는) 무대 위에서 벌어지는 한 편의 흥겨운 쇼다.

실패한 사랑의 애달픈 이야기를 보면서도 슬픔보다는 행복감이 차오르는 건 그 과정에서 펼쳐 보이는 화려하고 아름다운 순간들 덕분이다. 반대로 말하자면 〈라라랜드〉에서 관객이 목격하는 건 세바스찬의 좌절, 미아(엠마 스톤)의 안타까움과 같은 드라마의 굴곡이 아니라 그러한 감정들을 무대화시키는 화사한 재현 방식이다. 〈사랑은 비를 타고〉(1952), 〈밴드 웨건〉(1953), 〈페임〉(1980) 등 고전 뮤지컬의 각 순간을 차용한 장면들, 음악과 일치하는 유려한 카메라의 롱테이크, 은유적 문장이 고스란히 그림이 되는 CG까지. 어떤 이야기를 들려주는가 보다는 어떻게 재현되는지에 방점이 찍혀있다. 이 영화가 황홀하고 아름답게 느껴진다면 그건 무대 위에 구성된 재현 방식, 배우들의 율동과 음악, 카메라의 움직임이 화사하고 신기하기 때문이다. 비유하자면 무대 위에서 공연 중인 한 편의 뮤지컬을 최대한 역동적으로 찍어낸 것과 다름없다.

## 도취된 카메라를 따라 추는 춤

〈라라랜드〉는 재즈를 닮았다. 스스로 재즈가 되려는 영화, 아니 영화인 척하는 재즈공연이라고 하는 편이 적절하겠다. 데이미언 셔젤 감독의 연출은 여러 뮤지컬 고전들을 인용하고 그에 대한 경배를 바치되 자신만의 호흡으로 재편한다. 재즈와 비교하자면 리듬은 남겨두고 멜로디를 역동적으로 변주하는 셈이다. 이 영화에 대한 반응도 재즈를 접한 이들의 반응을 닮은 것 같다. 감독이 뮤지컬 고전의 여러 장면을 자신만의 박자로 변주할 때 이를 알아보는 이들은 그 현란한 솜씨에 반한다. 장면의 연결, 여러 레퍼런스의 변주들을 알아보고 흥겨워하며 감독의 재간에 격찬을 보낸다. 반면 전형적이고 편편하다고 해도 좋을 스토리 라인에 지루함을 느끼는 이들도 있다. 이들은 몇몇 장면에서는 감탄하기도 하지만 계속해서 이어지는 기교에 피로감을 느끼고, 그 속에 정작 알맹이가 없음에 실망한다. 한편 이러한 기교와 판타지에 익숙지 않았던 이들 중에는 꿈결 같은 화면들에 새삼 반하고 마음이 동하는 이들도 있을 것이다. 해 질 녘 그리피스 공원의 형용하기 어려운 빛깔은 그 어떤 거부감도 무장해제시킬 만한 마법이라 할만하다. 뮤지컬이라는 합의된 환상에 어색함을 느끼던 이들도 오프닝 시퀀스에서 건네받은 초대장의 봉인을 기꺼이 풀고 춤과 노래를 설레는 마음으로 감상할 수밖에 없다. 세바스찬 덕분에 재즈를 사랑하게 된 미아와 같은 심정이라고 할까.

한 가지 의심이 드는 건 이 영화가 재즈를 닮으려 한 것인지, 재즈가 영화를 흉내 내는 것인지 구분하기 어렵단 거다. LA를 무대로 벌어지는 총천연색 공연은 실제 무대에서는 재현 불가능한 순간들을 영화라는 도구를 빌려 화려하게 장식한다. 조금 과장하자면 이 영화는 무대를 카메라로 옮겨 찍었을 따름이다. 한데 여기서 이상한 일이 벌어진다. 카메라가 종종 인물과 사건을 앞서 가버리는 것이다. 기본적으로 롱테이크를 선호하는 영화는 가급적 장면을 잘라내지 않고 한 호흡에 담아내어 현장감이나 역동성을 전달하려 애쓴다. 꽉 막힌 도로가 무대로 변신하는 오프닝 시퀀스는 롱 테이크에 대한 강박을 단적으로 드러내는 장면이다. 이때 카메라가 호흡을 끊지 않으려 갖은 트릭을 활용하는 건 지금 당신이 만끽하고 있는 것이 실황공연임을 강조하는 행위처럼 보인다.

여기엔 또 하나의 효과가 있다. 무대나 무대 위 이야기보다 카메라의 움직임이 도드라져 보인다는 점이다. 오프닝 시퀀스에서 인물들이 들어오고 나가는 일사분란한 동작들은 마치 무대 뒤를 넘나드는 배우들을 보는 것 같다. 화면이 전환되는 타이밍, 카메라가 움직임을 멈추고 시작하는 위치는 이 공연에게 가장 중요한 요소다. 약간의 과장을 보태자면 〈라라랜드〉에서 가장 현란한 무대 효과는 다름 아닌 카메라다. 무대 곳곳을 훑는 행위에 도취된 카메라는 종종 장면의 주인공 행세를 하기도 한다. 오프닝 시퀀스에서 가장 기억에 남는 것은 무엇인가. 고가도로에서 혼신의 춤을 추는 배우들, 총천연색 의상의 조합, 기막힌 군무, 모두 좋다. 하지만 이들 사이를 헤집고 넘나들며 공간을 구성해 나가는 카메라만큼 인상적이고 역동적인 대상이 있는지 반문하지 않을 수 없다.

데이미언 셔젤은 스스로 영화라는 이름의 재즈를 연주하는 뮤지션이 되어 화면에 적극적으로 개입한다. 애초에 영화가 카메라의 움직임을 허락하는 건 단 두 가지 경우다.

하나는 인물의 시점을 따라가는 것이고, 다른 하나는 감독이 개입하여 절대자의 손길로 세계를 움직이는 것이다. 전자는 몰입을 유도하고자 인물과 시선을 일치시켜 세계를 훑는다. 후자는 감독이 보여주고 싶은 것, 보여줘야 하는 것을 중심으로 대상을 지시한다. 어느 쪽이든 카메라의 동작은 영화 내러티브와 관계된다. 종속적이라고 해도 좋겠다. 반면 〈라라랜드〉의 카메라는 반드시 이야기를 따라가지 않는다. 어떨 때는 이야기를 앞서가기도 하고 인물의 감정과 전혀 상관없는 쪽으로 고개를 돌리기도 한다. 기본적으로 커팅 없이 인물의 시선을 따라 이동하던 카메라가 불현듯 자유롭게 무대를 훑기 시작할 때 관객은 카메라의 존재를 선명하게 자각할 수밖에 없다. 〈라라랜드〉가 이야기와의 거리를 확보하는 방식은 다양하다. 자유분방한 카메라는 마치 리듬을 자유자재로 가지고 노는 재즈 뮤지션의 솜씨를 연상시킨다. 다만 그것은 이야기의 호흡, 인물의 호흡이라기보다는 감독의 호흡이다. 때때로 카메라는 이야기와 불일치하고 감정으로부터도 비껴가지만 스스로의 흥에 도취된 감독은 공연 중인 무대에 멋대로 뛰어 들어가 자신의 기량을 과시하는 것처럼 보인다. 롱테이크를 구성하는 솜씨는 완벽에 가깝게 조율된 듯 하지만 현란한 기교가 반복될수록 이 무대의 주인공은 세바스찬도, 미아도 아닌 데이미언 셔젤이 되어버리고 만다. 음악보다 연주자가 돋보이는 무대라고 해야 할까.

## 음악이 멈추면 영화도 멈추는가

나는 아직도 데이미언 셔젤이 이토록 커팅을 꺼리는 이유를 모르겠다. 세바스찬이 미아에게 평범한 인사를 건넬 때, 일상의 대화가 오가는 순간에도 카메라는 호흡을 끊지 않고 이쪽과 저쪽 분주하게 고개를 돌려가며 두 사람의 공간을 이어 붙인다. 하지만 이때 정말 두 사람의 공간이 하나로 이어지는가. 이 순간을 끊고 싶지 않다는 카메라의 무리한 욕망만 보이는 건 아닌가. 영화에서 유일하게 평범한 커팅으로 구성된 장면이 있다. 밴드 순회공연을 떠나야 하는 세바스찬은 짬을 내어 미아를 위한 저녁을 준비한다. 연극 초연을 앞두고 불안에 휩싸인 미아에게 세바스찬은 자신이 이상을 포기한 것은 너를 위해서였다며 화를 낸다. 두 사람의 감정이 엇갈리는 순간 카메라는 둘을 각각 나눠진 화면에 따로 담아낸다. 어떻게든 움직여 공간을 잇던 카메라가 드디어 여느 극영화의 호흡으로 돌아온 것이다. 평범하고 정적인 연출. 우리는 그제야 두 사람의 대화를 담아내던 앞선 카메라들이 얼마나 부지런히 움직이고 있었는지를 자각할 수 있다. 이 대화 장면을 커팅으로 담아낸 이유는 무엇일까. 표면적으로는 엇갈리는 감정에 대한 적절한 연출처럼 보인다. 하지만 정말 중요한 건 음악이 멈췄다는 사실이다. 이 장면은 이를테면 막간의 쉼표다. 침묵의 연주라고 해도 좋겠다. 음악이 들리지 않자 카메라도 잠시 멈춘다. 〈라라랜드〉에서 카메라는 솔로 연주가 가능한 악기다. 카메라의 움직임은 인물의 감정에 따른 것도, 내러티브에 따른 것도 아니다. 영화 전반에 흐르는 재즈 선율에 맞춘 것이다. 음악이 빨라지면 카메라도 흥겨워지고 리듬이 잦아들면 카메라도 숨을 죽인다.

세바스찬은 재즈는 싫다던 미아에게 재즈의 매력을 알려준다. "재즈는 편하게 따라가는 게 아니야. 재즈는 꿈이야. 충돌이 있으면 화해가 있지. 매 순간이 새로워. 정말 흥미진진하다고." 〈라라랜드〉가 이상과 현실 사이 각자의 꿈을 좇던 청춘들을 그려내는 방식도 그렇다. 충돌하고 화해하고 매 순간이 흥미진진하다. 하지만 그들의 이야기가 흥미로운 건 아니다. 흥미진진한 건 예정된 엇갈림을 그려나가는 데이미언 셔젤의 카메라, 기교 넘치는 연출이다. 그래서, 정작 이 영화가 들려주는 멜로디는 어떤가. 해 질 무렵 매직아워를 잡아낸 장면들, 영화 속으로 들어가는 낭만적인 데이트 등은 관객에게 보는 즐거움을 안기지만 그것이 내 이야기인 양 가깝게 파고들어 공감을 불러일으키는지는 잘 모르겠다.

〈라라랜드〉의 생동감은 영화라기보다는 일종의 실황공연과 같은 느낌을 주기 때문이다. 스크린과 객석 사이 관람의 거리는 이들의 이야기를 흥미로운 구경 이상으로 느껴지지 않게 하는 벽이 되기도 한다. 세바스찬과 미아의 사랑은 정말 낭만적이었나. 5년의 시간, 영화는 그랬어야 한다는 행복한 가정법 이외에는 왜 아무런 말을 하지 못했을까. 한발 더 나아가 내가 본 건 정말 뮤지컬 영화인가. 뮤지컬 영화인 척하는 재즈공연은 아니었나. 〈라라랜드〉는 분명 마법 같은 순간을 선물한다. 행복인지 쓸쓸함인지 구분하기 힘들지만 무언가 충만하게 차오른다. 하지만 그 마법에 굳이 '시네마' 란 이름표를 붙일 필요는 없으리라. 그런 이름표 따위 없어도 이미 충분하다.

# 거짓과 자기기만의 굿판

〈곡성〉

'무언가 끔찍한 일이 일어나고 있다.' 〈곡성〉(2016)을 본 후 뇌리를 맴돌던 감흥은 그 정도였다. 나홍진의 영화가 언제나 그랬듯 강렬한 에너지가 그 안에 꿈틀대는 것 같았지만 그 이상으로 파고 들어가 의미를 뒤적여 보고 싶진 않았다. 완성도와 무관하게 그럴 필요가 없는 영화라 보았기 때문이다. 어떤 영화는 극장에서 보고 나오는 것으로 역할을 다한다. 전하고자 하는 바가 너무도 명확해 더 이상 설명을 보탤 필요가 없다. 또 어떤 영화는 스크린 바깥까지 생명을 연장한다. 이런 영화들은 언어로 설명되지 않는 순간들을 장면 속에 녹여낸다. 같은 장면을 두고도 서로 다른 감흥이 이어져 각자의 해석을 비교해 보는 시간이 필요하다. 언어로 정리되지 않은 (혹은 불가능할) 의미를 언어로 다시 옮겨 담는 과정에서 또 다른 의미가 발생하기도 한다. 대개 비평이 사랑하는 영화는 두 번째 범주에 속한다. 물론 스크린의 불이 꺼진 후에도 이야기가 이어지는 영화들은 또 있다. 플롯의 정교한 트릭으로 이야기를 흩어놓았기 때문에 정리가 필요한 영화들이다. 관객과 치열한 심리 게임을 하거나 중층적인 플롯을 활용하는 스릴러 영화들을 예로 들 수 있겠다. 여기에 속한 영화들은 의도적으로 이야기의 빈칸이나 함정을 만들어 관객에게 게임을 제안하고, 장르 영화 팬들은 숨겨진 요소들을 찾아내 요리조리 조립하면서 즐거움을 발견한다.

## 공백으로 이어진 미로를 헤매는 관객들

〈곡성〉은 어디에 속하는 영화일까. 처음엔 세 번째 부류에 속할 거라 판단했다. 아니나 다를까 영화를 둘러싼 무수한 해석이 쏟아졌고 관객들은 각 장면, 혹은 장면들의 연결에 다양한 의미를 부여했다. 진짜 악이 누구인지, 누가 누구와 같은 편인지를 놓고 서로 다른 해석이 지금도 이어지고 있다. 적어도 내가 들은 해석들은 하나같이 그럴듯했다. 자칭 〈곡성〉의 가이드가 되어 순서를 재조립한 장면들을 증거로 들이밀며 각자의 독해력을 자랑하는 이들의 수도 만만치 않았다. 감독은 이를 두고 열린 결말을 지지한다며 멀찍이서 관망하고 있었다.

여느 때라면 영화를 중심에 둔 이 설왕설래의 현장에 가슴이 두근거렸을지도 모르겠다. 좋은 영화는 의미 있는 공백을 남기고 이 공백을 메우려는 관객 각자의 반응이 또 다른 의미가 피어나기 마련이다. 전혀 다른 해석들이 동시에 성립하는 상태를 보고, 어쩌면 〈곡성〉이 두 번째 부류에 속하는 영화가 아닐까 잠시 흔들리기도 했다. 나의 첫인상, 불쾌함과 끔찍함의 정체를 정확하게 설명한 글은 좀처럼 만나지 못했지만 들끓는 에너지를 이끌어냈다는 것만으로 의미가 있겠거니 하고 덮고 넘어가고 싶었다. 정확히 말하자면 〈곡성〉의 미로에 빠져들고 싶지 않아 무언가 말하기를 포기했다. 분명 삼킬 수 없는 것들이 목구멍에 걸려있었지만 제대로 이야기할 자신이 없어 묵인했다 해도 할 말이 없다.

뒤늦게 다 타버린 〈곡성〉의 흔적을 뒤적여 보기로 결심한 건 나홍진의 인터뷰 때문이다. "피해자들을 이해하기 위해, 위로하기 위해 이런 영화를 만들고 싶었다는 말을 전하고 싶다"는 그의 설명을 듣고 내 불쾌감의 정체가 무엇인지 깨달을 수 있었다. 진심일까? 진심이라 해도 이 발언이 진실일 수 있을까. 〈곡성〉을 둘러싼 반응과 해석의 말들을 아무리 주워 모아봐도 공허함이 메워지지 않는 건 영화가 전파하는 감정이 애초부터 황폐함 그 자체이기 때문이다. 그 와중에 분란을 부추기는 듯한 나홍진의 방관자적 발언들은 이 미로가 애초에 어떤 악의를 가지고 지어졌는지 가늠케 하는 중요한 단서다. 〈곡성〉은 스크린 바깥에서 해석과 반응을 끊임없이 자아내지만 앞서 언급한 두 번째, 세 번째 분류 어느 쪽에도 속하지 않는 영화다. 이전엔 접해본 적 없는 형태라는 점에서는 독창적이랄 수도 있는데, 그 끝에 남겨진 것이 나홍진 본인이 설명하는 인간적인 감정은 아닌 것 같다. 아니, 특정 형태의 감정이라기보다는 차라리 끝없는 불신과 회의의 '과정 유도'라고 보는 편이 타당할 것이다. '현혹되지 말라'는 경고는 이제부터 당신을 현혹시키겠다는 선언이기도 하다. 오프닝을 장식한 누가복음 24장 "영은 살과 뼈가 없으되 너희 보는 바와 같이 나는 있느니라"라는 경고. 보는 것과 믿는 것 사이의 간극. 〈곡성〉의 모든 트릭과 기만은 여기서부터 출발한다.

### 트릭은 트릭인 것을 알아차릴 때 의미가 있다

긍정적인 해석이든 부정적인 지적이든 가릴 것 없이 동의하는 지점은 이 영화가 뚜렷한 설명 없이 모호한 상태를 지향한다는 점이다. 열린 결말을 외치며 관객의 참여를 독려하는 영화는 대개 그렇다. "인간은 과학이든 종교든 소문이든 현혹의 틀이 없으면 자신의 삶에서 일어나는 일을 이해할 수 없다"*라고 한 이동진 평론가와 마찬가지로 듀나 역

---

\* "이동진의 어바웃 시네마: 〔곡성〕 카오스의 공포와 코스모스의 폭력", 이동진, 2016.

시 "〈곡성〉의 세계는 답이 없고 어떤 것으로도 해석될 수 있는 모호한 단서들만 있는 곳"[**]이라고 지적하고 있다. 재미있는 건 모호함이 긍정과 부정의 근거로 동시에 활용되고 있다는 점이다. 한쪽에선 모호하기 때문에 여백을 채우는 과정에서 성찰이 일어난다고 말하고, 한쪽에서는 모호함 자체가 어떤 전략에 불과하다고 선을 긋는다.

이는 〈곡성〉의 특정 장면을 놓고 각기 다른 해석의 근거로 끌어들이는 방식과 크게 다르지 않다. 말하자면 모호함은 말 그대로 중립적인 요소다. 만약 그것이 '언어로 환원될 수 없는 것들'을 지칭한다면 이미지와 소리의 조합으로 또 다른 표현을 시도하는 형식(여기서는 영화)은 곧 말해질 수 없는 감흥과 순간을 표현하는 형이상학적인 수단이 될 수도 있다. 대체로 우리가 예술이라 부르는 형식들은 필연적으로 관객에 의해 주도되는 해석, 모호함을 각자의 감흥과 연결시키는 과정을 동반한다. 여기에는 대전제가 하나 있다. 모호함이란 어디까지나 표현의 한계로서 모호함(은유법을 동원하는 것과 같은)이지 감흥 자체의 모호함은 아니란 점이다. 창작자가 느낀 감흥이 있고, 그것이 언어를 넘어선 형태로 발현되며, 그때 모호한 지점은 관객 각자의 인식 틀을 기준으로 해석된다. 해석은 다양할 수 있어도 본질은 하나다.

[**] "듀나의 영화낙서판: 〈곡성〉 리뷰", 듀나, 2016.

이야기 자체가 형편에 따라 모습을 바뀌선 안 된다는 말이다. 앞서 언급한 분류를 기준으로 한다면, 적어도 두 번째 분류에 속하는 영화들은 그래야 한다.

그런 의미에서 〈곡성〉은 감독의 인식을 구현한 영화라기보다는 관객의 참여를 유도하는 일종의 게임처럼 보인다. "관객은 실제로 아슬아슬한 위치에서 희미하게 기억 속에 남아있는 잔상들만 붙잡고 뭔가 안다고 착각하는 허영을 즐기기 시작한다"라는 우혜경 평론가의 견해에 십분 공감한다. 다만 나는 〈곡성〉이 세 번째 분류, 그러니까 관객과 게임을 벌이는 장르 영화에도 속하지 못한다고 생각한다. 정보의 격차와 반전 등의 트릭을 활용해 관객과 줄다리기하는 영화들도 플롯의 제일 마지막 순간에 가선 스스로 패를 밝힌다. 적어도 이것이 트릭이었다는 것을 알려줄 때 내러티브적 마술로서의 의미가 있다. 그것이 최소한의 룰이다. 하지만 〈곡성〉은 개별 장면은 소름 끼칠 정도로 매끄러우면서도 정작 시퀀스와 시퀀스끼리의 인과관계는 배척한다. 우연 또는 운명이라는 변명 아래 무작위로 생략하거나 연결고리 없이 갑자기 들이밀며 당신이 속았음을 강조할 뿐이다.

영화가 플롯을 구성하는 것은 모든 장면을 고스란히 전달할 수 없기 때문이다. 따라서 선별을 통해 특정 장면들을 점찍어 보여주면 관객은 각자의 인식론에 근거한 인과관계를 통해 점과 점 사이를 메운다. 우리는 이것을 플롯이라고 부르며 영화 내러티브의 방식으로 활용해 왔다. 하지만 〈곡성〉은 시퀀스 내부로의 플롯은 매우 정교하되, 영화 전체의 내러티브를 통해 이를 부정하고 조각조각 해체해 버린다.

모두의 관심을 모았던 일광(황정민)과 일본인(쿠니무라 준)의 굿판을 예로 들어보자. 이 장면에 대한 다양한 해석들은 나름 흥미롭다. 굿판의 대상이 누구를 향한 것인지를 두고 몇 가지 이견이 오갔지만 최종적으로는 일광과 일본인이 맞서는 장면이 아니라 합심하여 소녀를 괴롭히는 장면으로 정리된다. 팽팽한 교차 편집은 그것만으로 어떤 위태로운 에너지를 전달하는데, 엔딩에 이르면 갑자기 당신이 목격한 진실과 감흥들은 실은 모두 트릭이었다며 기억에서 지우라 명령한다.

관객은 정말 이 장면에서 깜박 속아 넘어간 걸까. 당신이 본 것을 진정 내러티브적 트릭이라고 할 수 있나. 이 시퀀스만 놓고 본다면 일본인과 일광의 대결이야말로 실체적인 진실이며 서로에게 칼끝을 향한 편집 속에서 격렬한 에너지가 뿜어져 나온다. 그런데 대뜸 엔딩에서 이 장면을 다시 조각내어 다른 시퀀스의 장면과 이어 붙여 버리는 것이다. 내가 본 것을 불신하게 만드는 것, 목격한 것을 부정하고 들은 것(소문)에 휘둘리게 하는 것, 말하자면 '자기기만'의 과정이야말로 〈곡성〉을 관통하는 작동 원리다.

이것을 모호함이라고 불러선 안 된다. 모호함은 설명되지 않지만 거기에 무언가 있다고 느낄 수 있는 상태를 말한다. 일련의 트릭을 걷어내고 〈곡성〉에 무엇이 남겨져 있을까. 나는 아무것도 보지 못했다. 이야기 말미에 갑작스럽게 주어진 설정과 결과에 내가 보고 조응한 것들은 부정당해 버렸다. 목격한 장면보다 들려주는 (심지어 어떤 근거도 제시되지 않았던) 결말이 최종적인 내러티브를 지배한다. 관객의 혼란, 혹은 자의적으로 해석할 수 있는 게임은 이때부터 시작된다. 결국 영화는 사라지고 장르 영화라는 룰 바깥에 선 (일련의 기만행위를 그렇게 부를 수 있다면) 독창적인 게임만이 남는 것이다.

일광과 일본인이 한편이라는 서사적 결말과 무명과 종구의 무기력함을 목격한 관객은 소문(혹은 운명)에 휩쓸린 종구(곽도원)처럼 무기력해진다. 그게 싫다면, 그러니까 이 영화를 어떻게든 말이 되게 하고 싶다면, 다시금 앞으로 돌아가 그에 합당한 근거들을 모아와야 한다. 관객들이 뒤늦은 해석의 게임에 열렬히 참여하는 동력은 거기에 있다. 이 게임엔 사후적인 이야기의 조각이 있을지언정 우리가 목격한 것들은 없다. 혹은 무시된다. 나홍진의 내러티브는 목격한 것과 제시된 것 사이에서 장면의 진실보다 소문의 힘에 따르며 급기야 그 과정 자체를 형상화시키려는 것처럼 보인다. 이러한 방향 아래에선 아무리 촘촘한 상징과 그럴듯한 해석이 제시될지라도 의미로 연결될 수 없는 텅 빈 움직임에 불과하다.

## 영화 바깥에서 떠도는 소문들

더 끔찍한 일은 영화 바깥에서 일어났다. 〈곡성〉이 재현한 소문의 작동 원리는 영화 바깥에서 한층 뚜렷한 실체를 획득했다. 우리는 〈곡성〉이 개봉하기 전부터 무언가 대단한 결과물이 나올 거라는 소문을 들어왔다. 무시무시한 시나리오가 나왔다는 증언들, 현장이 엄청나게 혹독했다는 이야기, 실제 안개를 찍기 위해 깊은 산속까지 행군했다는 에피소드를 들으며 그토록 어렵고 힘들게 찍은 영상들이 얼마나 대단할까 기대감을 고조시켰다. 적어도 언론과 평단에는 그와 같은 기대가 일종의 믿음처럼 퍼져나갔다.

〈곡성〉의 화면 너머 무언가를 본 사람도 있고, 아무것도 보지 못한 사람도 있을 것이다. 그건 정상이다. 하지만 그 제각각의 감흥이 서로 다른 반응으로 터져 나오지 못한 건 다른 힘이 작용한 게 아닌지 의심스럽다. 안타깝게도 (나를 포함한) 상당수 비평 영역에서 실제로 보기도 전에 영화에 대한 어떤 확신을 가졌던 것 같다. 자신이 실제로 목격한 것을 정리하기 전에 소문의 무게가 우리를 덮쳤고, 내가 보지 못한 무언가가 더 있을지도 모른다는 불안이 판단을 뒤흔들었다.

스스로의 감흥에 대해 확신이 없을 때 가장 손쉬운 선택은 바로 묵인이다. 〈곡성〉의 플롯이 응당 전해야 할 정보를 생략하고 보여주지도 않은 인과를 믿도록 관객을 기만했던 것과 마찬가지로 나는 본 것을 믿지 못하고 그간 들어왔던 정보들을 믿어버렸다. 소문에 현혹되었다고 할 수도 있다. 물론 그저 내 개인적인 체험에 불과할지도 모른다. 다만 뒤늦게라도 이를 밝히고 싶은 건 일련의 소극적인 비평 내지는 침묵에 대한 반성이 필요하다고 판단했기 때문이다. 보이는 것조차 믿지 못하게 만드는 〈곡성〉의 자기기만적 플롯은 껍데기의 조립, 말하자면 허주虛主에 불과한, 이 영화에 왜곡된 생명력을 부여하는 데 일조했다. 평론가로서 나의 원죄는 이 영화를 보자마자 내가 무엇을 보았고 보지 못했는지 제대로 말하지 못했다는 데 있다. 이 같은 묵인과 외면은 소문을 대면하는 종구의 모습과 닮았다는 사실이 뒤늦게 나를 경악시켰다.

한 가지 변명하자면 〈곡성〉의 매 시퀀스에는 분명 어떤 물성이 깃들어 있다. 적어도 공간의 물성을 옮겨 담는 데 있어 나홍진의 연출은 대체로 힘을 발휘해 왔다. 〈곡성〉에도 각 장면을 떼어놓고 보면 충돌의 에너지라고 해도 좋을 어떤 진득한 기운들이 깃들어 있다. 굿판의 격렬함이 그렇고, 쫓기던 외지인이 절벽 밑에서 드러낸 절박한 표정이 그렇다. 그토록 상찬을 들었던 새벽안개에 맺힌 어스름한 빛깔에도 그런 기운이 묻어있을지 모르겠다. 하지만 그 장면들의 리얼리티는 끝내 영화적 진실로 연결되진 않는다. 실제 안개가 내려앉을 때를 기다려 촬영한 고집, 공간을 통째로 잘라 옮기는 사실적인 재현 속에 담긴 그 진짜 '같은' 기운은 뜬금없이 제시되는 속임수의 플롯, 그러니까 이제까지 당신이 목격한 모든 에너지가 당신의 오해라는 결말의 선언에 의해 무력화된다. 평단의 눈을 쉽게 가린 건 미처 연결되진 않았을지언정 분명 물질적으로는 담아낸 그 순간의 기운들의 도움도 있을 것이다. 다만 빛날 수도 있었을 그 순간들은 나홍진의 한판 굿을 거쳐 끝내 영화가 아닌 허주가 되고만다.

**우연 뒤에 필연이 보인다**

믿음이란 정보의 공백이 발생했을 때 이를 메우려는 태도다. 누군가는 개인의 체험을 동원하고, 누군가는 철학적 명제를 빌려올 수 있다. 때로는 사회적인 현상, 집단의 분위기가 믿음의 틀로 기능하기도 한다. 〈곡성〉이 의심과 악의 탐구에 대한 영화라면 나홍진이 정보의 공백을 메우는 방식은 실은 매우 단순하다. 뒤늦게 사족처럼 달린 설명들, 그러니까 실체가 확인되지 않은 소문을 통해 내가(관객이) 본 장면들을 불신하게 만들고, 소문의 힘을 증명하는 것이다. 불신을 전염시킨다고 봐도 좋겠다.

　이 영화 속 모든 불행한 사건들은 인물들이 의심을 시작하는 순간부터 찾아온다. 종구가 외지인을 의심하기 시작하면서 딸이 아프기 시작하고, 외지인이 제거되었다고 믿었을 때 딸이 낫는다. 일광으로부터 악마가 무명(천우희)이었다는 설명을 들은 후부터 다시 딸 효진(김환희)이 아프기 시작하고 자신이 눈으로 본 것보다 귀로 전해 들은 것에 확신을 가진 순간 파멸에 이른다. 누가 누구와 같은 편인지 의심하는 플롯 상의 속임수를 제거하고 단순히 행동과 결과로만 이어붙여보자. 이것은 보지 않고 의심하는 모든 등장인물들에게 가혹한 처벌이 가해지는 이야기라고 봐도 무방하다. 아니 이야기라기보단 소문과 의심에 마음이 홀린 자들을 향한 참혹한 단죄의 나열이다.

　누가 봐도 서로에게 살(殺)을 날리는 것처럼 구성된 굿판이 일광과 외지인이 각자 굿하는 모습을 나란히 보여준 것에 불과하다고 의뭉을 떤다. 그리하여 일광을 의심하는 자에게는 일광이 악마처럼 보이고, 외지인을 의심하는 자에겐 외지인이 악마처럼 보이도록 숏을 열어둔 채 열린 결말이란 그럴듯한 이름을 붙인다. 이것이야말로 현혹이다. 이 플롯이 진정 끔찍한 건 보는 대로 믿어지는 게 아니라 내가 믿는 대로 보이도록 숏들을 중성화시켜 버리기 때문이다. 나홍진은 "누군가의 불행도 그냥 그렇게 일어나는 것이라고 생각한다"라며 운명의 불가해함을 말하지만 실은 운명이란 이름으로 그들을 조종하는 건 온전히 감독의 의지다. 나는 지금 이 영화가 의심과 소문에 시달려본 자가 전달하는 황폐한 복수극이 아닐까 의심하고 있다.

〈곡성〉의 모든 치장과 왜곡을 걷어내고 나면 무엇이 남을 것인가. 애초에 출구가 없는 악의적인 미로의 설계자가 바란 것은 무엇인가. 미로 속에서 퍼즐을 짜맞추고 있을 때는 도저히 알 수 없는 것들이 때론 영화 바깥에서 슬며시 고개를 내밀기도 한다. 내가 〈곡성〉에서 유일하게 발견할 수 있었던 유일한 진실은 이 영화가, 그리고 나홍진 감독이 지금 거짓말을 하고 있다는 사실이었다. 어쩌면 감독 스스로 속아 넘어갔을, 자기기만의 욕망은 관객들이 본 진실들을 거짓으로 바꿔버리고 기꺼이 게임에 뛰어든 이들마저 다툼으로 몰아간다. 남겨진 것은 거기에 끔찍한 무언가가 있었다는 오갈 데 없는 감흥 한 조각. "피해자에 대한 이해"를 주장하는 나홍진의 자기기만이 어디서부터 비롯되었는지 어렴풋이 짐작할 수도 있겠지만, 〈곡성〉에 관한 한 내가 보지 못한 것까지 함부로 추측하고 싶지 않다. 다만 공간의 물성을 담아낼 줄 아는 보기 드문 재능의 감독이 자기 자신마저 속이는 허주가 되지 않길 간절히 바랄 뿐이다.

# 아직 준비가 안 됐다

〈염력〉

나는 실사 영화감독으로서의 연상호를 그리 미덥게 바라보지 않는다. 〈부산행〉(2016) 이후 영리한 연출자 연상호를 얻은 대신 애니메이터 연상호는 딱 그만큼 희미해진 게 아닌가 싶었다. 애니메이션으로 구현될 때 흥미롭던 것들이 실사의 영역에서는 전형적이고 편편한 형태로 비쳤기 때문이다. 〈염력〉(2018)을 보고 생각이 조금 바뀌었다. 정확히는 연상호 감독이 어떤 방식으로 세계를 이해하고 영상으로 결과를 구현하는지 파악하는 데 세 편의 애니메이션과 두 편의 실사영화가 필요했던 것 같다. 결론부터 말하자면 연상호는 작가의 자질을 갖추고 있다고 본다.

내가 생각하는 작가란 매번 이상적이고 통일된 형태의 결과물을 뽑아내는 존재가 아니다. 그건 잘 훈련된 기술자에 가깝다. 모름지기 작가라면 일종의 매개가 되어야 한다.

제 몸을 통해 세계를 이해하고 육화된 반응으로 토해낼 필요가 있다. 때론 그 형태가 보는 이의 기대를 배반하기도 하고 자신의 의도를 정확히 구현하지 못하기도 한다. 그런 점에서 〈염력〉은 연상호가 세계에 반응하는 방식을 선명하게 드러낸 영화이자 의미 있는 실패작이다.

영화를 보고 글을 쓰는 작업의 운명이라는 게 대부분 그렇지만 이번에는 특히 주관적인 감상을 전제로 이야기를 전개해 나가려 한다. 〈염력〉을 둘러싼 혹평에 굳이 반론을 제기할 마음은 없다. 〈염력〉은 단순하게 직진하면서도 마디마저 헐거운 영화다. 연상호는 아버지-화해의 서사를 벌써 세 편째 반복 중인데(〈사이비〉(2013), 〈서울역〉(2016), 〈부산행〉) 〈염력〉은 그중에서도 과할 만큼 통속의 서사를 도식적으로 적용한다. 코미디의 타이밍은 종종 엇박자를 치고 전반적인 극의 호흡이 완급 조절이나 뚜렷한 굴곡 없이 내달린다. 용산참사 같은 예민한 소재를 에둘러 가는 요령도 없다. 아니 애초에 그럴 생각이 없어 보인다. 이 영화는 거리를 둔 은유와 풍자 대신 불편할 만큼 직접적인 이미지를 불쑥 들이민다. 〈염력〉에 쏟아지는 아쉬운 목소리들은 대체로 타당한 지적이라고 생각한다. 흥미로운 건 이러한 분석들은 〈부산행〉에도 고스란히 적용된다는 점이다. 적어도 내가 보기에 〈염력〉은 흥미로운 부분과 투박한 지점까지 〈부산행〉과 별반 다를 바가 없는 영화다. 하지만 두 영화를 대하는 대중의 반응은 확연한 온도 차가 있다. 무엇이 이토록 다른 결과를 가져왔을까. 이 글은 거기서부터 출발한다.


## 무엇을 바라든 반드시 기대를 배신한다

초능력을 소재로 한 오락 영화로서 〈염력〉이 주는 즐거움은 대체로 만족스러웠다. 이 영화의 헐거운 드라마는 극을 따라가는 데 방해가 될 정도로 울퉁불퉁하진 않았고 투박한 액션이나 CG 역시 내겐 B무비 특유의 납득 가능한 조악함으로 다가왔다. 정작 나를 당황시킨 문제는 다른 곳에 있다. 〈염력〉은 용산 참사를 겪은 집단의 트라우마를 정면으로 들이받는다. 이 영화는 그때 그 비극의 물리적이고 강력한 힘이 있었으면 어땠을까 하는 상상을 매우 단순한 형태로 제시한다. 하지만 영화를 보면서도 내가 이 이야기를, 일련의 이미지들을 정면으로 마주 볼 준비가 되어있는지 걱정이 됐다. 단순히 그날의 기억을 복기한다거나 비유를 동원해 사건을 재구성하는 게 아니라 이걸 하나의 오락으로 개조하여 소비하는 게 허락될 것인지에 대한 마음의 짐이 있었다. 크레인에 매달린 사람에 대고 직사로 물대포를 쏘는 이미지는 지나치게 과격하고 직접적이라 보는 순간 영화 속 가상의 무대인 '남평상가'에 머물지 못하고 용산 참사 또는 광화문 시위 현장 앞, 그러니까 현실로 끌려 나와버린다.

대개 영화가 트라우마를 돌아보는 방식은 두 가지 방식으로 정리된다. 하나는 트라우마의 해결. 대중상업 영화들이 주로 택하는 이 방향은 가공의 상황을 통해 해결하지 못한 것들을 대신 해소해 준다. 가령 베트남전을 소재의 일부로 활용한 〈포레스트 검프〉(1994)의 경우 휴먼드라마라는 틀 안에서 역사의 상처를 개인의 역경으로 치환하여 치유한다. 서부극처럼 더럽혀진 영웅을 소환하여 악을 응징한 후 떠나가는 이야기도 있다. 이 경우 대개 적대적인 세력, 다시 말해 악역이 분명하게 지정되며 이를 물리적으로 제거하는 것을 통해 카타르시스를 안긴다. 두 번째는 상처가 생긴 상황을 되돌아보고 구조적 문제를 환기시키는 영화들이다. 이 영화들은 일부러 불편하여 외면했던 것들을 꺼내어 시대의 풍경을 제시하고 질문을 유도한다. 해결되지 않는 엔딩을 통해 각자가 가상의 이미지와 현실과 대조하는 사이 큰 그림을 볼 수 있도록 돕는다. 9.11 이후 개봉한 〈노인을 위한 나라는 없다〉(2008)나 〈데어 윌 비 블러드〉(2008) 같은 영화가 여기에 해당한다고 본다.

〈염력〉은 둘 중 어디에도 속하지 못한 이상한 영화다. 아마도 이성적으로는 첫 번째 부류에 속하고자 했던 것 같지만 결과적으로 트라우마에 대한 해소도 실패하고 상처를 어루만지지도 못한다. 이유가 뭘까. 나는 그것이야말로 감독 연상호의 특질이라고 느낀다. 애니메이션 때부터 꾸준히 자신의 몸으로 축적해 둔, 한국사회를 감각하는 연상호의 자리가 빚어낸 결과라 해도 크게 엇나간 짐작은 아닐 것이다. 〈염력〉은 용산 참사로 대표되는 공권력의 폭력과 부당한 압력에 대해 뒤늦게 꺼내든 반작용이다. 때리니까 아프고 건드리니까 되갚아 주고 싶은 마음. 거기서부터 출발한 상상. 이 영화는 한국사회에서 한 개인에게 거대한 힘이 주어졌을 때 무엇이 가능할 것인가에 대한 일차원적인 대답이다. 동시에 무엇을 할 수 없고 무엇을 바꿀 수 없는지를 아는 자의 낙담이기도 하다. 만약 〈염력〉이 아예 장르에 투항해 물리적 실체가 있는 악을 설정하고 응징하는 서사로 갔다면 쾌감도 명료했을 것이다. 하지만 연상호는 자신이 보고 겪은 현실인식으로부터 달아나지 않는다. 아니 〈돼지의 왕〉(2022), 〈사이비〉, 〈서울역〉이 축적해 온 한국사회라는 거대한 압력으로부터 달아날 수 없었던 것 같다. 그 순간 초능력 활극 〈염력〉은 변할 수 없는 것에 대한 분노와 좌절에 관한 고백으로 변모한다.

〈염력〉의 구성은 얼핏 서부극을 연상시킨다. 외부인이었던 아버지가 '남평상가'에 등장해 이들을 수호한 후 죄를 뒤집어쓰고 다시 '남평상가'를 떠나는 이야기. 차이가 있다면 아버지가 물리쳐야 할 적의 물리적 실체가 없다는 것이다. 철거 크레인이나 경찰, 깡패들은 적이 될 수 없다. 민사장(김민재)은 꼬박꼬박 영수증 정산을 하는 생계형 수행원이고 홍상무(정유미)는 스스로 자각하듯 한국사회라는 시스템의 일등급 노예이자 대변인에 불과하다. 때문에 거대한 물리적 힘을 획득했음에도 그 힘을 어디로 어떻게 휘둘러야 할지 모를 때의 좌절감과 답답함은 점점 증폭된다. 종국에는 힘에는 힘으로 저항한다는 일차원적인 상상이 결국 환상에 그치고, 실체는 없지만 더욱 거대하게 느껴지는 압력만 명료해지는 것이다. 카타르시스를 제공하는 상업 영화의 모든 클리셰를 따라서 진행하다가 종국엔 연상호가 늘 그래왔던 부조리에 도달하는 이상한 행보.

그렇다고 〈염력〉이 구조적 부조리를 뚜렷하게 환기시키는가 하면 그렇지도 않다. 적어도 감독 자신은 이 영화가 어디까지나 즐거운(모순적이지만 이렇게 표현할 수 밖에 없다) 코미디가 되어야 한다고 생각한 것 같다. 코미디 장르의 전형 아래 토핑처럼 시사적인 요소들을 박아 넣었다면 그것도 가능했을지 모르겠다. 하지만 연상호의 현실 인식은 이미 결정되어 있고 스스로도 거기서 벗어날 수 없는 것 같다. 초월적인 능력이 생겨도 결국 화목하게 치킨 장사를 할 수 밖에 없는 헬조선식 군고구마 엔딩은 그에 따른 부산물이다. 해피엔딩으로 위장된 일종의 패배 선언이랄까. 석현(류승룡)이 민사장에게 한 방을 날리고 내뱉는 "이겨서 좋냐?"라는 말 정도가 아마도 우리가 세상을 향해 내뱉을 수 있는 전부일 것이다. 그 불편한 진실을 봉합된 가족, 아버지와 딸의 화해라는 도식적인 풍경으로 쉽고 빠르고 무리하게 덮는 건 거의 관객을 무시하는 것처럼 느껴질 정도다. 왠지 모를 불쾌함의 정체. 이건 차라리 장르 영화가 꾸미는 위악적인 환상, 해피엔딩을 향한 조롱이며 교훈을 남기는 우화라기보다는 자조적인 블랙코미디에 가깝다. 결과적으로 〈염력〉은 〈사이비〉처럼 부조리한 상황을 깊이 있게 파고들어 시스템의 위악을 고발하지도 못하고, 〈부산행〉처럼 코미디, 액션이 버무려진 장르적 쾌감을 제공하지도 못한 채 양쪽 모두의 기대를 배반하는 어정쩡한 자리에 머물고 만다.

### 연상호 코드, 부조화를 향한 일관된 비딱함

그럼에도 나는 〈염력〉의 실패를 긍정한다. 이것이 연상호의 작가적 특질 때문에 발생한 실패라고 믿기 때문이다. 〈염력〉을 보면서 불현듯 〈클로버필드〉(2008)가 겹쳐 보였다. 〈클로버필드〉가 괴수에 의한 재난 상황을 일인칭으로 재현하는 방식은 9.11 이후 미국의 공포를 건드린다. 다만 그 이미지들은 현실에 관한 성찰이라기보다는 재난의 감각 그 자체에 대한 모사다. 나는 〈염력〉에서 이와 유사한 기시감을 느꼈다. 〈염력〉에는 용산 참사로 상징되는 한국사회의 트라우마가 상징적 형태로 묘사된 이미지가 있다. 정확히는 시스템의 폭압과 부서지는 개인의 육체, 그 감각을 이미지화

한다. 시위 장면을 말하는 게 아니다. 바로 석현이 경찰서를 탈옥한 후 도심을 가로질러 '남평상가'로 날아가는 장면이다. 석현의 능력에 맞설 빌런이 없는 이 영화에서 석현은 자신의 힘에 휘두르는 과정에서 상처를 입는다. 이리저리 도약하며 건물과 땅에 처박히는 석현의 육체는 마치 거대한 장벽 같은 권력에 저항하는 시위 장면을 연상시킨다.

만화가 굽시니스트는 충돌 자체가 시위의 본질이라고 말했다. "시위라는 쐐기는 물리량을 가져야 한다. 정권의 강권은 경찰 차벽이라는 실체로 드러나야 하고, 소수의 항의는 그 벽에 부딪히는 뼈와 살로 체화되어 드러나야 한다."* 내겐 이 장면이야말로 한국사회에서 시위라는 행위를 이미지라는 물질로 옮겨놓은 것처럼 느껴졌다. 둔탁하게 깨지고 구르는 석현의 육체는 사회라는 거대하고 단단한 힘과 개인의 바람이라는 이기적이고 소박한 힘들이 충돌하는 순간의 뭉개진 고통을 형상화한다. 초능력이라는 소재와 연상호의 현실 인식이 결합한 독특하고 유일한 장면. 유사한 도약 이미지를 선보인 〈핸콕〉(2008)이나 〈맨 오브 스틸〉(2013)과 비교해 보면 얼마나 '한국적'인 장면인지 대번에 드러난다. 이 이미지 하나만으로도 〈염력〉은 다시금 논의될 필요가 있다.

예를 들면 연상호의 영화에선 봉준호의 '삑사리'와는 또

---

* 〈본격 시사인 만화〉, "시위이이잉", 굽시니스트, 2015.

다른, 한국사회를 함의하는 코드를 발견할 수 있다. 미흡하지만 굳이 여기에 이름을 붙인다면 '삐딱함' 정도로 표현하고 싶다. 봉준호의 '빽사리'가 시스템의 어긋남을 드러내는 특유의 박자에 가깝다면 연상호의 '삐딱함'은 부조화의 요소들을 기계적으로 뭉친 후 그 안에서 삐죽 튀어나온 모양을 통해 불만족(혹은 잠재적 분노)을 드러내는 일종의 방향성이다. 봉준호의 '빽사리'가 상상된 재현을 현실의 영역으로 끌어내릴 때, 연상호의 '어긋남'은 현실을 우화의 영역으로 추어올린다.

어쩌면 기대를 배신한다는 건 연상호의 오랜 강박이 아닐까 싶다. 그는 〈돼지의 왕〉에서 관습적으로 소비되던 한국 애니메이션의 전형을 깨고 불편한 이야기를 불쑥 내밀었다. 〈사이비〉에서는 애니메이션의 본질이라고 오랫동안 받들어져 온 작화, 표현기법, 움직임, 이른바 애니메이션다운 것들을 따르지 않고 실사 영화 같은 리얼리즘 드라마를 전면에 내세워 색다른 감흥을 자아냈다. 〈사이비〉의 이야기 자체는 특별할 것 없지만 그것이 애니메이션이란 형식 아래 발휘될 때 묘한 부조화의 아름다움이 발생한다. 〈부산행〉도 마찬가지다. 실사를 다룰 때의 연상호는 실사와는 가장 거리가 먼 판타지적인 상상력으로부터 이야기를 출발시킨다. 익숙한 듯 낯선 영화들은 그렇게 탄생해 왔다. 다만 이 모든 결과물이 매번 그의 통제에 있는 것 같지는 않다. 그는 관습이나 대세에 저항하고 비틀어 익숙하면서도 새로운 지점을 찾아 나가고자 하지만 이 반응의 결과물은 그때그때 다른 형태로 발현된다. 〈부산행〉은 예상 밖의 즐거움으로 남고 〈염력〉은 조악한 불쾌함으로 기억되는 것처럼 말이다. 여기서 내가 끝내 긍정하고 싶은 건 다름 아닌 그 반골 기질, 압력에 저항하는 본능적인 고집이다. 작가가 시대를 반영하는 매개로서 작동하기 위해서는 필수적인 미덕이기도 하다. 작가란 이를테면 시대의 물결을 거스르며 서있는 꼿꼿한 작대기다. 그 주변에 생기는 파장을 통해 우리는 거기에 시대라는 흐름이 존재하는 것을 감지한다. 〈염력〉을 저주받은 걸작으로 기억하자는 게 아니다. (연상호의 필모그래피 안에서도 소품 정도라고 생각한다.) 다만 〈염력〉이란 작대기 자체에 대한 호불호를 잠시 젖혀두고서라도 그 주변의 물결의 형태에 대해서는 좀 더 다양한 이야기가 나왔으면 좋겠다. 창작자에겐 고약한 말이 되겠지만 어쩌면 창작자의 본질은 실패를 통해서 새어 나오는 법이다. 연상호는 꾸준히 실패한다. 그리하여 길을 잃지 않고 전진한다.

3장

# 뒤돌아보면 그곳에

# 미야자키 하야오의
# 세 번째 은퇴 선언*

〈바람이 분다〉

미야자키 하야오 감독이 은퇴를 선언했다. 1978년 〈미래소년 코난〉으로 감독 데뷔 이래 장장 35년간 일본 애니메이션의 살아있는 신화로 군림한 감독이 〈바람이 분다〉(2013)를 끝으로 자신의 전설에 마침표를 찍으려 한다. 벌써 세 번째 은퇴 선언이지만 앞서 두 차례와는 달리 이번엔 제70회 베니스 영화제에서 공식 언급을 했고, 9월 6일에는 일본에서 정식 기자회견도 가질 예정이다. 슬프지만 진짜 이별인가 보다. 이젠 그의 마지막 작품이 된 〈바람이 분다〉의 논란을 뒤로 한 채 거장은 날개를 접었다. 그의 마지막 비행은 정치적 논란을 남긴 채 끝나고 말 것인가. 그는 왜 〈바람이 분다〉

---

\* 이 글은 2013년 미야자키 하야오의 세 번째 은퇴 선언 직후에 작성된 것으로, 저자의 당시 생각과 감정을 있는 그대로 전달하기 위해 시제를 수정하지 않았다.

를 마지막으로 선택했을까. 〈바람이 분다〉에 숨겨진 미야자키 하야오의 그림자를 되짚으며 그를 추억해 본다.

**그의 영화는 그와 닮았다**

미야자키 하야오 감독의 은퇴를 두고 유독 아쉬움의 목소리가 큰 것은 결과적으로 〈바람이 분다〉가 그의 마지막 작품이 되었기 때문인지도 모르겠다. 아마도 그의 작품 중 가장 논란을 일으킨 작품으로 기억될 〈바람이 분다〉는 우리나라는 물론 일본 국내에서도 정치적 논란을 불러일으키며 그간 쌓아 올린 미야자키의 신화에 균열을 남기고 있는 중이다.

일본 우익들은 일장기를 단 전투기들이 추락하는 장면이나 작품 속 직접적인 전쟁 반대의 대사들을 두고 미야자키 감독이 외국의 눈치를 보며 인기에 영합했다고 비난한다. 동시에 반대편에서는 군국주의의 상징이랄 수 있는 전투기 제로센을 만든 호리코시 지로를 지나치게 미화했다며 거장의 역사 인식을 아쉬워한다. 시대에 대한 반성과 성찰 없이 감성적으로 접근했다는 것이다. 미야자키 감독은 "단지 그 시대를 살았다는 것만으로 죄를 안고 살아야 하는 건 잔인한 일"이라며 편견을 버려줄 것을 당부했지만 2차 세계대전의 실존 인물을 소재로 선택한 시점에 이미 논란은 예정되어 있었다. 미야자키는 왜 하필 호리코시 지로란 문제적 인물을 자신의 마지막 작품 속으로 초대한 것일까.

그렇다. 이 작품은 분명 그의 마지막으로 선택되었다. 일각에서는 영화 공개 후 정치적 논란에 피로를 느낀 미야자키 하야오가 어쩔 수 없이 은퇴라는 강수를 둔 것이 아닌지 추측한다. 하지만 여론에 떠밀린 즉흥적인 판단으로 보기엔 〈바람이 분다〉가 취하고 있는 모순적 태도를 쉬이 납득하기 힘들다. 일관되게 파시즘을 경멸하던 사람이 어느 날 갑자기 전쟁을 찬양하는 전체주의자가 될 리 없지 않는가. 결론부터 말하자면 〈바람이 분다〉 역시 사람과 사랑, 그리고 꿈을 담아낸 전형적인 지브리 애니메이션의 틀 안에 있다. 하지만 굳이 2차 세계대전에 일조한 사람(비록 적극적 동조가 아니며 결과론이라 할지라도)을 그 대상으로 삼은 순간 심각한 자기모순에 빠진다. 〈바람이 분다〉를 비난하는 일각에서는 이 점을 지적하며 미야자키 하야오가 판타지의 세계로 도피했다고 말한다. 여기서부터 조금 다르게 접근해 보자. 〈바람이 분다〉는 이와 같은 자기모순으로부터 출발하기에 가치 있는 영화다.

〈바람이 분다〉는 그간 선보였던 미야자키 월드의 결정판이라 할만하다. 다른 작품에 비해 빼어나다거나 미야자키 감독의 일관된 주제의식이 결집되었다는 의미는 아니다. 단순히 작품이 미치는 파급력, 관객의 감정이입과 동기부여

차원에서 볼 땐 그의 필모그래피 중 범작을 벗어나진 못한
다. 그러나 〈바람이 분다〉에는 그 이상의 울렁임, 일견 광신
이라 부를만한 격한 감정이 깃들어 있다. 그의 다른 작품에
서는 좀처럼 발견하기 힘든 격정이다. 이 에너지는 내부적
모순을 처리하는 과정에서 나온다. 〈바람이 분다〉는 자연인
미야자키 하야오와 닮았다. 정치적 논란에서 한 발짝 벗어
나 바라보면 이 작품은 미야자키 하야오의 일대기가 아닌가
싶을 만큼 그의 여정과 겹쳐있다. 다만 그것이 작품 속 메시
지로 직접 발현되는 것이 아니라 호리코시 지로라는 인물을
대하는 태도, 그를 구성하는 형식을 통해 묻어난다는 점에
주목할 필요가 있다.


## 그의 시선은 아름다움을 향했다

영화 속 호리코시 지로는 옆을 볼 줄 모르는 사람이다.
그는 좀처럼 상대의 눈을 보지 않는다. 밥을 먹을 때도 친구
와 이야기를 나눌 때도 그의 시선은 언제나 책을 향해있다.
정확히는 책 너머 꿈이라는 이름의 미래를 응시하고 있다.
그의 시력이 좋지 않은 것은 어쩌면 현실에 맺혀있지 않은
초점에 대한 비유일지도 모른다. 영화는 그가 왜 하늘을 날
고 싶은지, 비행기를 만들고 싶은지에 대해 구체적인 설명
을 하지 않는다. 하늘이 거기 있고 그는 비행기를 띄우고 싶

다. 그게 전부다. 이기심이라 불러 마땅한 이 순수한 욕심은 당위의 영역에 있고 자신의 모든 것을 던지고 오직 그것만을 향해 매진했을 때에야 겨우 성취된다. 그만큼 무모한 꿈이다. 단적으로 표현하자면 이 작품은 꿈을 좇는 한 사람의 뒷모습에 관한 영화다.

호리코시 지로도 그것을 알고 있다. 그래서 그는 처음부터 끝까지 한시도 쉬지 않고 온몸을 불태운다. 아내가 아파도 사상범으로 오해받아도 지진이 일어나도 기계처럼 설계와 계산을 멈추지 않는다. 하늘을 동경하는 호리코시 지로에겐 꿈 이외에는 모두 부수적인 것에 불과하며 그래서 순수하다. 달리 말하자면 무지하다. 이것은 미야자키가 오랜 시간 고민해 온 삶의 태도, 혹은 미의식에 대한 대답처럼 보인다. 〈바람이 분다〉를 향한 비판의 대부분은 이 영화가 시대의 아픔을 읽지 못하고 있다고 지적한다. 분명 "파시스트로 살 바엔 돼지가 되는 게 낫다"라며 결기에 찬 선택을 감행했던 〈붉은 돼지〉(2003)에 비해 이 영화는 미온적이다. 아니 선택 자체에서 시선을 돌린다.

호리코시 지로를 둘러싼 환경은 전쟁 중임에도 언제나 유복하다. 한국인들을 강제 노동시키며 무기를 생산하는 기업 미쓰비시는 마치 꿈을 좇는 대학 동아리처럼 그려져 있고, 지로는 적어도 먹고사는 문제에서는 자유로워 보인다. 때문에 보는 관점에 따라선 호리코시 지로가 자신이 서있는 현실이 어떤 희생을 통해 이루어지고 있는지를 전혀 보지 못하는 몰역사적인 인물처럼 보인다. 분명 일정 부분 그런 면이 있다. 만약 〈바람이 분다〉가 당시 일본의 어떤 지점을 미화하고 있다면 역사적 책임을 망각하고 있기 때문이 아니라 꿈에 몰두하여 주위를 돌아보지 않는 사람의 이야기를 빌어 철저히 개인적 차원에 멈춰있기 때문이다.

그러나 영화가 노골적으로 당시를 살아갔던 사람들에게 면죄부를 주려 하느냐, 하면 결코 그렇지 않다. 〈바람이 분다〉는 역대 지브리 영화 중 '아름답다'는 표현이 가장 많이 나오는 영화다. 지로는 무언가에 빠지는 순간 '아름답다'는 표현으로 자신의 심정을 대신한다. 그에게 세상은 아름다운 것과 아름답지 않은 것으로 나눠져 있는 듯하다. 사랑하는 여인은 아름답다. 창공을 나는 비행기는 아름답다. 바람을 잘 받도록 휘어져 있는 곡선은 아름답다. 비행기 프레임이 떠오르는 생선 뼈는 아름답다. 하지만 그것이 모든 죄의식, 책임감, 시대의 아픔을 아름답다는 말로 치환시켜 버리는 것과는 다소 차이가 있다.

수시로 드러나지는 않지만 호리코시 지로 역시 현실의 아픔을, 당시 일본의 상황을, 배고픔을 모르는 인물이 아니다. 관동대지진 한복판에서 사람을 구할 만큼 인간애를 지니고 있다. 다만 그는 꿈을 위해 모든 것을 희생시킬 만큼 용감한 인물이다. 시대의 모순을 알면서, 일본이 이기지 못할 것을 알면서, 자신의 연구가 전쟁에 활용될 것을 알면서 멈출 수 없는 열정에 몸을 던진다. 그는 여기에 대해 어떤 변명도 하지 않는다. 최후의 순간 제로센의 탄생을 지켜본 그가 꿈속에 자신의 우상 조반니 카프로니와 문답을 나누는 장면에서 그는 "우리들의 꿈의 장소에 도착한 것을 환영한다"라는 그의 말에 "이곳이 지옥"이라고 화답한다. 카프로니 역시 "비슷한 거지"라며 자조한다. 여기서 지워지는 것은 역사의식이나 시대정신이 아니다. 지극히 개인적인 선택의 문제다. 그는 아름다운 것들을 위해 상대적으로 덜 아름다운 것들을 포기한 배덕자다. 그렇다. 여기엔 배덕자라고 불려도 상관없다는 결기가 자리한다. 자신의 이기심, 욕망을 직시하고 어떤 비난과 도덕적 대의명분에도 흔들리지 않은 채 묵묵히 자기 길을 가는 사람. 미야자키 하야오는 늘 그래왔다. 그가 즐겨 했던 말처럼 "마음의 갈증이 뜻을 이루게 한다."

'아름답다'는 말은 알다[知], 안다[抱], 연대한다[私]는 의미를 품고 있다. 나를 알고 상대를 인정하며 함께하는 것이야말로 아름다움의 참모습이다. 미야자키는 젊은 시절 비행기 군수공장장이었던 아버지께 "왜 전쟁에 반대하지 않았느냐"라는 질문을 하지 못했던 것이 앙금처럼 쌓여있었다고 한다. "전쟁을 이용해 돈을 버는 아버지를 아들로서 이해할 수 없어, 일일이 어린 생각으로 맞서왔지만 이 나이라면 솔직한 마음으로, 앉음새를 바로 하고 부모님이 어떻게 살아왔는지 들을 수 있지 않을까. 후회하고 있는 것은 아니지만 부모의 문제는 그저 부모의 문제라고 간과했다는 생각이 든다. 부모도 어리석었지만 아이도 어리석었다." 미야자키의 세계는 서로의 타고난 모양을 인정하고 품어주는 아나키즘을 바탕에 깔고 있다. 그가 파시즘을 혐오하는 것은 그것이 개인의 선택을 제한하기 때문이지 거창한 정치적 목적을 지니고 있는 것이 아니다. 무리 짓고 목적을 설정하는 자들은 부패한다. 〈원령공주〉(1997), 〈센과 치히로의 행방불명〉(2001), 〈하울의 움직이는 성〉(2004)에서 공통적으로 드러난 것은 선악이 없는 균형 감각, 상대의 입장에서 생각해 보는 여유, 그리고 그것을 강요하지 않는 태도다. 〈바람이 분다〉는 그것을 극단적으로 실행한다. 하늘과 비행기라는 미야자키 하야오 개인의 꿈에 빗대어서 말이다.

### 마지막 판타지를 꿈꾸다

호리코시 지로는 말이 많은 사람이 아니다. 그의 속마음은 꿈속에서 종종 드러날 뿐 여동생의 투정처럼 일상생활에서는 무뚝뚝하고 주위를 살피지 못한다. 그가 수다스러워지는 것은 오직 꿈속에서 이탈리아의 비행기 설계사 지아니 카프로니를 만나는 순간뿐이다. 그는 오직 꿈속에서만 자유롭다. 스스로 정당하지 못함을 알기 때문이다. 적어도 그는 자신의 꿈을 위해 희생된 것들이 무엇인지, 그 가치를 알고 있다. 다만 그는 자신의 꿈을 배신하지 않는다. 그렇기에 그는 오직 꿈속에서만 자유롭다. 호리코시 지로가 잠시 쉬러 간 별장, 현실에서 한 발짝 떨어진 듯한 그곳에서 그는 잠시 안식을 허락받는다. 그곳에서 나오코를 재회한다는 것은 비행이란 목표에 비하자면 한순간의 꿈결이라는 의미와 진배 없다. 호텔에서 만난 독일인 카스트로프는 소설《마의 산》을 계속 이야기한다. 카스트로프라는 이름 자체가《마의 산》의 주인공 아닌가. 지로에겐 다른 이들이 발붙이고 살아가는 현실이 꿈이고 비행기를 만든다는 꿈이 현실인 셈이다.

미야자키 하야오 역시 다를 바 없다. 그는 3D 애니메이션이 대세가 된 지금도 어린 시절의 꿈을 좇아 2D 극장판 애니메이션을 만든다. 이는 사실 '지브리'라는 이름이 있기에 가능한 일이다. 지브리를 제외하곤 오늘날 일본 영화계에서 극장판 애니메이션만을 고집한다는 건 그야말로 '현실적으로' 불가능하다. 그럼에도 그는 극장판 애니메이션을, 그것도 2D의 질감으로 꿋꿋이 만들어왔다. 어떤 의미에서 '지브리' 자체가 미야자키 하야오가 꾸는 꿈인지도 모른다. 우리는 그 꿈과 연결되어 그 시절의 향수, 그리움, 포근함을 맛보고 있다. 그리고 이제 꿈은 끝났다.

미야자키 하야오는 〈바람이 분다〉 제작발표회에서 "판타지를 만들기 어려운 시대에 와있고, 그래서 판타지가 아닌 현실의 시대에 살고 있는 인간을 만들고 싶었다"라고 밝혔다. 역설적으로 그래서 그의 마지막 작품은 그 어떤 영화보다 판타지적이다. 호리코시 지로는 미야카지 하야오가 미처 꾸지 못했던 꿈이자 자신의 삶을 비춘 거울이며, 아직까지 꿈꿀 수 있는 인간들을 위한 아름답고 잔혹한 변명이다. 차가운 바람이 분다. 꿈에서 깨어나야 할 시간이 왔다. 그래도 살아야 한다. 미야자키 하야오는 단지 이 말을 하고 싶었던 건지도 모른다.

# 그 감정이 거기에 있다

홍상수 초심자가
홍상수 초심자를 위해 쓴 가이드

나는 홍상수 영화 초심자다. 홍상수 감독의 전작들을 다 외우지도 못하고 순서대로 보지도 않았기에 그의 영화 세계가 어떤 경로로 변해왔는지 정확히 기억하지 못한다. 뇌리에 희미하게 남아있는 건 몇몇 인상적인 대사와 장면들 정도인데, 그마저도 남들에게 설명할라치면 영화들끼리 적당히 서로 뒤섞여 엉망진창이 된다. 덕분에 꽤 오랫동안 나는 '홍상수 영화는 거의 비슷해'라는 자기변명 속에 있었다. 두려움도 있었다. 홍상수 영화에 대한 평자들의 반응은 대개 두 가지 정도가 아닐까 싶다. 덮어놓고 칭찬하거나, 외면하거나. 그의 영화만큼 언어로 옮기기 난감한 텍스트도 드물다.

홍상수에 대한 격찬은 넘치되 길게 설명하는 글은 드문 것도 비슷한 맥락이라 짐작한다. 어느새 홍상수는 영화적 식견을 판단하는 지표가 되어있다. 이 앞에서 솔직하게 자신의 무지를 드러내기란 쉽지 않은 일이다. 하지만 〈밤의 해변에서 혼자〉(2017, 이하 〈밤의 해변〉)를 보고 그렇게 하고 싶어졌다. 그간 내가 홍상수 영화에 대해 받은 인상을 한 단어로 옮긴다면 영화 앞에서의 '정직함'이다. 이번 영화를 통해 그 앞에 수식어를 하나 더 붙이고 싶어졌다. 홍상수의 열아홉 번째 장편 〈밤의 해변〉은 '치열하게 정직하고자 한' 결과물이다. 월트 휘트먼의 시에서 따왔다는 제목 그대로 아무것도 보이지 않는 밤의 해변에 혼자 서있는 심정이 영희(김민희)라는 은유를 거쳐 형상화된다. 이 영화가 정직하다면 그것은 현실 반영에 대한 부분이 아니라 오직 주어진 것을 외면하지 않으려는 삶에, 혹은 연출의 태도에 관한 것이다. 나도 그렇게 하기로 했다. 깜깜한 영화의 해변에서, 홍상수의 전작들에 대한 두려움을 지우고, 초심자의 마음가짐으로 보이는 것만을 가지고 적극적인 오독을 해나가려 한다.


### '홍상수 영화'라는 덩어리

몇 가지 전제를 깔아둘 필요가 있다. 이것은 홍상수 영화로 진입하기 위해 내가 애용하는 접근 통로들이다. 우리가 일상에서 쓰는 단어의 쓰임과 홍상수 영화를 둘러싼 말들의 사용은 다소 차이가 있다. 그래서 종종 오해받기도 하는데 일단 간단한 착시를 걷어낼 필요가 있다. 먼저 물어야 한다.

당신이 정의하는 '홍상수 영화'는 무엇인가. 표면적으로는 홍상수라는 감독이 연출한 영화를 지칭한다. 이렇게 말하면 내면적으로는 다른 의미가 있을 것 같다. 흔히 비슷한 분위기의 영화를 두고 '홍상수 영화 같다'고 묘사한다면 홍상수 영화에서 반복되는 스타일을 떠올릴 것이다.

하지만 홍상수 영화는 특정 스타일에 고정되지 않는다. 형식은 매번 바뀔 수 있고, 한 영화 안에서도 수시로 변주된다. 차라리 영화를 대하는 태도에 대한 문제라고 해두는 편이 적절할 것 같다. 복잡하게 생각할 필요 없다. 홍상수 영화는 홍상수가 만든 영화다. 그게 전부다. 다만 홍상수라는 개인과 영화라는 질료가 분리되지 않는다는 점이 여타 내러티브 영화들과 구분된다. 이미지, 사운드, 배우의 연기 등 영화의 요소들은 대개 몇 가지 원칙하에 특정 방향을 향한다. 대부분 그것은 이야기(서사)를 위해 봉사한다. 우리는 이야기를 옮긴 화면을 보고 다시 정해진 순서에 따라 이야기로 조립한다. 말하자면 대개 영화를 본다는 건 영상과 사운드라는 형식을 통해 이야기를 전달받는 과정이다.

홍상수의 경우엔 조금 다르게 받아들이는 것 같다. 그는 애초에 이야기가 결정되지 않은 상태에서 영화를 출발시킨다. 영화와 홍상수 사이에는 커다란 방향(그것도 본인만이 아는)이 있을 뿐이다. 그는 배우와 함께 현장에 가서 그날의 상황을 보고 장면을 자아낸다. 정확히 구분하자. 이야기를 쓰는 게 아니라 장면을 조형하는 것이다. 배우의 대응, 그날 날씨가 바뀌면 영화도 다른 결과를 뽑아낼 수밖에 없다. 이 것은 조립이라기보다는 덩어리 그 자체다. 흔히 영화는 현실을 반영한다고 하는데, 이는 정확한 표현이 아닌 것 같다. 나는 홍상수 영화가 현실에 반응한 결과물이라 생각한다. 이것은 홍상수라는 창작자와 그때 그 순간 만들어진 장면 사이에만 존재하는 유일하고 일회적인 반응이다. 우리가 그의 영화를 온전히 이해하는 일이 본질적으로 불가능한 이유가 여기에 있다. "지금 우리가 이렇게 물통을 주고받으며 그 물맛에 관해 말할 순 있지만 몇 년을 설명한다고 해서 그 물맛을 알 수는 없을 것"이라 했던 어느 외국 대학에서의 발언은 자신의 본질을 정확히 고백하고 있다.

화면 너머에 무언가가 있다. 하지만 설명을 하려는 순간 그것은 사라져 버린다. 홍상수는 해체할 수 없는 덩어리의 형태로 자신의 반응을 발산한다. 요컨대 홍상수 영화란 언어가 담아내지 못하는 어떤 감흥들을 구현한 물질들이다. 이것은 일차적으로는 홍상수의 반응이다. 그리고 우리는 그 반응의 결과물인 화면을 보고 각자의 반응을 뽑아낸다. 내러티브 영화들이 '이야기-장면-이야기'의 과정을 따른다면 홍상수 영화는 '반응-장면-반응'의 연쇄로 이어져 있다고 볼 수 있다. 따라서 홍상수 영화를 보고 모두 같은 감흥을 얻는 건 애초에 불가능한 일이다. 그의 영화는 처음부터 해석의 간격을 전제로 덩어리져 있기 때문이다.

물론 한없이 유사하게 느껴질 수는 있다. 다만 그것은 우리가 '사랑' 혹은 '고독'이라는 단어를 들었을 때 각자 머릿속으로 다른 그림을 그리되 의사소통은 할 수 있는 정도의 최소한의 겹침에 불과하다. '비슷하다'라는 말은 홍상수 영화를 관통하는 언어 중 하나다. 결론부터 말하자면 그는 반복을 통해 차이를 드러내는 것으로 영화와 현실의 틈을 벌려왔다. 시간의 흐름을 꼬아놓는다든지, 꿈과 현실을 겹쳐놓는다든지, 보이스오버 내레이션을 통해 타인의 내면을 서술하는 방식은 모두 유사한 것들을 통해 다른 지점을 드러내려는 시도에서 출발한다. 그래서 홍상수 영화를 보고 기시감이 일어나는 건 당연한 일이다. 그의 영화는 자신의 전작들을 닮았고, 자신의 삶이 묻어있으며, 종국에는 현실에서 영화라는 물질이 뻗어 나오도록 유도한다. 하지만 현실을 닮았다는 건 본질적으로 현실과 다르다는 뜻이기도 하다. 홍상수 영화에 대한 논의는 여기서부터 출발해야 한다.

홍상수 영화는 홍상수의 영화(소유격)이자 '홍상수 영화'라는 덩어리진 고유 명사다. 당연히 홍상수가 바뀌면 영화도 바뀌고 스타일도 바뀐다. 그 누구도 변하지 않는 사람은 없다. 아니 시시각각 감정이 바뀔 뿐만 아니라 세계를 해석하는 시점 역시 서있는 위치에 따라 바뀌기 마련이다. 지금 또, 홍상수는 바뀌었다. 그 변화의 궤적을 좇아가는 게 누군가의 일기를 읽는 것 이상의 의미가 있을까. 〈밤의 해변〉에 대한 가장 정확한 통로는 "사랑을 하게 되었고, 그 후, 제 속에서 확실해지고 명료해진 것들이 있었습니다"*가 아닐까 싶다. 우리가 온전히 주목해야 할 것은 홍상수의 스타일, 연출의 변화 등이 아니라 그저 '지금 당신이 목격하고 있는 것은 무엇인가'이다.

### '아는 만큼 보인다'와 '몰라야 더 잘 보인다'

지금도 선명히 기억하는 장면이 하나 있다. 〈하하하〉(2010)에서 "아는 만큼 보인다"라는 성옥(문소리)의 말에 문경(김상경)은 "몰라야 더 잘 보이던데"라며 이죽거린다. 서로의 신경을 긁는 두 인물의 관계가 재미있기도 했지만 그들이 나눈 대화 자체가 가슴 언저리 어딘가에 꽂혔다. 처음엔 재치 있는 농담이라 생각했다. 영화가 끝난 뒤엔 조금 씁쓸해졌고 한참이 흐르고 난 후 부끄러움이 차올랐다. 아마도 그 장면이 그토록 오래 내게 들러붙어 있었던 까닭은 어떤 기시감 때문이었을 것이다. 언젠가 실제로 내가 누군가와 주고받았던 대화와 겹쳐 보였기에 남 일 같지 않았다.

홍상수의 영화가 사실적인 감흥을 만들어내는 방식이 대

---

* 《매거진M》, 홍상수 "그것이 정말 사랑이라면…", 장성란, 2017. 3. 23.

개 그렇다. 주변에서 보고 들은 이야기로부터 출발한 장면
들은 쉽게 현실과 겹친다. 삶의 조각들이 묻어있다고 해도
좋겠다. 하지만 현실과 영화가 아무리 정밀하게 포개져도
둘은 근본적으로 다르다는 점을 잊어선 안 된다. 홍상수 영
화가 단순히 자신의 감상을 옮긴 일기에 그치지 않는 이유
가 여기에 있다. 홍상수가 지극히 개인적인 감흥을 옮기는
방식은 지극히 영화적이다. 삶의 부스러기를 철저히 긁어모
으는 방식은 종종 그의 영화를 관객 각자, 혹은 창작자의 현
실과 겹쳐 보이도록 착시를 일으킨다. 정한석 평론가의 말
을 빌리자면 "세계의 비결정적 상태를 체험케 하는 소박한
물질적 리얼리티의 왕성함"이라 할 수 있겠다.

　하지만 우리는 이것이 다큐멘터리가 아니란 사실을 알고
있다. 홍상수 영화는 스스로 영화라는 사실을 감추지 않는
다. 홍상수 영화의 트레이드 마크처럼 인용되는 급격한 줌
인과 줌아웃은 여러 가지 효과나 의도가 있겠지만, 내게는
'이건 영화입니다'라는 선언처럼 보인다. 화가가 자신의 붓
터치를 감추지 않는 것처럼 홍상수는 카메라의 존재를 숨기
지 않는다. 봉봉카페에서 이야기를 나누고 있는 영희와 명
수(정재영)를 찍던 카메라가 갑자기 옆으로 고개를 돌려 창밖
을 바라볼 때 우리는 무엇을 보아야 하는가. 이 순간 카메라
를 돌려야 했던 것은 홍상수 감독에겐 필연일 것이다.

　하지만 여기에 의미를 부여하는 건 관객의 몫이다. 이것

은 사랑, 고독 같은 추상적인 단어를 각자의 경험에 빗대어 해석하는 과정과 별반 다를 바 없다. 창작자에겐 반드시 필요했던 움직임이었겠지만 관객을 향해선 완벽하게 열려있다. 순수하게 내가 받은 느낌만을 이야기한다면, 나는 그 잉여로운 장면들이 삶의 사이 조각난 시간을 바라보는 시선과 닮았다고 생각했다. 눈앞에 상대를 응시하면서도 문득 고개를 돌리고 싶어지는 시간들 말이다. 홍상수 영화에는 그런 잉여로운 시간들이 곳곳에 박혀있다. 이번 영화에선 유독 문밖에서 누군가를 기다리고 있는 시간이 길다. 화장실에 들어간 영희를 문밖에서 기다리는 '카메라를 보며' 누군가를 기다리는 시간이 깃들어 있다고 느꼈다면 억지일까.

잘못 쓴 게 아니다. 나는 카메라를 본다. 내가 보는 것은 매우 사실적으로 재현된 장면인 동시에 그것을 재현하고 있는 카메라다. 양립할 수 없는 어떤 것들을 동시에 목격할 수 있다는 것이 홍상수 영화의 즐거움이다. 물질적 리얼리티의 왕성함을 보면서도, 그것을 부정하는 카메라의 운동을 본다. 〈강원도의 힘〉(1998)을 만들고 난 뒤 "보이는 것을 믿는다"라던 홍상수가 보이지 않는 감정들을 만지고 있는 걸 본다. 1부에서 검은 옷의 남자가 들쳐 메고 사라졌던 영희가 2부에서 극장에 앉아있는 걸 본다. 강릉의 펜션에서 열심히 창문을 닦고 있지만 영화 속 인물들은 아무도 보지 못하는 검은 옷의 남자를 본다. 그간 홍상수 영화에서 이토록 비현실적이며 유령 같은 인물이 실체를 지닌 채 화면을 활보하는 걸 본 적이 없다. 홍상수 감독은 "왜 그런 인물이 나오는지 설명할 수도 없고, 해서도 안 된다고 생각합니다"라고 멀찌감치 앉아있지만 이렇게 노골적인 상징에 대해선 의미를 부여하고 싶은 게 인지상정이다. 어떤 해석도 가능하다. 영희를 데리고 사라진다는 점, 1부와 2부 사이에 시간대가 벌어져 있다는 점에서 죽음으로 해석하는 이도 있고, 홍상수 감독 스스로가 형상화되어 영화 속에 침투한 것이라 말하는 사람도 있다. 어떤 해석도 그럴듯하고 말이 된다. 원래 상징이란 게 그런 식으로 열려있는 법이다. 흥미로운 건 하나의 해석을 따른다고 해서 다른 해석을 거부하는 게 아니라는 점이다.

내러티브 영화는 차례로 정리된 하나의 길을 따른다. 갈림길이 나오면 선택을 해야 한다. 옳고 그름, 양자택일의 문제다. 하지만 홍상수 영화는 장면 자체는 해체 불가능할 정도로 단단한 데 반해 장면 사이의 연결은 느슨하다. 어떤 방향으로 연결해도 말이 된다. 다시 말해 "아는 만큼 보인다"와 "몰라야 더 잘 보인다"가 양립한다.

〈밤의 해변〉의 인물들은 갈림길에서 하나를 취하지 않는다. 영희는 자신을 찾아올 감독을 기다리지만 한편으론 기다리지 않는다. 준희(송선미)의 말에 따르면, 도희(박예주)를 만나 확 늙어버렸다는 명수는 술자리에서 곧잘 흥을 타고 도희의 입맞춤을 거부하지 않는다. 이러지도 못하고 저러지도 못한다고 말할 수도 있을 것이다. 내겐 이렇기도 하고 저렇기도 한 것으로 보였다.

현실에서의 시간이란 동시에 여러 감정과 생각, 심지어 과거와 현재, 미래가 겹칠 수도 있다. 시간은 점이 아니라 흐름이다. 봉봉카페 앞에서 담배를 피우는 영희의 모습은 이 영화에서 가장 영화적이면서 사실적인 장면이다. 선배를 기다린다는 물리적인 시간이 있고, 동시에 아마도 오지 않을 그 사람을 기다리고 있는 시간(마음)이 있다. 흥얼거리는 노래 가사에 슬쩍 마음을 싣는 것처럼 보이지만 실은 아무 생각이 없을지도 모른다. 중요한 건 그 장면에 담긴 시간이다. 종종 영화는 시간을 담는다는 말을 관용어처럼 내뱉곤 하지만 이렇게 정확하게 시간을 형상화하는 장면을 본 적이 없다. 앞뒤 맥락을 다 생략하고 이 장면만으로도 영화가 된다. 점에서 점으로 시간을 연결하지 않았기 때문이다. 그저 이 장면이 시간이자 반응이며 영화의 물질적인 흔적으로 남는다.

### 눈앞에 보이는 것으로 존재하는 영화

〈밤의 해변〉은 어떻게 하겠다는 지향을 내비치지 않음으로써 중첩된 감정들을 한 화면에 겹겹이 포개어놓는다. 이것을 (필름에 의해) 정지된 시간에 대한 적극적인 저항으로 봐야 할까. 물론 방향키를 잡는 건 결국 관객이다. 영희가 영어로 끊임없이 "배고프다"라고 말할 때 그것이 진짜 배가 고프다는 것인지 영혼의 허기를 말하는 것인지 우리는 알 수 없다. 거기에 외로움이란 감상을 덧씌우는 것은 오로지 관객의 해석에 의해서 결정된다. 그렇다면 굳이 검은 옷의 남자가 누구인지 정해놓고 볼 필요도 없을 것 같다. 그는 어떨 땐 죽음, 어떨 땐 감독의 화신, 어떤 장소에선 그저 창문을 닦는 남자이기도 하다. 동시에 모든 것이 될 수도 있고 아무것도 아니기도 하다. 하나를 취해서 설명하는 순간 영화는 편편해진다. 홍상수 영화는 현실의 틈을 비집고 들어가 어떻게든 벌리려 시도한다. 이 영화의 부피를 무한대로 열 것인지, 납작하게 받아들일 것인지는 당신에게 달렸다.

여기 두 가지 운동이 있다. 하나는 앞으로 나아가려 하고 하나는 이 자리에 머물려 한다. 1부에서 다리를 건너기 직전 영희는 갑자기 멈춘 후 절을 하고 지영(서영화)은 앞으로 나아간다. 다리를 사이에 둔 두 여인의 거리가 현실과 영화 사이의 거리처럼 느껴졌다. 〈밤의 해변〉은 전진하는 것과 멈추려는 것이 팽팽하게 서로를 당기고 있는 영화다. 그 틈새에서 영화라는 이름으로 시간이 지속한다. 영희는 거창한 미래를 꿈꾸지도, 스스로를 연민하지도 않는다. 영화 안에는 수많은 말이 맴돌지만 결국 우리가 목격하는 건 최선을 다해 거기 오롯이 서서 생을 버티고 있는 영희의 모습이 전부다. 밤의 해변에서, 혹은 말의 바다에서 조용히 잠들 듯 누워있는 영희의 존재는 이 영화의 시작이자 끝이며 전부라 할만하다. 영희의 움직임이 하나의 리듬이 되고, 온전히 화면 가운데 버티고 선 그 모습이 곧 영화가 된다. 서로 다른 방향의 두 운동이 지속하는 한 모든 시퀀스를 잘라내어 따로 떨어뜨려 놓아도 각 장면은 독립된 영화로서 성립할 수 있다.

여기서 말하는 '영화'란 감독의 '감흥-장면'이 '물질-관객'의 반응으로 이어지는 연쇄반응의 결과물이다. 이들은 극장이라는 서로 다른 시간대에서 어떤 감정을 공유한다. 언어의 뭉툭한 표현을 빌리자면 '사랑 저편에 놓인 쓸쓸함' 정도일까. 두 가지 운동(혹은 시간)의 틈새에 무엇을 끼워 넣을 것인지는 장면을 마주한 관객 각자의 감흥에 달렸다. 그 거리야말로 홍상수가 꾸준히 유지해 왔으며 영화를 영화답게 만드는 관람(해석)의 거리다. 이 거리를 지우고 지나치게 밀접하면 영화는 현실인 척 위장하며 위험한 침투를 시작한다. 나는 어떤 방식으로든 그 거리를 유지하는 것이야말로 감독의 윤리라고 믿는다. 홍상수 영화가 아무리 현실과 겹쳐 보인다 해도 결국엔 현실과의 차이를 드러내는 이유이기도 하다.

여기서 한 가지 과잉 해석을 덧붙이고 싶다. 〈밤의 해변〉에는 유독 늙음에 대한 다양한 말들이 각기 다른 얼굴을 한 채 뭉쳐있다. 앙드레 바쟁이 언급한 사진적 영상의 존재, 그것이 거기에 있었음의 진실은 이미 화석이 된 지 오래다. 그럼에도 영화는, 사진은, 흐르는 시간을 멈추고 싶은 욕망(미이라 콤플렉스)을 벗어던지지 못했다. 욕망은 있되 길이 없다면 길을 만들어야 한다. 나는 '홍상수 영화'라는 덩어리가 그 길 중 하나라고 생각한다. '리얼리즘'이란 단어는 함부로 갖다 붙이기엔 너무 위험한 물건이다. 하지만 '그것이 거기에 있었음'을 증명하는 사진적 영상의 존재론은 홍상수에 이르러 '그 감정이 거기에 있었음'으로 변환된 것이 아닌가 싶다.

그 시간, 그 자리, 그 인물과 함께 느꼈던 유일무이한 감정이 있고, 그 순간이 해체할 수 없는 덩어리가 되어, 정지하지 않고, 흐른다. 정확히는 앞으로 나아가려는 움직임과 멈추려는 움직임이 공존한다. 우리는 두 움직임이 벌려놓은 틈새, 오솔길을 따라 그의 여정에 동행할 수 있다. 오직 영화로만 구현 가능한 유일무이한 형태. 설명되어서도 안 되고 설명할 수도 없는 덩어리. 영화는 눈앞에 보이는 것으로 존재하고, 진실은 각자의 마음속에서 보이지 않는 형상으로 발화한다. '홍상수 영화'는 그렇게 영화라는 이름의 시간(이른바 시간-이미지)을 만들어나간다. 이런 수사적인 표현을 썩 좋아하진 않지만 이렇게밖에 표현할 도리가 없다. 그렇게 영화가 되었다.

# 경외하길 멈추고 기억하기

## 〈미나리〉

"지금도 눈만 감으면 어둠 속에서 덜거덕거리며 달리던 마차 소리가 들리다가 다음 순간 그 소리는 모든 것을 지워 버리는 신기한 망각의 세계로 빠지고 만다. 그날 밤에 느꼈던 감정들은 너무도 생생해서 손만 뻗으면 어루만질 수 있을 정도였다. (중략) 이제 나는 바로 이 길이 우리를 다시 연결시켜 주고 있다는 것을 깨달았다. 우리가 잃어버린 것이 무엇이었든, 우리는 말로는 전달이 불가능한 그 소중한 과거를 함께 소유하고 있었다."

윌라 캐더의 소설 《나의 안토니아》의 마지막 문구를 읽고 기묘한 기분에 사로잡혔다. 전혀 다른 묘사, 다른 이야기임에도 정이삭 감독의 〈미나리〉(2021)의 몇몇 장면들이 눈앞에 떠올랐다. 아니, 이 문단을 통째로 가져와 영화의 에필로그 내레이션으로 쓴다고 해도 위화감이 없으리라. 정이삭 감독은 자전적 경험을 바탕으로 쓴 소설 《나의 안토니아》를 읽고 자신의 이야기를 영화로 만들기로 결심했다고 인터뷰에서 여러 차례 밝혔다. 작가 윌라 캐더가 '경외하길 멈추고 기억하길 시작하면서부터' 글을 쓰기 시작했다는 말이 자신을 일깨웠다고 했다. 다른 시대, 다른 경험을 바탕으로 한 두 작품의 잔상이 닮았다고 느껴지는 이유는 경외와 기억, 두 단어 사이에 놓인 간극에서 발견할 수 있을 것이다.

〈미나리〉는 감독의 자전적 체험을 재료로 지은 집이다. 꽤 많은 에피소드가 실제 있었던 일을 바탕으로 각색됐다. 〈미나리〉에 대한 호평 중 상당수가 영화의 사실성, 생생함을 꼽는 반응이 적지 않고 어떤 경우엔 거의 사적 다큐멘터리처럼 인식하기도 한다. 하지만 〈미나리〉는 개인적 체험을 담담하게, 차례대로 서술하는 종류의 영화가 아니다. 차라리 과하다 싶을 정도로 철저하게 의미를 구조화해 쌓아 올린 유리의 성에 가깝다. 재료는 실제 경험을 바탕으로 했을지 몰라도 그걸 집으로 건축한 방식은 실로 의식적이고 투명하다. 미국 사회와 계급성, 이민의 기억 등을 상징적으로 배치한, 말 그대로 시대를 투사한 조감도라 불러도 좋겠다.

영화가 시대를 투사하는 건 당연한 일이다. 〈미나리〉가 흥미로운 건 그리하여 도달하는 시대가 영화의 배경이 되는 1980년대가 아니라는 점이다. 〈미나리〉는 오늘의 미국을 말한다. 정확히는 오늘의 미국이 어떤 폐허 위에 지어졌는지,

지금의 미국이 왜 분열하는지, 누군가의 삶이 어떻게 쓰레기가 되어가는지 기원을 거슬러 올라간다. 비록 그것이 애초에 영화의 목적이 아니었을지라도 결과적으로 그렇게 된다. 목적과 결과 사이의 괴리. 혹은 발신자와 수신자 사이의 거리. 〈미나리〉는 수신자가 어디에 서있느냐에 따라 각기 다른 목적지에 도달하는 영화다. 경험을 이야기로 바꾸기 위해선 딱 세 개의 점이 필요하다. 시작점과 끝점, 그리고 흔히 절정이라고 말하는 중심점. 이 글에서는 세 개의 점, 세 가지 장면을 통해 시선의 주체를 가늠해 보려 한다.

**과거를 소환하는 방식에 대하여**

제이콥(스티브 연)과 모니카(한예리)가 아칸소에 당도하는 첫 장면부터 영화는 분리된 시선을 드러낸다. 인적이 없는 광활한 땅은 제이콥에게 새 출발을 할 수 있는 기회이고, 심장이 좋지 않은 아들이 걱정되는 모니카에겐 불안이며, 어린 데이빗(앨런 김)에겐 아직 아무런 사건도 아니다. 이주하는 차 안에서 서로 다른 입장과 감정을 한 장면에 담아내면서도 영화가 평등하게 유지하는 것은 넓고 푸른 초원, 자연의 이미지다. 이것은 1980년대의 시골 풍경인 동시에 미국이 건국된 이후부터 무수히 반복해 온 이미지, 개척의 첫 삽에 관한 풍경이다. 감독이 직접 언급하기도 했지만 〈미나리〉

는 서부극의 영향을 이어받았다. 아니, 그 정도가 아니라 이 영화의 등뼈는 그야말로 초기 서부극의 현재적 재현이다. 아무것도 없는 미지의 땅에 정착하여 터전을 꾸리는 이야기. 그렇게 영화는 적대적인 인물이 등장하지 않는 (혹은 생략된) 탓에 (현실에선 성립하기 힘든) 일종의 무균지대를 형성한다.

제이콥 가족의 정체성은 두 개의 카테고리 아래 놓인다. 이민자, 그리고 농부다. 표면적으로 〈미나리〉는 아시아계 이주민의 이야기로 받아들여지겠지만 영화에서 이민자로서의 갈등은 사실 대부분 생략되어 있다. 아칸소 지역 주민들과 직접적인 갈등을 겪거나 문화 차이로 주류 사회로부터 밀려나는 순간은 적어도 직접 재현되지 않는다. 제이콥과 모니카는 아메리칸드림을 찾아 미국에 건너왔고, 모종의 이유로 실패한 정황이 에둘러 제시될 뿐이다. 그 결과 데이빗 가족은 한인 커뮤니티로부터 최대한 거리를 두고 1980년이라는 시대적 좌표로부터 자유를 얻는다. 스스로 고립된 가족은 아무도 없는 자연 속으로 들어감으로써 〈결혼 피로연〉(1993)처럼 이민의 기억을 다루는 영화들이 흔히 마주하는 문화적인 갈등으로부터 격리를 선택한다. 대신 이들에게 주어진 건 첫 삽을 든 개척민으로서의 도전과 고난이다.

그 첫 번째 결정적 장면으로 제이콥이 직접 우물을 파는 순간을 꼽겠다. 제이콥은 수맥을 찾아주는 사람을 믿지 않고, 정확히는 그 비용을 아까워하면서 스스로 물길을 찾는다. 1980년대와는 어울리지 않는 이 장면이 왜 필요했을까. 거슬러 올라가 제이콥은 왜 마지막 희망으로 농사를 택했나. 당시 미국의 가난한 소농민이 진짜로 그랬다든지, 감독의 실제 경험에 근거했다는 이유들은 잠시 미뤄두자. 주목해야 할 것은 왜 하필 지금, 그것이 선택되었는지의 문제다. 〈미나리〉가 택한 농민의 삶은 표면적으로 개척 시대의 고난과 향수를 자극한다. 모종의 이유로 마을 커뮤니티 바깥을 배회하는 폴(윌 패튼)과 제이콥이 서로 협력하고 벽을 낮춰가는 과정은 미국의 모든 아웃사이더들에게 적용된다. 요컨대 제이콥 가족의 고군분투는 비단 과거의 재현이 아니라 현재진행형의 사건을 환기시키는 촉매라 할만하다.

우물 찾기에 실패한 제이콥은 수도세를 감당하지 못하고 결국 수맥을 찾는 다우징 로드에 의지한다. 그것이 합리적이기 때문이 아니다. 그걸 선택할 수밖에 없는 처지에 놓였기 때문이다. 모니카가 독실하게 믿는 종교도 마찬가지다. 어머니 순자가 쓰러졌을 때 이들 가족은 어머니를 병원에 오래 모시는 대신 집으로 데려와 종교의 힘에 의지한다. 폴과 공유하는, 일견 광신적인 방식의 믿음은 그렇게 할 수밖에 없는 곳까지 몰린 사람들의 처지를 역설적으로 드러낸다. 그리하여 제이콥이 농장을 개척하는 과정은 성공한 사람이 한때의 고난을 되돌아보는 회상적인 시선과는 사뭇 거리가 벌어진다. 제이콥이 언제 농장 경영에 성공하는지는 영화의 관심사가 아니다. 관객이 내내 목격하는 것은 제이콥과 가족을 둘러싼 적대적인 환경 그 자체이며 그것은 오늘날 미국의 가난한 소작농의 현실과 정확히 포개진다. 〈미나리〉는 러스트 벨트나 콘 벨트를 이루는 저소득층의 현재를 (단지 인종과 민족이라는 시차를 두고) 고스란히 반복하는 것이다.

사실 〈미나리〉의 국적을 따지는 건 그다지 생산적인 작업이 아니다. 우문현답으로 정이삭 감독이 말했듯, 혹은 영화의 역사 속 무수한 시네필이 답하듯 이것은 영화라는 국적 위에 서있는 공통의 체험이라고 빠져나갈 수도 있을 것이다. 하지만 이 영화의 뼈대를 관통하는 중심에 미국영화의 정체성이 자리하고 있음을 부정하긴 어렵다. 미국영화계가 〈미나리〉에 대한 호평을 이어가는 것은 비단 현재 트렌드 중 하나인 아시아계 이민자들의 역사를 다루기 때문만은 아니다. 오히려 그 역사를 쌓아나가는 방식이 철저히 서부극이 쌓아 올린 미국의 신화에 기초하고 있기 때문이다. 그리고 그 신화는 오늘날 아무것도 나아지지 않고 반복되는 불평등, 가난의 되물림 속에서 다시금 철저히 해체된다. 나는 〈미나리〉 주변에서 피, 석유, 종교라는 미국 신화의 기원을 탐색하고 해체했던 〈데어 윌 비 블러드〉(2008)의 흔적을 본다. 〈힐빌리의 노래〉(2020)가 미국 저소득층의 트라우마를 개인의 승리로 환원했다면, 〈미나리〉는 (정확히 반대로) 1980년 개인의 기억을 바탕으로 한 뼘도 나아지지 않은 현재 미국의 초상과 구조적 모순을 투사한다. 어쩌면 이것이야말로 〈미나리〉가 과거를 아름답게 추억하거나 경외하길 멈추고 기억하기 시작하면서 이뤄낸 성취일지도 모른다.

### 빈칸에 뿌리내린 '우리'의 서사

두 번째 결정적 장면은 이 영화의 엔딩이다. 첫 번째 장면의 수신인이 미국 관객이었다면 두 번째 장면의 수신인은 한국 관객이 아닐까 싶다. 〈미나리〉는 모든 것이 불탔던 밤 이후로 얼마나 시간이 흘렀는지 설명 없이 제시되는 아빠와 아들이 미나리를 함께 키우는 장면으로 문을 닫는다. 영화의 시작이 서부극과 같은 광야에 한 가족을 던져두는 것이었다면 영화의 끝은 가족의 미래를 관객의 상상 속에 던져놓는다. 제이콥 가족은 미나리를 키우며 잘 살았을까. 제이콥은 결국 농장을 정착시켜 꿈을 이뤘을까. 할머니는 다시 건강을 회복하여 가족과 끝까지 함께했을까. 알 길이 없다. 〈미나리〉는 사건의 결과를 제시하는 대신 미개척지에서의 정착이라는 한순간을 잘라서 과정에 동참시키기 때문이다. 이 영화의 엔딩이 드러낸 빈칸의 서사는 영화가 보편적인 '이야기'로 거듭나는 방식을 대표한다.

사회구조적 모순을 충돌시키고 사실적으로 드러내는 영화들과 달리 〈미나리〉는 어디까지나 선의로 감싸인 영화이며 장면과 장면 사이 낭만적 상상이 들어차 있다. 다만 이는 구조를 은폐하는 환상과는 다르다. 굳이 설명하자면 각자의 경험에 근거하여 빈칸을 메우는 작업에 가깝다. 〈미나리〉는 한 가족이 겪는 파란만장한 불행들을 인과관계로 강력하게 결속하는 대신 많은 공백을 남겨두고 몇 개의 점을 찍어나간다. 가령 제이콥과 모니카가 대도시에서 겪었던 일, 두 사람이 한국을 탈출하고 '서로가 서로의 구원이 되기 위해' 미국으로 건너온 이유, 순자가 한국에서 어떤 삶을 살았는지 등 인물들의 사연 대부분이 설명되지 않는다. 바로 이 빈칸이야말로 〈미나리〉를 보편타당한 '이야기'로 거듭나게 하는 비결이다. 느슨한 서사와 명확하게 제시되지 않는 사연들은 관객이 서있는 위치에 따라 각기 다른 상상을 유발시킨다. 서부극을 기초로 한 미국 영화의 맥락에선 오늘날 아메리칸드림의 해체를 목격할 것이고, 이민자들은 자신들의 역사를 기록한 사실로서 영화를 마주할 것이다. 한국 관객은 대체로 가족의 끈끈함과 역경을 딛고 뭉치는 과정에 집중하는 듯 보인다. 요컨대 저 멀리 타국에서 일어나는 그들의 이야기를 나의 이야기로 바꾸는, 화자의 거리를 좁히는 비결은 다름 아닌 멜로드라마적인 화술에 있다.

멜로드라마의 요체는 역경의 돌파(혹은 좌절)이며 진짜

주인공은 인물이 아닌 재난 그 자체다. 제이콥 가족에겐 세 차례의 재난이 찾아온다. 첫째는 폭풍우 치던 날 밤, 제이콥 과 모니카의 격렬한 다툼이다. 트레일러가 날아가고 집이 무너질 것 같은 그날의 기억은 아이들에겐 마치 자연재해나 다름없고 영화는 폭풍의 힘을 빌려 아이들이 느꼈을 공포를 직접적으로 전달한다. 첫 번째 위기는 할머니가 미국에 오 는 것으로 봉합된다. 두 번째 위기는 할머니의 뇌졸중이다. 이는 달빛 비추는 밤의 마법 같은 순간을 지나 손자 데이빗 의 심장 질환이 치유되는 것으로 봉합된다. 물론 논리적 인 과에 따른 것이 아니다. 하지만 〈미나리〉는 경험담을 이야기 로 전환시키는 과정에서 자로 잰 듯 정확하게 하나의 행복 과 하나의 불행을 쇠사슬처럼 연결시켜 나간다. 여기서 심 리적으로 보상받는 것은 이들 가족이라기보다는 이를 바라 보는 관객의 소망일 것이다. 최후의 위기는 이제 겨우 희망 의 싹이 보이기 시작했던 농작물과 창고가 불타면서 일어난 다. 할머니의 실수로 모든 것이 사라졌던 밤까지, 이 영화의 재난은 마치 파도처럼 밀어닥친다. 그 재난이 봉합되는 과 정 역시 숙제처럼 제시되고 끝내 가족이 하나로 뭉칠 수밖 에 없도록 유도한다.

바꿔 말하자면 재난과 위기는 이들이 가족으로 뭉치기 위해 필요한 도구다. 이 모든 역경은 드라마적으로는 어쩌 면 온 식구가 거실에서 함께 몸을 부대끼며 자는 밤, 이 한 장의 이미지에 도달하기 위한 장치라고 해도 무방하다. 사실상 이야기는 여기서 끝났고, 관객은 그날 밤 마루 옆 한구석에서 동침하며 심리적으로 밀착한다. 하지만 알다시피 영화의 마침표는 조금 더 나아간 뒤에 찍힌다. 그사이 무슨 일이 있었는지, 어떤 일이 일어날 수 있는지 설명을 보태지 않는 딱 하나의 점. 이 장면을 통해 〈미나리〉는 극화된 이야기에서 다시금 각자의 기억과 현실 속으로 파고든다. 누군가는 오늘날 미국이 쌓아 올린 카드의 집, 그 파국의 기원을 발견할 것이고 누군가는 낯선 땅에서도 끝내 버텨낸 가족의 의미와 온기를 목격할 것이다. 해결할 수 없는 사연(제이콥의 은행 대출이나 할머니의 병원비 문제 등)을 생략해 버린 〈미나리〉의 선택을 어떻게 바라볼 것인가. 과거의 상처를 회복하는 낭만과 현재로 이어지는 모순을 고발하는 서늘함 사이, 그 빈자리를 무엇으로 메울지가 당신이 선 자리를 증명한다. 길은 그렇게 관객의 위치와 경험, 목적에 따라서 어느 순간 갈라진다.

### 구조와 언어를 초과한 장면들

동시에 모든 길은 다시 하나로, 그러니까 영화로 연결된다. 역설적이지만 길이 갈라져 나왔기에 원래 하나였다는 사실을 새삼 깨닫는다. 〈미나리〉를 처음 본 순간부터 지금까지 내내 나를 사로잡은 단 하나의 의문은 '이토록 보편적이면서도 개인적인 이야기가 어떻게 양립할 수 있는지'였다. 답에 도달하고자 관객성, 그러니까 이야기의 도착지에서부터 거꾸로 되짚어 가보았다. 하지만 거슬러 가보니 결국 길은 하나, 영화다. 마지막 결정적인 장면을 통해 그 길에 이름을 붙여보려 한다. 앞서 설명하는 바와 같이 〈미나리〉는 우리가 과거라는 이름으로 경외하고 그리워하고 포장했던 것들, 이른바 노스탤지어로부터 거리를 둔다. 그 후 현재를 투영한 '이야기'로 기억시킴으로써 보편타당한 드라마이자 모두의 체험으로 스며들 수 있도록 구조화되어 있다. 매우 영리하고 합리적이며 세련된 방식이다. 하지만 이 모든 합리를 제대로 기능할 수 있도록 하는 것은 결국 구조와 언어를 초과하는 몇몇 장면들이다. 날카롭게 꽂혀 가슴을 헤집는, 의도를 초과하는 어떤 순간들.

서사적, 논리적으로 영화의 클라이맥스를 꼽자면 어둠을 살라 먹으며 불타는 창고와 이후 거실에 모인 가족들이 은은한 달빛을 이불 삼아 단잠에 빠진 순간일 것이다. 손자 데이빗과 할머니가 부둥켜안고 서로의 심장 소리를 들으며 잠들었던 밤을 꼽을 수도 있겠다. 하지만 내게 가장 곤란했던 장면은 모니카와 제이콥이 식료품 가게 앞에서 이별을 고하는 순간이었다. 서로가 서로의 구원이 될 수 없음을 절감한 모니카가 제이콥을 바라보는 표정은 그야말로 형용할 수 없는 무언가,라고 밖에 형용할 수 없다. 한때 서로의 구원이 되어주고자 했던 파트너에 대한 절망, 지나온 실패에 대한 회한, 여전히 남아있는 애잔함과 애정, 미래에 대한 불안과 가족에 대한 죄책감 등 몇 가지 단어로 포획을 시도하는 순간 스크린의 얇은 막까지 녹여버릴 듯한 들끓는 정념이 날아가 버릴 것 같다.

모니카의 표정에는 영화가 2시간 내내 들려주고 보여준 것 이상의 인생, 지나온 시간과 불확실한 미래가 압축되어 있다. 그리고 놀랍게도, 이런 장면들은 〈미나리〉 곳곳에서 발견된다. 할머니 순자의 살짝 굽은 등과 목이 메인 듯 토해내는 한마디, "아이고, 우리 엄마….." 닫힌 서사를 해방하는 영화의 맨살. 여기에 무슨 말을 더 보탤 수 있을까. 윌라 캐더의《나의 안토니아》의 마지막 문구를 다시 빌리자면, 우리는 이렇게 의지와 의도를 초과하는 장면들을 통해 "우리가 잃어버린 것이 무엇이었든, 말로는 전달이 불가능한 그 소중한 과거를 함께 소유"할 수 있다.

# 네버랜드와 원더랜드 사이
# 어딘가에서

〈승리호〉

〈승리호〉(2021)가 개봉했을 때 나와 동료 기자들은 대체로 이 영화를 지지했다. 모자라고 아쉬운 구석이 많았지만 감독이 품고 있는 의지와 기본적인 완성도는 크게 흠 잡을 데 없다고 생각했다. 이후 《씨네21》은 독자와 관객들의 커다란 반발에 부딪쳤다. 평자과 대중의 선택이 엇갈리는 경우가 없진 않지만 내 기억에 이 정도로 확연한 차이를 보이는 경우도 드물었다. 그럼에도 나는 여전히 〈승리호〉에 대한 지지를 철회할 수 없다. 이 영화는 참 쉽고 친절하며 착하다. 조성희의 영화가 언제나 그랬듯 〈승리호〉는 인간에 대한 믿음과 선의를 한시도 저버리지 않는다. 조성희 감독은 〈승리호〉를 "좋은 사람이 무엇인가를 찾아가는 여행기"라고 했다. 그 말을 빌려오자면 이 영화는 좋은 영화가 되기 위한 항해와도 같고, 감독은 이를 위한 수단으로 이른바 '착한 것'들을 부지런히 수집하는 길을 택했다.

하지만 세상 애매한 수식어 중 하나가 바로 이 '착함'이다. 개성을 짚어주는 여러 칭찬 중 어느 것 하나 꼭 짚어내기 힘들 때, 우리는 대개 착함이라는 안전한 단어를 고른다. 누구나 좋아해 비난받을 일 없고 딱히 정확한 설명을 요구하지도 않으며 목표 달성과는 무관하게 의지를 드러내는 것만으로도 호의적인 반응을 이끌어낼 수 있는 두루뭉술한 언어. 유의어는 아니지만 비슷한 단어를 꼽으라면 유토피아가 떠오른다. 유토피아의 어원이 '여기에 존재하지 않음'이라는 사실을 잊지 말자. 착함이란 현재의 상태가 아니라 미래에 대한 바람이다. 나아가고자 하는 방향성이라고 해도 좋겠다.


**착한 영화를 누가 미워할 수 있나**

승리호의 조종사 태호(송중기)는 우주 공간을 떠돌고 있는 딸 순이(오지율)의 시체를 찾겠다는 일념으로 악착같이 돈을 모으는 중이다. 후반부에 가까스로 비겁하고 더러운 돈이 생기지만 그 순간 딸 순이와의 기억이 그를 붙잡는다. 순이가 남긴 노트에는 삐뚤빼뚤한 글씨로 "순이도 아빠처럼 좋은 사람 될 거야"라고 적혀있다. 영화를 관통하는 주제를 플래시백을 통해 직접 눈앞에, 이토록 노골적으로 펼쳐내

길 주저하지 않는데도 〈승리호〉는 그다지 거부감이 일지 않는다. 촌스러운 신파라기보단 오히려 다시 승리호의 일원이 되는 태호처럼 〈승리호〉에 대한 이런저런 불만을 무장해제시키는 순간으로 다가오기 때문이다.

조성희 영화의 저력은 여기에 있다. 좋은 것, 착한 것에 대한 갈구. 이 영화의 숱한 구멍과 이야기의 속도를 잡아끄는 약점들, 때론 넘치고 종종 모자란 것에도 불구하고 영화를 싫어하기 힘든 건 영화가 재현한 세계가 착함을 기반으로 하고 있기 때문이다. 간혹 우리가 동화라고 쉽게 납득하고 (혹은 깔보고) 넘어가는 그것. 영화에 대해 아쉬움을 토로하려는 순간 저 삐뚤빼뚤한 글씨에 담긴 진심과 선의마저 외면하는 것 같은 사소한 죄책감이 피어난다. 생각해 보면 언제나 그랬다. 조성희 영화는 언제나 아이들로 대변되는 순수를 향해 직진한다. 〈늑대소년〉(2012)을 두고 낭만적인 로맨스로 가득한 동화라고 느끼거나 〈탐정 홍길동: 사라진 마을〉(2016, 이하 〈탐정 홍길동〉)이 판타지 모험담처럼 다가오는 건 이상한 일이 아니다. 조성희 월드의 중심에는 항상 어린이가 있다. 이건 아이를 데려다 놓고 귀여움을 전시하는 것과는 다르다. 조성희는 아이의 시선에서 상황을 재현한다. 이상한 나라에 떨어진 순수. 아이가 느낄만한 반응, 아이가 상상할 법한 일들이 그의 영화의 행동 원리다.

아이의 시선에서 그려진 재현은 장르의 옷을 입는 과정

에서 몇 가지 기묘한 충돌을 자아낸다. 〈승리호〉에서 꽃님이(박예린)의 아버지 강현우 박사(김무열)가 살해당하는 장면은 이상하다. 승리호와 검은여우단이 접선하는 장소에 잠복해 있다가 이를 습격한 설리반(리처드 아미티지)은 꽃님이와 승리호 선원들을 제외한 모두를 제거할 것을 명령하고 UTS 기동대는 강 박사를 향해 잔인하게 수십 차례 총격을 가한다. 뇌수가 흩뿌려지고 살점이 여기저기 튀어야 마땅할 정도의 과도한 폭력이 행해지는 것이다. 그런데 잠시 뒤 강 박사의 시체를 치우는 장면을 보면 주변에 피 한 방울 흐르지 않는다. 논리적으로 말이 되는지를 따지려는 것이 아니다. 애초에 사실적인 재현에 집중하는 영화는 아니니까. 그저 단순히 12세 관람가를 위한 수위 조절로 이해할 수도 있을 것이다.

하지만 이 정도의 괴리라면 설명, 아니 약간의 변명이 필요할 것 같다. 여기에는 두 가지 서로 다른 욕망이 충돌한다. 하나는 액션 활극답게 시원스러운 총격 장면을 전시하고 싶은 욕망, 다른 하나는 잔인한 묘사를 하고 싶지 않다는 욕망이다. 조성희 영화에선 그에 대한 직접적인 묘사가 금지되어 있다. 승리호 선원들이 수시로 꽃님이의 눈을 가리는 것처럼 감독은 관객의 눈을 가린다. 그것은 아이들의 상상, 이미지 속에선 존재할 수 없는 영역이기 때문이다. 여기서 우리는 〈승리호〉에서 응집된 조성희 영화의 태도를 읽을 수 있다. 이것은 아이들에 관한, 아이들을 바라보는 이야기가 아니라 어른의 모습을 한 아이들(혹은 덜 자란 어른들)이 만들어가는 세계에 관한 이야기다.

## 어른 아이가 그린 낙관적 디스토피아

조성희 영화는 아이들의 눈높이에서 상상된 세계를 구현하고 있기에 필연적으로 지금 여기가 아닌 시공간을 필요로 한다. 만약 현실에서 일어날 법한 것으로 한정했을 때 그의 영화는 어른들의 세계, 그러니까 미지의 폭력 앞에서 불안에 떠는 〈남매의 집〉(2008)과 같은 호러의 껍질을 쓴다. 그것은 아이들에게 있어선 알 수 없는 상상의 세계지만 성인 관객은 익히 알고 있기에 반대로 아이들의 반응을 애처롭게 관찰할 수 있다. 그렇다면 〈늑대소년〉이나 〈탐정 홍길동〉처럼 성인이 주인공일 때는 어떻게 될까. 흥미로운 현상은 여기서부터 시작이다. 이들 영화에는 어른이 없다. 어른인 척하는, 혹은 물리적으로만 어른인 아이들이 있을 뿐이다. 〈늑대소년〉은 제목 그대로 소년과 소녀의 낭만적 사랑에 관한 이야기다. 47년 동안 순이를 기다린 철수는 물론 47년 후 할머니가 된 순이가 스스로 고백하듯 그들은 시간에서 박제된 채 영원을 산다. 〈탐정 홍길동〉에서 홍길동은 어떤가. 그는 덜 자란 피터팬 같은 남자다. 냉혹한 전문가, 탐정의 옷을 입고 있지만 꼬마가 트렌치코트를 입은 것처럼 그의 행동 원리에는 순진함과 낭만으로 가득 차있다. 과거에 집착하는 것부터 성적인 긴장감이 전혀 없는 것까지 그는 미성숙한 요소들로 조합된 이상적인 캐릭터다.

승리호의 선원 네 명이 꽃님이를 받아들이는 과정을 보면 일종의 유사 가족이 연상된다. 승리호라는 배 안에서 태호는 자연스럽게 아빠, 장 선장(김태리)은 엄마, 타이거 박(진선규)은 삼촌, 업동이(유해진)는 언니 정도로 설정되기 딱 좋다. 하지만 가만히 살펴보면 이들의 관계는 역할을 분담한 가족이라기보다는 차라리 하나의 자아가 네 개로 분열된 것처럼 보인다. 우선 태호는 서사의 중심이다. 자신의 잘못으로 가슴으로 키운 딸 순이를 잃어버리고 그 자리에 자연스럽게 꽃님이가 들어온다. 꽃님이를 받아들여야 할 서사적 당위의 중심에 태호가 있는 만큼 태호는 꽃님이를 가장 천천히 받아들인다. 나머지 타이거 박, 업동이, 장 선장은 각각 다른 타이밍과 이유로 꽃님이를 긍정하게 되는데, 아이를 사랑하는 순수한 남자 타이거 박은 거의 처음부터 꽃님이가 좋다. 장 선장은 꽃님이가 UTS에 치명타를 먹일 중요한 존재라는 걸 깨달은 순간부터, 업동이는 꽃님이가 폭탄 로봇이 아니라 사람이라는 걸 눈치채고서부터 자연스럽게 일원처럼 대한다.

이들은 각자의 분야에서 일가를 이룬 능력자, 전문가들

이지만 올바른 일과 아이에 대해서만큼은 상식과 양심에 어긋나는 일 없이 행동한다. 겉모습만 거칠고 위악적일 뿐 한없이 순수하고 맑은 영혼들. 승리호 선원들의 공통점은 (단지 속도의 차이가 있을 뿐) 꽃님이가 등장하는 순간부터 받아들일 준비가 되어있다는 점이다. 서사 패턴은 두 가지 서로 다른 목표, 예를 들면 돈과 아이라는 단순한 갈림길을 제시하고 결국엔 아이로 상징되는 착한 행동을 선택하는 것, 하나뿐이다. 이건 목적 지향적인 삶을 살았던 인물이 좋은 사람이 되기로 결심하는, 성장의 서사가 아니다. 각각의 사연으로 위장된 삶을 살던 이들이 제자리를 찾아가는 이야기다. 원래 그러했던 인물들이 각기 다른 방식과 속도와 에피소드로 다채롭게 상황을 반복하는 것에 불과하다. 네 명의 선원은 〈인사이드 아웃〉(2015)의 네 가지 감정처럼 각자 어린아이의 속성을 하나씩 분배받아 역할을 수행한다. 다시 말해 이건 승리호라는 이름의 어린아이 한 명이 아이답게 행동하는 과정의 기록이다.

정반대도 마찬가지다. 이 영화의 빌런이라고 할 수 있는 설리반 역시 유아적인 사고와 패턴에서 한치 벗어나지 않는, 덜 자란 어른이다. 다만 방향이 다를 뿐이다. 그간 조성희 영화에서 악역에 해당하는 이들은 주로 기능으로 소비되고 구체적인 사연은 대개 생략되곤 했다. 〈늑대소년〉에서 지태(유연석)가 대표적인데, 신형철 평론가는 그를 "원수의 아들(과거)이고 가짜 아빠(현재)이며 끔찍한 남편(미래)이다. 지태는 그 악당의 자리에서 조금도 벗어나지 못한다"라고 분석했다. 〈늑대소년〉의 악에는 사연이 없고 그저 당위로 행동하는 쪽에 가까웠지만 〈승리호〉에선 다르다. 신형철 평론가는 당시 〈늑대소년〉의 감독판에서 지태의 속마음을 알 수 있는 히든 스토리가 추가되는 걸 기대한다고 했지만 〈승리호〉를 보면 그게 꼭 좋은 방향만은 아닌 듯하다. 설리반의 경우 사연이 너무 많다. 많은데 허술하다. 〈승리호〉의 최대 약점은 (아쉬운 영화가 늘 그렇듯) 빌런의 존재감이다. 설리반은 어린 시절 전쟁의 상처에 대한 트라우마로 지구의 존재를 지우고 화성으로 이주할 계획을 세운다. 동기도 단순하지만 그걸 수행하는 과정은 의사, 물리학자, 우주 공학자의 타이틀을 동시에 가지고 있는 천재가 꾸몄다고 보기엔 지나치게 감정적이고 단순하다. 그저 눈앞의 원인을 제거하고 안 보이면 평화롭다고 믿는, 그야말로 이불에 오줌을 지린 아이가 빨래를 하는 대신 옷을 버리는 걸 택하는 수준이다.

인류의 정화를 위해 선택받은 자만 데려가겠다는 그의 계획은 타노스의 과격한 버전에 가까운데, 그걸 수행하는 방식은 또 얼핏 조커와 겹치기도 한다. 설리반은 자신을 비난한 기자에게 양자택일을 강요하고 스스로 타락하길 유도한다. 그렇게 죄를 저지르고 나면 부정한 존재로 치부하고 제거하는 교활한 시험을 반복하는데, 이 행동의 유일한 목적은 스스로의 정당성을 타인을 통해 확인받는 자학적 쾌락 말고는 찾아보기 힘들다. 한편 이건 설리반이 UTS 기동대 대장 자리에서 태호를 내친 이유와도 충돌한다. 설리반의 조건에 따르면 아이를 구하고 생명을 지킨다는 선한 행동을 통해 가치를 증명했음에도 불구하고 (아마도 자신의 명령을 제대로 수행하지 않는다는 이유로) 그는 태호를 내친다. 한마디로 설리반은 독선과 아집에 가득 찬, 남의 말을 듣지 않는 아이다. 그에게 좋은 사람이란 자신에게 좋은 사람일 것이다. 영화는 그를 위한 사연을 들려주려 하지만 설명을 할수록 캐릭터는 편편해지고 변명으로 변질된다.

설리반처럼 허술한, 단순한, 조잡한 악역이 필요한 건 〈승리호〉가 선악이 명쾌한 아이의 시점에서 구현된 영화이기 때문이다. 여기에 어쩔 수 없는 어른의 사정 같은 건 끼어들 수 없다. 혼자 음모를 꾸미고 실패한 악당이 있을 뿐이다. 그 순간 의도치 않았겠지만 위성 궤도 '우주낙원' UTS에 살고 있던 5% 사람들에게 '우리는 몰랐어' 같은 면죄부가 주어진다. 시스템에 동참하고 혜택을 받은 순간부터 책임도 함께 따르지만 〈승리호〉는 악을 설리반 개인에서 몰아주며 이를 지워버린다. 여느 영화라면 허술함을 지적할 수 있는 불편한 지점이지만 왠지 〈승리호〉에선 이 부분이 크게 부각되지 않는다. 애초에 그런 수준의 사고방식, 선악과 흑백 구분에서 디자인된 유아적 세계이기 때문이다. 영원한 소년, 소녀의 세상, 조성희 월드의 한없는 낙관이 드리우는 그림자라고 해도 좋겠다.


## 불가해하고 사랑스러운, 아이

이제 우리는 당연히 이와 같은 질문을 던져야 한다. 〈승리호〉에서 어른들이 어른의 육체에 아이의 영혼이 깃든 존재처럼 행동한다면 진짜 아이는 어떻게 행동하는가. 〈승리호〉에는 두 명의 아이가 나온다. 꽃님이와 순이. 꽃님이는 나노봇 기술이 주입된 인류의 희망 같은 존재다. 영화조차 이유를 "끝내 밝혀내지 못한" 어떤 기적이 꽃님이에게 일어나 나노봇을 조종하여 식물을 성장시키고 수천 킬로미터 떨어진 곳의 나노봇들을 조종하는 등 초월적인 능력을 발휘하게 된 것이다. 꽃님이는 성장과 평등, 개발과 환경이 대립하는 이 영화에서 환경과 순수의 중요성을 역설하는 철학적이고 생태학적이며 동화적인 캐릭터다. 여러 층위에서 접근이 가능하겠지만 결국 제일 두드러지는 건 초월자, 다시 말해 일종의 '데우스 엑스 마키나'로서의 면모다. 설명되지 않는 존재. 더 냉정하게는 승리호에서 유일하게 아이가 아닌 타자, 아이를 초월한 타자가 바로 꽃님이다. 영화에서 신기한 (혹은 허술한) 장면 중 하나는 꽃님이가 수시로 시야에서 사라진다는 거다. 승리호 선원들은 선내 감시 카메라가 있음에도 불구하고 꽃님이를 종종 놓친다. 검은여우단과 거래하기로 한 장소에서 정작 거래 대상인 꽃님이를 놓치는 것도 이상하다. 거래가 무산된 후 정비창에서도 꽃님이는 선원들의 시야에서 사라진다. 그리고 꽃님이가 사라지면 사건이 시작된다. 꽃님이는 유령처럼 사람들의 인지 바깥으로 사라지고 나타나기를 반복하고 영화 속 어디든 가지 못할 곳이 없다. 다시 말해 꽃님이는 이야기의 통제 바깥에서 이야기의 물꼬를 터주며 종횡무진한다.

이건 아이가 지닌 속성과 닮았다. 아이들은 항상 사라진다. 우리는 모두 어린 시절을 지나왔지만 어린 시절의 정보들을 기억하고 체험을 환기할 뿐 그 상태를 정확히 알지 못한다. 아이는 언제나 미지의 존재이며 이해 불가능한 대상이다. 조성희 감독은 이러한 이해 불가능한 존재들에게 무한한 자유를 준다. 어차피 이해할 수 없다면 그저 이해되지 않을 타자로 남겨두는 것이다. 정확히는 이해하고 품고 싶고 한없는 애정을 쏟아부으면서도 동시에 결코 다다르지 못할 영역임을 인정하고 거꾸로 아예 초월자의 지위를 부여해 버리는 것이다. 여느 영화라면 "저게 말이 돼?"라고 반발할 지점, 예를 들면 해피엔딩을 위한 의지로 만들어낸 이 영화의 엔딩 장면의 기적 같은 경우도 꽃님이가 그 주체라서 어느 정도 납득이 되는 건 이런 이유에서다. 태호의 죽은 딸 순이가 영원한 추억 속에서 살며 성장할 수 없는 것도 마찬가지다. 어른들이 어른의 육체와 (상상된) 아이의 영혼을 지닌 채 이야기를 꾸려간다면, 진짜 아이는 타자의 세계에 머물기 위해 초월성을 획득한다.

대개 타자는 공동체와 충돌하며 공동체가 인지하지 못했던 것들(여기서는 좋은 사람 되기)을 열어주는 기능을 한다. 그 과정에서 필연적으로 공동체(어른들)로부터 오해받고 (순이처럼) 처단되거나 추방되기 마련이다. 〈늑대소년〉의 철수나 〈탐정 홍길동〉의 말순(김하나) 모두 이러한 과정을 밟았다. 〈승리호〉는 다르다. 꽃님이는 승리호의 가족이 된다. 이후 어떤 가족으로 언제까지 함께할지는 모르겠지만 조성희는 영원한 원더랜드에 머무는 대신 엔딩에서나마 드디어 이들의 시계를 앞으로 돌리기 시작한다. 낭만이라는 영원으로 회귀했던 〈늑대소년〉과 모험이라는 영원을 이어갔던 〈탐정 홍길동〉과는 다른 첫 번째 엔딩. 어쩌면 이것이 피터팬을 스크린에 옮겨온 조성희 네버랜드의 완성형이자 마침표일까. 아직은 잘 모르겠다. 이 가족이 만들어지는 과정이 여전히 석연치 않기 때문이다.

강 박사가 중간에 그토록 잔인하게 사라져야 했던 건 어쩌면 꽃님이가 승리호의 가족이 되어야 할 필요가 있었기 때문은 아닌지 하는 의심을 지울 수 없다. 가족을 잃은 꽃님이를 승리호가 품어준 것이 아니라 승리호의 일원이 되기 위해 기존 가족이 사라져야 했던 건 아닌가 하는 인과의 역전, 이야기의 욕망을 슬쩍 감지한다. 그러니까 이건 그저 영원한 네버랜드에서 이상한 나라의 원더랜드로 넘어가는 것 정도의 과정이 아닐까. 어른이 된 내가 상상해 보는 이상하고 어설프지만 사랑스러운 세상. 스크린에 불이 꺼지면 이걸 다 포기하고 현실 세계로 복귀해야 함을, 안다. 〈승리호〉를 신나게 보고 난 뒤 정작 평을 할 땐 너무 많이 보여주거나, 안 보여주거나, 보여주지 못한 것을 까다롭게 따져야 한다. 어른이 된다는 건 이토록 고되고 끔찍하고 힘든 일이다. 〈승리호〉의 지나친 낙관과 해맑음이 거슬리면서도 솔직히 이 낭만적인 엔딩에 머물고 싶은 유혹을 떨치기 힘들다.

# '최고의 영화'에 대한 고찰

〈기생충〉

〈기생충〉(2019)은 봉준호 감독의 표현을 빌리자면 "극장에서 즐겁게 본 후 집에 도착해 정신을 차리고 보면 어느새 날카롭게 베인 곳에서 피가 흥건히 쏟아져 나오는 영화"다. 다만 내 마음속에 날카롭게 베인 상처에 이름표를 붙인다면 이렇게 쓰고 싶다. '이제 정말 봉준호의 최고작인가.'

개인적이고 사소한 의문과 무관하게 〈기생충〉은 아카데미를 점령함으로써 명실상부 봉준호의 최고작으로 기록될 것이다. 그럼에도 한 사람의 관객으로서 나의 혼란은 진정되지 않는다. 아니 오히려 한층 격렬하게 자아분열 중이다. 이건 한국 영화 100년의 성취가 아니라 봉준호의 성공이라고 선을 긋고 있는 내가 있고, 이 영광의 순간을 함께하고 있다는 자부심으로 가슴이 벅차오르는 내가 있다. 아카데미가 '로컬' 영화제라는 봉준호의 덤덤한 지적에 고개를 끄덕이면서도, 아카데미의 변화를 불러일으킨 위업에 박수갈채를 보내는 걸 멈출 수가 없다. 무엇보다 아카데미에서 〈기생충〉의 선전을 기원하면서도 봉준호의 오랜 팬으로서 이 작품이 봉준호 필모그래피 제일 앞줄에 놓이는 상황에 대해선 불만스럽다. 봉준호의 마력 중 하나는 주변 상황과 분위기, 심지어 관객의 심정까지 자신의 영화처럼 전염시켜 버린다는 데 있다. 그는 현실의 복잡다단한 뉘앙스에서 영화적 순간을 뽑아내고, 봉준호의 영화는 그 자체로 하나의 현상이자 체험이 되어 또 하나의 현실로 자리 잡는다.

당시 할리우드 한복판에서 일어난 일들은 실로 초현실적이며 그걸 지켜보는 심정 또한 복잡하기 이를 데 없었다. 어디까지가 계획인지 어디서부터 흐름에 휩쓸려 가는 건지 분간이 안 되는 와중에, 일련의 소동이 다 끝나고 보니 어느새 모두가 바랐지만 아무도 감히 짐작하지 못한 새벽이 찾아왔다. 그야말로 안팎으로 '봉준호스러운' 상황이 펼쳐졌다.

당연한 이야기지만 역사의 순간에 함께하고 있다는 벅찬 감정과 별개로, 이 영화에 대한 내 안의 평가는 바뀌지 않았다. 나는 여전히 〈기생충〉 앞에서 혼란스럽다. 단점이라기보다는 내 안에서 소화되지 않는 지점들이 기우(최우식)의 수석처럼 계속 떠오른다. 작품과 관객 사이 그 해소되지 않는 균열이야말로 어쩌면 이 영화의 본질과 연결된 것이라 믿으며 굳이 이 시점에 다시 질문의 불씨를 이어가려 한다. 어쩌면 이 시점이기에 명료해지는 질문이기도 하다. 칸에 이어 아카데미의 선택은 역설적으로 실금마냥 희미했던 균열을 한층 벌리는 계기로 다가왔다. 질문은 간단하다. 〈기생충〉은 봉준호의 최고작인가. 봉준호 영화 중에 가장 열광하고 지지하는 영화가 〈기생충〉인가. 나는 아니다. 왜 나는 저들처럼 열광하지 못하는가. 혹은 그들은 왜 이렇게 열광하는가. 그저 개인적인 소회로 남겨둘 수도 있었지만 상황이 여기까지 오니 왜 아닌지에 대한 분명한 이유를 제시할 필요와 책임을 느낀다. 〈기생충〉이 아카데미의 역사마저 바꾸고 있는 지금이야말로 한 사람의 관객으로서 이런 고백이 필요한 타이밍이라 믿는다.

## 〈기생충〉이 봉준호를 대표할까

〈기생충〉은 유려하고 합리적이다. 박사장 가족을 (나아가 관객을) 홀리는 '믿음의 벨트' 시퀀스는 이 영화의 매끄러움을 대표한다. 전반부가 매끄럽다면 지하실의 숨겨진 공간이 열린 이후 영화는 폭포수처럼 쏟아 내리는데, 전반부가 어딘지 느긋하고 코믹하게 관객의 호흡에 발을 맞춰나가는 반면 후반부는 정신없이 휩쓸려 통제 불가능한 어딘가로 떠내려가는 느낌이다. 그런데 폭포수처럼 흘러가던 〈기생충〉의 서사가 멈칫, 하는 순간이 있다. 물바다가 된 반지하집 안에서 마치 환상인 양 수석이 천천히 떠오르고 기우는 돌을 집어 든다. 아마도 이 영화에서 가장 적극적으로 환상이 개입하는 이 장면 바로 뒤에는 지하에 갇혀 절박하게 모스 신호로 구조 요청을 보내는 근세(박명훈)의 처절한 모습이 붙어있다. 삶의 터전을 잃은 기택(송강호)과 하나뿐인 가족을 잃게 생긴 근세의 얼굴이 교차하는 것도 유사한 대구를 이룬다. 지하와 반지하의 데칼코마니. 그렇게 악몽 같았던 난장판의 질주가 멈춘다.

문제는 그 다음이다. 이후 기우는 계속 돌을 들고 다니는데 그 쓸모와 필요가 도통 이해되지 않는다. 굳이 수석을 들고 반지하까지 내려간 기우는 자신의 수석에 의해 머리가 깨지는 참변을 당하고 만다. 기우가 반지하까지 수석을 들고 내려가는 이 시퀀스는 컨베이어 벨트에 탄 듯 합리적으로 흘러가던 서사를 잠시 멈추고 작위와 기능을 개입시킨다. 영화는 관객이 오해할까 이 노골적인 상징에 대해 친절한 설명까지 달아주는데, 집단 대피소에서 "돌은 왜 그렇게 껴안고 있냐"라는 기택의 물음에 기우는 "얘가 자꾸 나한테 달라붙는 거예요"라고 답하며 자신의 행동에 당위를 부여한다. 심지어 기우가 자기 입으로 수석을 만나자마자 "이것은 상징적"이라고 고백한다. 수석으로 대표되는 상징들은 인물의 욕망이라기보다는 이야기의 욕망이다. 여기서 굳이 서사상의 허점이나 인물의 동기를 따지려는 게 아니다. 내 의문은 이런 작위적인 요소를 감안하고 굳이 친절한 설명까지 붙여가며 이 시퀀스를 필요로 한 이유가 무엇인가, 이다.

이 시퀀스의 결과 관객이 마주하는 건 자신이 들고 온 수석에 머리가 깨진 기우의 모습이다. 영화는 기우에게 수석을 건넨 순간부터 이 물리적인 이미지를 필요로 했다. 심지어 강조하듯 근세로 하여금 머리를 깨는 행위를 반복시키고 또렷이 바라보길 강요한다. 수석은 비유하자면 환상 속으로 들어가는 마법의 열쇠다. 우연히 기우의 손에 굴러들어 온 수석은 계급 간의 이동이 가능할지도 모른다는 환상과 상위 계급에 편입되고자 하는 욕망을 함께 제시한다. 기우와 그의 가족은 불량품도 아니고 무능력하지도 않는데 제대로 된 일을 구할 수가 없다. 그런 상황에서도 이 기묘한 가족이 낙천적일 수 있는 건 현실에 적응해서라기보다는 현실을 현실로 받아들이고 있지 않기 때문일지도 모른다.

사실 기우 가족은 이상하다. 이 가족은 가난에 심각해지지 않고, 부도덕한 행위에 당당하며 전문직 종사자만큼 기술적으로 움직인다. 요컨대 비현실적이다. 기우 가족은 자신이 속한 곳이 아니라 자신이 바라보는 곳(또는 영화가 재현하는 곳)을 기준으로 행동하기 때문이다. 이들의 위치는 박 사장네까지는 아니더라도 반지하보다는 조금 더 높은 곳에 자리하는 것처럼 느껴진다. 기택 가족의 비현실적인 낙천성은 당장 돈 몇만 원에 허덕이지만 몇억은 쉽게 입에 담는 우리의 자화상처럼 보인다. 내가 속한 곳이 아니라 내가 바라보는 (혹은 욕망하는) 곳이 나를 정의하는 감각의 교란이라고 해도 좋겠다. 하지만 결국 그건 실재가 아닌 재현된 이미지, 혹은 환상에 불과하기에 이야기의 끝에서 기우의 머리는 깨져야만 한다. 이것은 서사의 결과가 아니라 예정된 종착지다. 어떤 경로를 거치건, 다소의 비약과 작위를 동원하더라도 반드시 실현되어야 할 이미지.

비슷한 맥락에서 몇 가지 질문을 더 해볼 수 있다. 기정(박소담)은 왜 죽어야만 했나. 이 질문은 이렇게 바꿀 수도 있겠다. 왜 하필 기택의 가족 중에서 기정이 죽고 기우가 살아남는가. 기우는 살아남은 것이 아니라 살아남아야 한다. 그것은 사건의 인과에 의한 결과가 아니라 그에게 부여된 역할에 가깝다. 기우는 수석에 머리가 깨진 뒤에도 "돈을 벌겠습니다. 아주 많이"라며 한층 가열차게 자본의 욕망 속으로 편입한다. 그것이 모스 부호의 목격자로서 기우가 수행해야 할 기능이다. 그렇게 기우는 자본의 속성과 작동 원리조차도 모른 채 그저 상류 계급의 표상만을 취해 오지도 않을 환상 속에서 살아간다. 어쩌면 그건 영원히 부자가 될 수 없을 우리들의 변명인지도 모르겠다.

〈기생충〉의 결말은 이 한 장의 이미지로 예정되어 있고, 인물들은 그곳으로 우리를 이끌고 가야 한다. 때문에 기능적이다. 마찬가지로 기정의 죽음은 하나의 상징과 신호다.

봉준호의 표현을 빌리자면 "죽음이 어떤 의미가 있는지"가 중요하다. 다른 가족들이 모두 누군가의 역할을 대체하며 박 사장네 가족에 편입했던 데 반해 기정은 미술치료사라는 없던 역할을 만들어 스스로 자리를 확보한다. 그런 기정이 제거된다는 것은 계급 상승의 기회를 지워버리는 효과를 낳는다. 그것이 연출자의 의도가 아닐 수는 있다. 그러나 때로 텍스트는 대중(혹은 평론가들)에게 소화되는 과정에서 의미가 지정되기도 한다. 그런 의미에서 〈기생충〉은 읽어내고 싶은 상징들로 가득한 흥미로운 구조물이자 장르의 기능 위에 지어진 비현실적인 집이다.

하지만 우리는 이 영화를 노골적인 상징과 우화로 받아들이는 것 같지 않다. 차라리 우리들의 곁에서 일어날 법한 이야기이며 사실적인 묘사에 기반한 리얼한 영화로 소화한다. 그건 봉준호의 창작 방식과도 연관이 있는데 그는 정치 사회적 메시지의 깃발을 휘두르기보다 장르적인 쾌감, 이를테면 서스펜스나 쇼크 등으로 상황을 장악하는 쪽의 감독이다. 그의 출발은 늘 '재미있는' 영화이며 해외 관객들에게 통하는 지점도 바로 여기에 있다. 즉 영화라는 공통의 언어를 기반으로 구축된 구조물이기에 공감의 통로도 여기에 있다. 문제는 이런 표현이 적절할지 모르겠지만 '지나치게' 깔끔하고 재미있다는 거다. 우선 순위를 놓고 보자면 장르적 쾌감이 앞서고 메시지는 부차적인 것이다. 봉준호의 표현처럼 한

창 재미있게 즐기고 집에 가서 누우면 정치사회적 메시지들이 스멀스멀 피어나는 영화인 셈인데, 여기서 한국 관객과 해외 관객들의 심리적 거리감에 차이가 난다고 생각한다.

외부자의 시선에서 볼 때 〈기생충〉은 장르의 언어 아래 세워진 신기한 구경거리다. 그들에게 반지하는 기발하고 독특한 공간이자 영리한 상징물이며 인물들의 기능적 행위에서 빈부격차, 계급 장벽 등의 정치사회적 메시지를 읽어나갈 수 있다. 즉 외부자의 시선에서 이야기라는 기능을 경유하여 내부를 파악할 수 있다. 하지만 한국 관객에게는 마냥 장르적 상상력으로 받아들일 수 없는 지점들이 꽤 많은데, 그런 부분들이 서사의 걸림돌이 되기도 한다. 예컨대 반지하에 사는 기우 가족의 비현실적인 면모들이 대표적이다. 그럼에도 〈기생충〉을 즐기는 데 이런 부분들은 그다지 문제가 되지 않는다. 장르적으로 깔끔하게 포장이 되어있기 때문이다. 대개의 경우 이건 영화의 완성도를 칭찬해야 할 부분이다. 봉준호는 서사를 완전히 장악한 후 사소한 디테일 하나도 통제해 장르의 집을 짓는다.

문제는 그 과정에서 영화의 쓰디쓴 메시지를 관객들, 그러니까 한국사회가 너무 맛있게 먹어버리게 된다는 점이다. 비유하자면 〈기생충〉은 장르라는 이름의 강력한 소화제가 첨부되어 있어 다소 불편한 구석마저 매끄럽게 넘어가 버린다. 요컨대 내부자인 우리마저 외부자의 시선으로 돌려버린다는 것이다. 이것은 지극히 한국적인 상황처럼 보이지만 기실 무국적의 공간이다. 아니 〈기생충〉의 유일한 국적은 시네마다. 전 세계인의 공감을 이끌어낼 수 있었던 동력이 여기에 있지만 동시에 한국사회의 특수성, 리얼리티는 휘발된다. 내가 〈기생충〉에 느낀 혼란은 바로 여기서 출발한다. 반지하의 실생활은 사라지고, 기능과 상징으로 지어진 집. 〈기생충〉의 반지하와 〈설국열차〉(2013)의 디스토피아는 구조적으로 별반 차이가 없다. 거기에 국적이 부여된 디테일들, 현시점에 대한 배경 묘사 등이 리얼리티에 대한 착시를 불러일으킨다. 전 지구적으로 일어나고 있는 생활밀착형 이야기라는 착각. 대개의 경우 이 상황은 문제 될 것이 없다. 오히려 한국의 여러 공간을 재현한 디테일은 해외 관객들이 볼 때 강력한 리얼리티의 연결고리로 작동할 것이다. '한국의 상황은 저렇구나', '(표현 방식이나 무대만 바꿔놓고 보면) 우리도 근본적으로는 다르지 않아'라는 공감. 이것이 소설이나 다른 형식이었다면 또 다른 문제였을 것이다. 하지만 영화에선 때로 메시지나 서사, 캐릭터보다 디테일 (혹은 장면) 그 자체가 중요하게 작동하기도 한다. 봉준호에게 디테일이란 장르에 부피와 실감을 부여하기 위한 도구이고 철저히 통제 아래 장악되는 것들이다. 물론 그건 탁월한 작가의 조건이자 미덕이다. 하지만 나는 때로 통제되지 않는 재현에 영화의 영혼이 담길 수 있고, 그것이야말로 영화의 고유한 성질이라고 믿는 쪽이다. 비토리오 데 시카의 〈자전거 도둑〉(1948)의 도둑 촬영이 당시 전후 이탈리아의 민낯을 담아 낸 것처럼 말이다.

만약 〈기생충〉이 외화였다면 이런 혼란도 겪지 않았을 것이다. 하지만 봉준호의 기이함은 내부자의 시선으로 포착하기 어려운 모순을 발견하는 데서 출발한다고 믿었던 사람으로서 처음부터 외부자(정확히는 시네마라는 공통의 언어)의 시선으로 구축된 〈기생충〉의 매끄러움은 다소 당황스러웠다. 반지하가 주는 불쾌감은 넉넉히 감당할 만하다. 어쩌면 나에게도 반지하가 재미있고 흥미로운 공간처럼 느껴질 때 그 거리감이 민망했다. 허문영 평론가의 말대로 "괴물을 구경하러 〈괴물〉을 보러 갔듯", 가난과 계급 격차를 구경하러 〈기생충〉을 보러 가는 기분이랄까. 상상에 기반한 〈괴물〉(2006)의 경우 한강변에서 괴물에게 쫓긴 적이 없으니 어느 정도의 장르적 매혹도 용인되겠지만 지금 이 순간도 누군가 반지하에서 삶을 영위하고 있는 한국에서 이런 매끄러움을 온전히 즐겨도 되는가 하는 불안과 죄의식이 피어난다. 농담 같은 상황이지만 이 모든 건 〈기생충〉이 지나치게 재미있는 '한국' 영화이기 때문에 일어난 일이다. 이것은 완성도의 문제가 아니다. 한 사람의 관객으로서 이 거리 감각을 승인할 것인지의 문제다. 한국 관객이라는 자리에 선 나는 한국 영화로서의 〈기생충〉을 봉준호의 최고작으로 꼽기 주저된다.

## '봉준호'라는 사건 이후 세계가 변했다

사실 작가에게 최고작이 무엇인지 묻는 건 부질없는 짓이다. 모든 작가에게 최고작이란 지금 만든 작품, 혹은 다음에 만들 작품일 수밖에 없다. 이미 죽어 새로운 작품을 내놓을 수 없을 때라야 작가론이 성립한다. 그럼에도 우리가 최고작을 꼽아보는 건 진짜 최고작이 무엇인지 순서를 정하겠다는 의미가 아니다. 최고의 기준은 자의적이므로 이 질문은 차라리 작가와 나(관객)의 관계를 확인해 보는 작업, 혹은 각자의 기준과 영화적 취향을 확인해 보는 작업에 가깝다. 우리 모두에겐 각자의 봉준호가 있다.

봉준호의 최고작이 무엇인지 묻는다면 아마도 각양각색의 대답이 나올 것이다. 덜 다듬어지고 거칠지만 날 것의 살아있는 가능성을 우선하는 관객이라면 〈플란다스의 개〉(2000)를 꼽을 것이고, 서스펜스의 조율과 시대적 함의를 중요시하는 이라면 〈살인의 추억〉(2003)이 첫 줄을 차지할 것이다. 장르의 전복과 충격에 방점을 찍는다면 〈괴물〉을 사랑할 것이고, 통제되지 않는 불균질한 이미지에 매료된 이라면 〈마더〉(2009)의 춤사위에 전율을 느낄지도 모르겠다. 한편으론 각자의 최고작이 갈린다는 게 봉준호의 작가적 역량과

저변을 증명하는 증거이기도 하다. 그런 의미에서 〈기생충〉을 봉준호의 최고작으로 꼽는 사람도 적지 않을 것이고 구태여 여기에 반론을 보태고 싶진 않다. 다만 짚고 넘어가고 싶은 건 〈기생충〉이 '관객의 자리'에 대해 새삼 되돌아보게 만든 계기를 제공했단 점이다. 다시 돌아가, 이제 질문을 수정해 볼 필요가 있겠다. 이 글은 〈기생충〉이 봉준호의 최고작이 아니라는 걸 증명하기 위한 글이 아니다. 우리가 정말 궁금한 건 적어도 나(혹은 일부 관객)에겐 〈기생충〉이 왜 전세계인에게 통했는가,일 것이다.

〈기생충〉의 아카데미 성적에 대해선 이미 여러 이야기와 분석이 쏟아져 나왔다. 다소 거칠게 축약하자면 시대의 필요와 주변 환경의 변화, 그리고 작품의 완성도가 우연의 일치로 정확히 맞아떨어진 결과라고 본다. 〈기생충〉은 빈부격차, 계급문제 같은 자본주의 체제 아래 사는 모든 사람이 공감할 만한 문제를 건드린다. 동시에 그 방식은 블랙코미디, 풍자, 서스펜스 등 보편적인 장르 영화의 언어를 따른다. 봉준호가 수상 소감에서 언급한 "가장 개인적인 것이 가장 창의적인 것"이란 말은 진실이다. 여기서 개인적인 것은 한국적인 것과는 구분된다. 이건 한국의 정서와 문화를 포함한, 봉준호라는 작가 개인의 감각에 가깝다. 봉준호 안에는 한국에서 보고 자란 문화적 토양이 있고, 영화를 통해 배우고 받아들인 것들이 있으며, 〈옥자〉(2017)나 〈설국열차〉 등을 통해 배우고 경험한 것들도 있다. 우리가 〈기생충〉에서 목격하고 있는 것은 이 모든 요소의 축적과 총합으로서의 봉준호다.

영화 작가가 공유하는 언어의 이름은 시네마다. 동시에 같은 언어라도 그걸 표현해 내는 방식은 지극히 개인적인 감각에 뿌리를 둔 채 다른 방식으로 피어난다. 한 마디로 본인이 느낀 고유의 체험과 감각을 이야기라는 공통의 언어에 실어 표현하는 것이 작가다. 여기서 고유한 것은 메시지가 아니라 형식, 좁게는 호흡이다. 아카데미는 단지 〈기생충〉의 완성도에 손을 들어준 것을 넘어 봉준호라는 캐릭터에 열광했다. 수많은 시상식과 무대에서 봉준호가 보여준 쇼맨십은 그의 영화를 고스란히 닮아있다. 작품마다 각기 다른 특질로 표현되고 있지만 봉준호 영화를 관통하는 일관된 코드를 하나만 고른다면 바로 재미 혹은 유머다. 그는 언제나 웃기면서도 서글픈 상황을 연출한다. 어쩌면 (삶을 모방한) 모든 예술은 이런 아이러니와 복합성을 기반으로 하고 있다. 다만 그것이 어떤 호흡과 박자로 다가오는가, 바로 그것이 작가의 고유성을 드러낸다. 봉준호의 호흡은 미묘하다. 타이밍을 뺏는다고 해도 좋겠다. 그는 때로는 한 박자 빠르거나 혹은 매우 느리게 속도를 조절하며 관객과의 게임을 즐긴다. 이것은 영화의 기본 속성이기도 한데, 이를 봉준호만큼 철저하게 장악하고 활용하는 이도 드물다. 아카데미 감독상 수상 소감에서 그는 마틴 스코세이지를 언급하며 헌사를 바쳤다. 여기서 "개인적인 것이 창의적인 것"이란 문장은 통역에게 맡기고 "그게 바로 당신"이라는 말은 직접 영어로 말했다. 통역이란 시간의 거리감마저 활용한 세련된 연출이다. 그 뒤에 '텍사스 전기톱'을 언급하며 영화에 대한 애정과 헌사를 바치는 꼼꼼함도 잊지 않는다. 여기서 텍사스에 생긴 봉준호관이 연상되는 건 특유의 디테일을 닮았다. 요컨대 아카데미 레이스 무대 자체가 봉준호 영화였고, 할리우드는 거기에 응답했다.

앞서 환경의 변화를 언급했는데 봉준호는 할리우드의 (혹은 시대의) 필요에 의해 무대 한가운데로 소환되었다. 《LA 타임즈》의 저스틴 창의 칼럼을 빌리자면 "〈기생충〉이 오스카상을 필요로 하는 것보다도 오스카상이 〈기생충〉을 훨씬 더 필요로 하고 있다." 할리우드로 대표되는 북미 영화 산업의 판도와 지형은 현재 급격한 변화를 맞이하는 중이다. 스크린의 경계는 물론 모든 문화 간의 장벽이 얇아지고 있는 지금, 각각의 플랫폼을 중심으로 한 일종의 통합이 일어나고 있다. 한때 세계화라는 말이 유행했는데 당시의 세계화는 북미, 서구 시장을 중심에 놓고 그곳을 공략, 진출한다는 의미에 가까웠다. 세계화라고 하지만 실상은 북미화인 셈이다. 지금은 바야흐로 다극화 시대다. 넷플릭스를 비롯한 OTT 플랫폼에선 실질적인 체험의 통합이 이뤄지고 있는데, 이런 상황일수록 대두되는 것이 각각의 개성(혹은 문화권의 특색)을 중시하는 이른바 다극화다. 통합된 세계에서 실시간으로 경험들이 동시다발적으로 공유, 축적되는 가운데 좁게는 나, 조금 더 넓게는 지역, 좀 더 확장하면 국가나 문화권의 정체성이 흥미로운 아이템과 관점의 확장을 제공한다. 다만 착각해선 안 된다. 중요한 건 통합이 아니라 그 안에서 '어떻게 개성을 유지해 나갈 것인가'이다. 그런 점에서 〈기생충〉은 실로 전략적으로 양쪽을 만족시킬 만한 균형을 유지했고 칸과 할리우드가 화답했다. 한편으론 바로 그 지점이 〈기생충〉을 봉준호의 최고작으로 꼽기 주저되는 핵심이기도 하다.

봉준호는 (스스로 원했든 그렇지 않든) 현재 할리우드의 변화를 상징하는 하나의 사건이자 이후 세계의 변화를 예고하는 분기점이 되었다. 아마 제이, 제삼의 〈기생충〉이 나올 수도 있을 거다. 다만 그게 한국 영화일지는 모르겠고, 꼭 한국 영화일 필요도 없다. 한편 봉준호 자신은 이 기분 좋은 소란이자 기적 같은 만남을 뒤로하고, 뚜벅뚜벅 자신의 호흡으로 영화를 만들어갈 것이다. 우리는 그저 즐거운 마음으로 그의 다음 최고작을 기다리면 족하다.

# 끝끝내 버텨내
# 오늘에 다다른 마음들

〈파친코〉

평범한 건 귀하고 드물다. 우리는 너무 많은 이야기에 둘러싸여 있다. 가공된 이야기 속에는 흔치 않은 사건들이 끊임없이 일어나고, 비범한 인물들이 시련을 뚫고 나간다. 일상의 심심한 시간들은 대체로 뇌리에 머물지 못하고 씻겨 내려가기에 마치 비어있었던 취급을 받는다. 하지만 흔하디흔한 평범함들이 다른 형식으로 표현될 땐 귀하고 비싸진다. 〈파친코〉(2022)의 1, 2, 3, 7화를 연출한 코고나다 감독의 전작 〈콜럼버스〉(2017)의 오프닝에는 모더니즘 건축의 후원자였던 어윈 밀러의 저택이 나온다. 어윈 밀러는 말한다. "평범함은 값비싸다." 이건 일상의 소중함, 평범함의 귀중함을 역설하는 말인 동시에 문자 그대로 사실을 적시한 명제다. 일상이 일상의 자리에 있을 때는 알 수 없다. 그걸 '이야기'의 형태로 굳히고, 영상으로 자리를 옮겨 다시 보기 위해서는 비싸고 비범한 노력이 필요하다. 뿌리 내린 공간을, 나고 자란 땅을 떠난다는 건 그런 거다. 애플 TV+의 오리지널 시리즈 〈파친코〉를 보며 문득 귀하고 비싼 순간들이 만들어지는 방식에 대한 감탄이 일었다. 한동안 스크린에서 마주하지 못했던 에너지와 야심을 〈파친코〉에서 발견한다.

## 평범해서 고귀한 것들의 이야기

이민진 작가의 소설을 원작으로 한 〈파친코〉는 일제강점기 부산 영도부터 1989년 일본 오사카까지 4대에 걸친 재일교포 가족의 일대기를 다룬다. 이민자로서 낯선 땅에 적응하는 과정에 대한 고백은 사실 이야기 세계에서는 흔한 소재다. 이야기는 범상치 않은 체험과 비극을 탐닉하기 마련이고, 디아스포라의 흔들리는 시간들은 이들의 존재조차 인지하지 못한 채 살아갔던 사람들의 부끄럽고 미안한 마음을 자극한다. 영화는 지워진 역사와 기억을 복원시키는 데 탁월한 힘이 있다. 그런 이유로 지워진 자들의 외면받은 역사(혹은 기억)는 인식의 확장 차원에서 언제나 영화(정확히는 영상스토리텔링 콘텐츠라고 해야겠지만 여기서는 영화라고 통칭하겠다)가 사랑받아 온 소재다. 짧은 식견에 기대 함부로 판단하자면 사실 디아스포라의 기억에 관한 영화는 적지 않다. 재현된 영화 차원에서 말하자면 오히려 흔하고 평범한 쪽에 가깝다. 게다가 〈파친코〉의 이야기 줄기도 그다지 독창적이진 않다. 여러 세대에 걸친 다양한 인간관계와 사연이라든지, 가족의 이야기에 집중하는 것, 개인사 바깥에 초연하게 운동하고 있는 역사의 물결을 '보이는' 게 아니라 '감지되도록' 하는 건 (알폰소 쿠아론의 〈로마〉(2016)가 그러 했듯) 많은 영화가 걸어온 정석이라고 해도 무방하다.

〈파친코〉는 이 모든 평범하고 안전하고 익숙한 요소들을 살뜰히 끌어모아 기적 같은 순간들을 창조한다. 이야기가 영화의 물리적 경계가 진즉에 허물어진 상황에서, 여전히 영화의 흔적이나 마법 같은 것들이 존재한다면 그건 스크린 안쪽이 아니라 바깥쪽에서 머물 것이다. 스크린을 마주하는 관객에게 어떻게 씨앗을 뿌리느냐, 다시 말해 무엇을 보여주느냐보다 어떻게 표현하는가가 핵심이란 말이다. 물론 〈파친코〉는 그 자체로 비범한 이야기이기도 하다. 정확히는 모든 이야기가 주인공, 인물 각자에게는 나름의 방식으로 비범하다. 정말 어려운 것은 여기에 다시금 평범함을 부여해 일상의 얼굴을 덧씌우는 것이다. 이민진 작가는 역사에 기반한 사실을 소설로 쓰고 싶었다고 말한다. 하지만 "자신의 초고는 분노해 있는 소설"이었다며 그걸 사람들이 읽고 싶게 만들기 위해 노력했다고 고백한다. 좋은 이야기는 호소하지 않는다. 작가의 분노를 '듣는' 것이 아니라 독자가 재미있게 읽고 함께 분노'하도록' 만드는 것이야말로 세상을 바꾸는 평범함의 근간이다. 내용은 소설에서 상당히 각색되었지만 드라마 〈파친코〉도 이와 같은 정신을 고스란히 계승한다.


**병렬의 플래시백과 감정의 포커스인**

연대기 순으로 흘러간 원작과 달리 〈파친코〉는 시간 순서를 재배열한다. 이것은 과거의 재현이나 기록이 아닌 적극적으로 새로운 시공간을 만들어내는 행위다. 연속 선상에 존재하는 시간에 시작점과 끝점을 부여하는 것으로 이야기는 태어난다. 시작과 끝을 어떻게 할 것인지는 화자의 존재가 드러나는 지점이기도 하다. 때론 말하는 방식storytelling보다 화자storyteller의 위치가 이야기의 욕망을 더 선명하게 보여준다. 〈파친코〉는 8화의 내용을 두 명의 연출자가 맡았다. 전반부를 맡은 코고나다 감독의 핵심은 공간을 표현하는 방식에 있다. 전작 〈콜럼버스〉에서도 그러했듯 장면의 균형과 리듬감을 중시한다.

〈파친코〉 전체를 관통하는 형식을 딱 두 가지만 고르라면 하나는 인물에 초점을 맞춘 아웃포커스, 다른 하나는 교차 편집의 플래시백 구조다. 코고나다는 세대를 오가는 교차 편집을 통해 이야기에 평범함을 덧씌운다. 1화 오프닝 시퀀스는 1915년 일제강점기 조선과 1989년 미국 뉴욕을 오가며 구성된다. 1915년 선자(김민하)의 어머니 양진(정인지)과

아버지 훈이(이대호)는 각고의 노력 끝에 선자를 얻는다. 아들 세 명을 낳았지만 돌도 넘기지 못하고 떠나보낸 이들의 가슴엔 한이 맺혀있다. 아기를 건강하게 출산하길 기원하는 선자에게 무당은 "아이는 건강하게 대를 이을 것"이라 말한다. 착해 빠진 남편을 위해서라도 건강한 아이를 가지고 싶다는 선자의 바람이 이루어졌다는 걸 우리는 이미 알고 있다. 1989년 파트에서 선자의 손자이자 금융가로서 성공을 위해 달려가는 솔로몬 백(진하)의 이야기를 다루기 때문이다.

하지만 일련의 편집을 1989년 솔로몬 백의 입장에서 할머니가 태어난 일화를 회상하는 플래시백으로 보기에 어딘가 이상하다. 가족의 일대기를 조각내서 조금씩 진실을 보여주는 방식이라고 하기에도 어색한 지점이 많다. 시간순으로 보자면 증조할머니와 손자의 이야기는 원인과 결과처럼 느껴지겠지만 여기에 인과관계를 연결하기에는 시간의 간극이 너무 크기 때문이다. 〈파친코〉는 이들 가족의 사연을 궁금하게 만들긴 하지만 서사에 얽매여 있지 않고 느슨하다. 〈파친코〉는 왜 60년의 시간을 교차로 보여주는가. 이것은 뿌리를 거슬러 올라가는 설명이 아니라 공감의 작업이다. 오프닝의 교차 편집은 사실상 동시적인 시간을 다루는 감각에 가깝다. 한국에서 일본으로 건너와 이방인으로서의 삶을 버텨내야만 했던 이들의 삶은 60년 전이나 지금이나 근본적으로 변한 게 없다. 양진과 딸 선자, 선자의 아들

노아(박재준)와 모자수(박소희), 모자수의 아들 솔로몬까지 이들의 삶은 연대기의 횡렬이 아닌 도상적 이미지의 유사성에 근거한 병렬이다. 〈파친코〉의 편집은 이미지(혹은 사연)의 유사성을 연결시켜 리듬을 만들어낸다. 과거의 회상, 재일 교포라는 누군가의 이야기가 아니라 우리의 이야기로 포개지는 비결이 여기에 있다. 일상의 경이와 아름다움은 사건과 사건 사이 행간에 깃드는 법이다. 양진과 선자, 모자수와 솔로몬의 공간들. 영도와 오사카와 뉴욕, 심지어 1930년대의 도시와 지금의 도시의 기억들. 공간을 구성하는 사람들의 실제 삶의 무게와 흔적이 수시로 교차한 끝에 이야기를 목격하는 우리의 마음이 고요하고 강렬하게 흔들린다.

사람 사는 꼴은 어딜 가나 다 비슷하고 동시에 제각각 다르다. 일상의 자리, 공간의 여백을 만들어주는 것이 교차 편집이라면 제각각 다른 인물의 상태, 감정을 몰입시키는 건 거의 모든 화면에 걸친 포커스인이다. 〈파친코〉는 인물에 확실한 포커스를 주고 여백을 날린다. 어디까지나 그 공간을 점유 중인 사람의 감정이나 상태에 집중시킨다는 말이다. 이건 공간이 인물을 바라보도록 만들거나 공간을 또 다른 주인공으로 생각하는 영화들과 확실히 구분되는 지점이다. 사실을 있는 그대로 재현하는 것보다 이야기의 세계에 안내받는 감각이라 해도 좋겠다. 일관된 아웃포커스 덕분에 매 화면은 (심지어 어시장의 남루한 모습을 보여줄 때조차) 고급스럽고 우아하게 다가온다. 보는 맛이 있다고 해야 할까. 이민진 작가의 표현을 빌리자면 보는 재미를 갖춘다. 예쁜 화면에만 집중했다면 과거 혹은 추억의 미화라는 아쉬운 소리를 들을지도 모르지만 〈파친코〉는 과거와 현재가 마주 보고 대화하는 듯한 편집 덕분에 영리하게 재현의 함정을 피해간다.

## 냄새와 소리로 뿌리를 더듬는 법

계속 이야기가 가진 평범함의 미학을 논했지만 정정해야겠다. 선자는 비범하다. 타고난 상재뿐만 아니라 어릴 때부터 세상을 보는 밝은 눈을 갖췄다. 흔히 어머니는 강하다,고 하지만 내 생각엔 간혹 강한 어머니들이 있는 거다. 약하고 비겁하고 무책임한 부모가 있는 것처럼. 사물의 일면을 집단의 대표적인 속성으로 기억하는 건 사실이라기보다는 우리의 믿음이자 욕망에 가깝다. 〈파친코〉의 어머니, 아니 부모들도 그렇다. 선자의 아버지 훈이는 말한다. "네 숨이 붙어있는 동안에는 내가 뭔 짓을 해서라도 세상 더러운 것들이 널 건들지도 못하게 하겠다"라고. 이건 결과로 실현되지 않는다. 하지만 듬뿍 쏟아부은 사랑은, 대가 없는 무한의 애정은, 이 살갑고 애달픈 의지는 세대를 건너 면면이 되물림되어 영화를 관통하는 주제로 자리 잡는다. 처한 상황과 현실의 벽, 형편에 따라 각자 다른 형태로 표현되지만 한결같은, 세상 모든 부모의 마음. 누군가는 그걸 핏속에 흐르는 한 맺힌 피라고 하고, 어떨 땐 정체성 혹은 민족성이라고 쓴다. 이름표 따위 상관없다. 그건 시대와 형태를 아무리 달리해도 단번에 알아볼 수 있는 덩어리다. 〈파친코〉가 내내 부여잡고 관객을 향해 쏟아내는 것, 누군가의 기억과 역사를 뒤적인 끝에 가슴속에 앙금처럼 남는 것도 결국엔 이 뜨거운 덩어리들이다.

생각해 보면 앞서 언급한 형식과 구성, 심지어 이야기조차 이 덩어리들에 비하면 곁가지에 불과하다. 〈파친코〉는 우리에게 무엇을 남기는가. (5화를 기준으로) 딱 두 가지가 뇌리에 새겨져 지워지지 않는다. 하나는 냄새다. 어머니와 함께 담그던 김장김치 냄새, 집에서 나는 쿰쿰한 흙냄새, 개울가의 물 냄새까지 〈파친코〉의 정겨운 장면 곳곳에는 온갖 냄새로 가득하다. 뿌리를 내리고 터전을 일군 땅의 냄새이자 사람들의 냄새이며 고향의 냄새는 민족이라는 신화의 냄새로 우리를 감싼다. 한국 사람, 한민족이라는 정체성이 무언지 사실 잘 모르겠다. 하지만 이 땅의 냄새만큼은 분명히 기억한다. 어머니 양진이 딸을 일본으로 떠나보내며 지어준 밥 냄새. 이 땅에서 나고 자란 쌀 품종에서 나는 특유의 쌀 냄새가 아니라 어머니 마음의 쌀 냄새다. 5화에서 일본으로 건너간 선자가 옷을 빨아버려 냄새가 지워지자 오열하는 건 당연한 일이다.

나머지 하나는 소리다. 4화에서 오사카로 건너가는 배

안에서 여가수는 일등 칸의 일본인들을 위해 오페라를 부른
다. 공연장 밑에는 좁아터진 공간에서 몸을 누이기도 힘든
조선인들이 있다. 공연하다가 여가수가 갑자기 판소리를 부
르자 일본인들은 처음엔 어리둥절해한다. 하지만 밑바닥에
서 소리를 들은 조선인들이 화답하듯 아니면 뭔가에 홀린
듯 합창하자 그제야 분노하며 여가수를 끌어낸다. 여가수의
판소리는 음악이라기보다는 차라리 울림과 고동이다. 세상
에서 가장 빠르게 울려 퍼지는 게 노성怒聲이라면 가장 묵직
하고 끈덕진 소리가 여기에 있다. 내지르지 못하고 속에서
삭이고 삭인 끝에 고요하게 새어 나온 심장 고동 같은 소리.
한의 소리. 분노를 발산하는 '소설' 대신 재밌어서 널리 퍼
져나갈 '이야기'를 쓰고 싶었다는 이민진 작가의 바람처럼,
〈파친코〉는 때론 화려하고 우아한 화면과 흥미진진한 사연
을 거쳐 걸러지지 않을 덩어리들을 남긴다.

이쯤 되면 다시 정정해야겠다. 평범한 일상의 순간들 자
체가 귀한 게 아니다. (물론 그걸 화면으로 다시 감상하게끔
해주는 영화적인 기적은 놀랍고 아름답다.) 평범하고 싶었지
만 끝내 그럴 수 없었던 삶의 질곡과 그럼에도 끝끝내 버텨
내서 오늘로 이어져 내려온 마음들이야말로 진정 귀하고 소
중하다. 당신의 오늘이 있기까지 존재했던 모든 어제, 누군
가의 오늘이었던 그 모든 순간에 감사하며, 두근거리는 마
음으로 드라마 〈파친코〉를 기다렸다.

# 순간을 영원으로 바꾸는 기록자

〈이별의 아침에 약속의 꽃을 장식하자〉

"외톨이가 외톨이를 만났네." 착각하기 쉬운 게 하나 있다. 우리는 동시대를 살아간다고 믿지만 사실 사람들은 제각기 다른 시간 속을 살아간다. 한 사람의 기억과 삶은 온전히 자신만의 몫이기에 각자가 겪어온 체험은 근본적으로 공유되지 못한다. 그래서 외롭다. 외롭기에 관계를 맺는다. 인간의 역사란 서로 다른 시간 속을 살아가는 사람들이 관계라는 실로 엮어낸 거대한 직물이라 해도 크게 틀리진 않을 것이다. 〈이별의 아침에 약속의 꽃을 장식하자〉(2018, 이하 〈이별 아침〉)는 장대한 시간에 아로새겨진 기억을 판타지적인 설정으로 풀어낸 애니메이션이다. 중세를 연상시키는 배경에 웅대한 전투 장면도 등장하고 환상적인 볼거리도 제공하지만, 이 작품의 핵심은 관계의 형태를 만들어나가는 데 있다. 한 명의 외톨이가 다른 외톨이를 만나 서로의 기억이 되는 시간. 서로가 처한 위치에 따라 관계에는 다양한 이름표가 붙는다. 모정, 애정, 집착, 우정 등 상황에 따라 여러 가지로 불리지만 결국 갈라진 길은 하나로 모아진다. 너와 함께한 시간을 잊지 않겠다는 것. 언젠가 찾아올 이별이 아름다울 수 있는 단 한 가지 이유이자 희망.

## 오리지널 왕도王道 판타지를 극장에서 마주하는 기쁨

〈이별 아침〉은 오랜만에 찾아온 오리지널 극장판 애니메이션이다. 대개 TV판, 원작 등 다양한 이야기의 최종 버전으로 극장판이 선택되는 경우가 다반사다. 오리지널 스토리가 상대적으로 자주 제작되지 못하는 이유는 현실적인 문제가 크다. 무엇보다 한 번도 보지 못하고, 검증되지 않은 이야기에 거대한 제작비와 시간, 인력을 투입하는 건 쉬운 일이 아니다. 그럼에도 일본 애니메이션의 저력은 역시나 극장판 애니메이션에서 증명된다. 대표 브랜드였던 지브리 스튜디오가 제작 중단을 선언한 뒤에도 신카이 마코토의 〈너의 이름은.〉(2017), 요네바야시 히로마사 감독의 〈메리와 마녀의 꽃〉(2017), 호소다 마모루의 〈미래의 미라이〉(2018) 등 주목할 만한 작품들이 꾸준히 제작되었다. 이들 애니메이션의 특징 중 하나는 판타지적인 상상력을 바탕으로 한다는 점이다. 애니메이션이라는 장르적 특징을 십분 살리기 위한 선택이겠지만 이 경우 설정 자체가 주제를 선명하게 드러낼 수 있다는 장점도 있다. 〈이별 아침〉 또한 판타지 무대를 빌려 관계의 깊이에 도달한다. 아니 한 걸음 더 나아가 왕, 기사, 공주, 용(정확히는 용과 흡사한 디자인의 레나토라는 고생물) 등 이른바 중세풍 왕도王道 판타지를 선보인다. 이 모든 설정의 중심에 요르프족이 있다.

수백 년의 수명을 지닌, 나이가 들어도 소년 소녀의 모습을 한 요르프족은 긴 수명 탓에 '이별의 종족'이라고 불린다. 요르프족은 자신의 생각과 경험, 일상을 히비오르라고 불리는 천에 짜 넣으며 살아가는데, 투명하게 빛나는 히비오르에서 이 기록들을 읽을 수 있는 건 요르프족뿐이다. 이야기는 평화롭게 살아가던 요르프족이 메자테 왕국으로부터 침공을 받으면서 시작된다. 메자테 왕국은 하늘을 나는 짐승 레나토의 힘을 빌려 세계의 패권을 쥐고 있었다. 하지만 몇 마리 남지 않은 레나토가 레드 아이라는 병에 걸려 죽어나가자 이를 대체할 권위를 찾으려 한다. 그렇게 해서 선택된 것이 태고의 종족 요르프다. 요르프는 긴 수명과 히비오르 이외에 특별한 능력은 없지만 고대의 존재라는 상징성이 있고, 메자테 왕국은 요르프족 여성들과 혼인하여 고대의 핏줄을 잇는다는 권위를 확보하고 싶어 한다. 요르프족 소녀 마키아는 혼란스런 침략 속에 광폭화된 레나토를 타고 우여곡절 끝에 마을을 탈출한다. 먼 숲에 홀로 떨어진 마키아는 강도의 습격을 받은 집단 속에 홀로 살아남은 아이를 발견한다. 마키아는 아이에게 아리엘이라는 이름을 붙여주고 함께 살아갈 것을 결심한다.

〈이별 아침〉의 장대한 설정은 오직 이 만남을 위한 상상력이다. 영화는 원경과 근경, 거대한 서사와 작고 조밀한 이야기라는 날실과 씨실로 히비오르를 짜나간다. 장대한 서사의 날실은 요르프족과 세계의 운명에 관한 이야기다. 마키아의 친구인 레일리아가 왕국에 납치되어 왕자와 강제로 결혼을 하고, 레일리아의 연인이자 친구인 크림이 레일리아를 되찾기 위해 갖은 수단을 쓰는 등 전쟁 서사의 스펙터클과 웅장한 무대가 진행된다. 하지만 영화가 진정 집중하고 싶은 쪽은 마키아의 '엄마 되기', 아리엘의 성장과 정체성의 혼란을 그린 미려한 씨실 쪽인 것 같다. 영원을 사는 종족이 인간 아이를 거두고 키우는 엄마가 되기로 결심하는 순간 사실 슬픔은 예고되어 있다.

요르프족이 이별의 혈족이라 불리는 이유 중 하나는 격리된 채 살아가기 때문이기도 하다. 마을의 장로는 마키아에게 당부한다. "만약 요르프 마을을 떠나 바깥세상의 누군가를 만나게 된다 해도 절대 사랑을 해선 안 돼. 사랑에 빠지면 정말 혼자가 될 거야." 관계가 시작되어야만 헤어짐도 있기에 혼자가 되기 위해선 일단 먼저 둘이 되어야 한다. 마키아와 아리엘은 긴 시간을 거쳐 다양한 관계로 서로를 마주한다. 처음엔 남이었고 아리엘이 성장할 땐 모자였으며, 아리엘이 자란 후엔 동년배 이성을 향한 기이한 감정이 싹튼다. 한 사람이 이 모든 변화를 감당해야 할 때 우리는 어떤 얼굴로 상대를 마주할 수 있을까. 관습적으로는 슬픔에 머물 것 같지만 〈이별 아침〉은 신파와 눈물 이상의 강인함으로 운명과 마주하고 받아들이는 모습을 담는다. 누군가는 모든 걸 끌어안는 그 위대한 사랑을 모성이라 부르기도 한다.

## '오카다 마리'라는 뜨거운 원점

세계에 대응하는 시선을 드러내는 것이 작가의 조건 중 하나라고 하면 〈이별 아침〉은 작가로서의 오카다 마리를 표현한 분신과도 같은 영화다. 제작사 P.A.WORKS의 호리카와 켄지의 표현을 빌리자면 "오카다 마리의 100%가 담긴 이야기"다.《그날 본 꽃의 이름을 우리는 아직 모른다(약칭 '아노하나')》(2013), 〈마음이 외치고 싶어 해(약칭 '코코사케')〉(2015) 등을 통해 애니메이션 각본가로 명성을 쌓은 오카다 마리는 이번 작품을 통해 감독으로 데뷔했다. 드라마, 그중에서도 관계의 다면적인 모습을 묘사하는 데 역량을 발휘해 온 오카다 마리는 사춘기의 어두운 경험들을 곧잘 작품에 반영하곤 해왔다. 히키코모리였던 어린 시절부터 극작가로 데뷔하기까지의 과정을 다룬 자서전《학교에 가지 못했던 내가

〈아노하나〉〈코코사케〉를 쓰기까지》에 그 과정들이 잘 담겨
있다. (자서전은 NHK BS 특집드라마로 제작되어 2018년에
방영되었다.)

　　다소 비현실적인 여성관과 대책 없는 낭만으로 귀결되
는 오카다 마리의 이야기들은 이런 체험을 동화적 상상력으
로 풀어낸 결과물이라 해도 크게 틀리진 않을 것이다. 일각
에서는 이를 두고 막장 드라마 같다는 지적도 있지만, 한편
으론 그와 같은 과장된 통속성과 낭만적 해결이야말로 오카
다 마리 월드로 접속하는 키워드이기도 하다. 그런 의미에
서 판타지의 세계관은 작가 오카다 마리의 내면 깊숙이 자
맥질하기 더없이 좋은 환경을 제공한다. 영원을 사는 요르
프족은 각자의 시간을 사는 우리들의 또 다른 모습이기도
하다. 요르프족인 마키아, 레일리아, 크림은 강제로 세상 밖
으로 내몰린 후 서로 다른 방식으로 변해간다. 마키아는 한
없이 연약한 존재에게 아낌없이 쏟아붓는 사랑을 몸으로 익
혀가고, 레일리아는 상처로 인해 마음의 문을 닫는다. 크림
은 잃어버린 걸 되찾기 위해 수단과 방법을 가리지 않는 맹
목의 감정에 휩싸인다.

　　〈이별 아침〉의 이러한 설정은 그 자체로 세계를 마주하
는 오카다 마리의 시선을 관통한다. 관계의 다양한 면면을
여러 인간 군상을 통해 묘사하는 이야기는 흔하지만 이 모
든 상황을 한 여성의 (영원히 끝나지 않을) 일생에 담아내

는 구조는 그것만으로도 아이러니한 감정들을 자아낸다. 한편으로 상대와 함께 늙어갈 자유가 없는 요르프족은 한편으론 세계를 방관하는 신과 다를 바 없다. 아리엘이 늙은 후에 아리엘의 삶을 기억하는 마키아의 모습은 어머니라는 위치를 넘어 거의 세월이란 이름의 신처럼 보일 정도다. 때문에 오직 히비오르의 기록자로서 존재하던 요르프족, 특히 마키아가 세계와 관계를 맺고 필사적으로 주변과 동화되어 가는 모습은 열심히 살아가는 이들에 대한 격려처럼 보이기도 한다. 근본적으로 마키아는 변할 수 없다. 아리엘은 마키아로 인해 변화된 삶을 살지만 마키아에겐 그조차 한순간에 불과하다. 〈이별 아침〉의, 이별의 혈족의 진짜 슬픔은 거기에서 배어 나온다. '나'는 바뀌지 않을지도 모른다는 잔혹한 진실. 그럼에도 불구하고 타인을 제대로 보고 사랑하고자 하는 마키아의 마음은 단단한 껍질을 깨고 기꺼이 고통을 직시한 채 세상 밖으로 나가겠다는 각오를 동반한다. 방문을 열고 이야기(기록)로 세상과 마주하는 히키코모리의 용기라고 해도 좋겠다. 그런 이유로 모성 서사가 두드러지긴 하지만 이를 굳이 모성이라는 관계에 한정시킬 필요는 없을 것 같다. 크고 작은 아쉬움이 없는 건 아니다. 짧지 않은 상영시간임에도 이야기는 실로 방대하고 종종 급격한 점프와 생략으로 호흡이 가빠지기도 한다. 여성과 모성에 관한 다소 낡은 접근 방식 역시 지적받을 여지가 있다. 하지만 오카다 마리는 그간 지적받아 온 자신의 약점들을 감출 생각 따위 없어 보인다. 히가시지 카즈키 미술감독의 표현을 빌리자면 "지금까지보다 훨씬 오카다 마리라는 뜨거운 원점에 접근한" 작품이기 때문이다.

### 한 폭의 그림이 선사하는 행복감

무엇보다 〈이별 아침〉은 '세계를 그린다'는 명제를 충실히 구현한 작품이다. 빼어난 작화로 정평이 난 P.A.WORKS가 제작을 맡았고 〈택틱스 오우거〉〈파이널 판타지 12〉 등 게임 캐릭터 디자인으로 유명한 요시다 아키히코가 캐릭터 원안을 담당했다. 각본과 그림을 연결하는 작업, 머릿속의 이미지를 물질적으로 구체화시키는 작업은 결국 창작자의 해석을 필요로 한다. 그런 의미에서 각본과 감독을 함께 맡은 오카다 마리의 비전은 그 자체로 본인이 선보이고 싶은 메시지라고 해도 좋을 것 같다.

시나리오 지문에 미처 담지 못했던 감정의 정보량은 최상급 애니메이터들의 손을 빌려 스크린 위에 현실로 되살아난다. 특히 유려하고 세밀한 작화와 생동감은 중세 판타지 공간의 한복판에 있는 것 같은 착각을 불러일으킬 정도로 환상적이다. 반투명한 자태로 하늘거리는 히비오르의 아름다움, 하늘을 활강하는 레나토의 아찔한 비행은 두말할 것도 없고 마키아와 아리엘이 머무는 헤름 농가의 목가적인 풍경, 디테일을 살려낸 소박한 집안의 모습 등은 보는 것만으로도 가슴 한구석 따스하게 데워지는 만족감을 선사한다. 쪽빛으로 물든 하늘에 붓끝이 닿은 것 마냥 길게 늘어진 구름, 광활한 대지 위에 돋아난 황금빛 작물. 한 폭의 그림 위에 선 마키아는 아리엘과 함께했던 과거, 두 사람의 히비오스를 회상하며 울먹이다 결국 크게 울음을 터트린다. 그리고 푸른 하늘을 가득 메울 듯 퍼져나가는 꽃씨들. 영화는 그렇게 이별의 아침을 위로할, 약속의 꽃 같은 장면을 당신에게 선물한다. 그림은 힘이 셌다.

# 다른 사람의 이야기 속 나의 자리

《3월의 라이온》16권 포장을 뜯으며 생각한 것

때로 말과 문장이 현실보다 훨씬 거대하게 다가온다. 어
릴 땐 책 속에 담긴 명언과 통찰력 있는 문구가 인생의 진리
처럼 보였다. "행복한 가정의 사정은 다들 비슷비슷하지만
불행한 가정은 저마다 다른 이유가 있다"는 톨스토이의《안
나 카레리나》에서 저 유명한 첫 문장을 읽으며, 어떻게 저런
지혜와 혜안을 가질 수 있는지 경외와 신비의 마음을 품었
다. 하지만 생각해 보면 그 시절 우리 집은, 한 줌의 경험과
나의 좁은 세계는 저 문장의 진의에 공감할 만큼 불행하지
도 특별하지도 않았다. 그저 소소한 문제와 미세하게 떨리
는 고민들을 이해받고 싶어서, 진실을 관통하는 위대한 문
장에 내 상황을 끼워 맞추고 싶었던 건지도 모르겠다. 아니
면 뭔가 깨달은 척 아는 척하고 싶었던 동경과 질투의 흔적
이었을까.

고백하자면 내 삶을 흔든 문장 대부분은 위대한 문학가의 문장이나 위인들의 명언이 아니라 만화책에서 마주했다. 거대한 산처럼 우뚝 솟은 명언들이 기어 올라가야 만끽할 수 있는 풍경이었다면 만화 속의 멋진 순간들은 내 곁으로 직접 다가와 어깨를 두드려주는 살가운 친구였다. 현학적인 진리들이 구름 위의 별을 가리킬 때 만화는 문턱을 낮추고 옆에 걸터앉아 두런두런 이야기를 들려주었다. 머리가 조금 굵어지고 나서야 절감한다. 내가 있는 자리로 다가오는 것들의 소중함을. 일상과 공감의 영역에 머물기 위해 얼마나 많은 에너지와 성찰이 필요한지를. 많은 시간 구름 위의 별을 동경했지만 지금에 와서 되돌아보니 오늘의 나를 만든 감성의 8할은 내 곁에서 함께 삶의 소소한 순간마다 함께 수다를 떨었던 만화였다. 어쩌면 우리에게 필요한 건 영원 불멸의 진리가 아니라 필요한 순간 내가 듣고 싶은 이야기를 해주는 속 깊은 친구다. 나에겐 우미노 치카 작가의 작품들이 대체로 그랬다.

　《3월의 라이온》 16권이 나온다는 소식을 듣고 새삼 기억을 복기했다. 단행본의 의도치 않은 매력은 오랜만에 나올 때마다 지난 이야기들을 처음부터 다시 읽기를 강요한다는 점이다. 만화는 생각보다 많은 노동력과 시간이 투입되는 작업이고 일본 만화출판계의 살인적인 스케줄을 따라가지 못하는, 정확히는 스케줄 조정이 어느 정도 허용될 만큼 유명해진 작가의 경우 작업은 꽤 느리게 진행된다. 우미노 치카 작가는 2013년 무렵부터 건강상의 이유로 단기 휴재를 반복하며 속도 조절 중이다. 거의 2년 만에 나온 신간을 읽기 위해 《3월의 라이온》 열다섯 권을 처음부터 다시 읽었다. 읽다 보니 마음이 동해 내친김에 완결된 전작이자 출세작 《허니와 클로버》 열 권마저 다시 읽었다. 사실 내용이 잘 기억나지 않는다는 건 핑계에 불과하고 신간이 나올 때마다 반복되는 작업이다. 이미 익숙하고 잘 안다고 생각했던 것들을 다시 꺼내어 볼 때마다 새로운 감정에 휩싸인다. 책의 내용은 변한 게 없지만 다시 읽었을 때 뭔가 달라진다면 그만큼 내가 변한 것이리라. 그런 의미에서 다시 읽기는 나와 변화와 지난 궤적을 되돌아보는 작업이기도 하다.

우미노 치카 작가의 특징 중 하나는 등장인물 하나하나에 애정을 쏟는다는 점이다. 전체의 윤곽을 잡아주는 주인공이 있긴 하지만 주인공을 둘러싼 인물들 한 명 한 명의 사연을 꼼꼼히 따로 그리는 집단 주인공 구성이라고 봐도 무방할 정도다. 각자의 사연과 각자의 입장, 각자의 에피소드를 그려나가는 방식은 자연스럽게 단편 영화의 구성을 띤다. 우미노 치카 작가의 작품은 일종의 단편 에피소드 연작에 가깝다. 각 캐릭터들이 쓰는 자전적 에세이 모음집이라 해도 좋겠다. 미대생들의 사랑과 성장, 청춘을 그린 《허니와 클로버》도 집단극에 가까울 만큼 다양한 캐릭터의 사연들을 펼쳐냈지만 《3월의 라이온》에 와서는 이러한 경향이 더욱 짙어졌다. 프로 장기기사라는 이색적인 무대를 배경으로 하는 《3월의 라이온》은 각 장기기사들이 걸어온 면면을 하나씩 소개한다. 여느 작품이라면 이야기의 중심축이 무너지고 사변적으로 확장된다고 비판받겠지만 우미노 치카의 세계에서는 전혀 단점으로 작동하지 않는다. 애초에 거대한 줄기를 따라가는 서사극이 아니라 우리 일상에서 발견할 수 있는 소소한 순간들을 멈춰서 가만히 지켜보는 구성으로 된 세계이기 때문이다.

우미노 치카는 가만히 봐야 예쁜 것들을 찬찬히 공들여 바라본다. '바다 근처 유원지(우미노羽海野)'에서 따온 필명처럼 그의 시간은 일상보다 느리게 흐르는 것 같다. 오너캐(저자 자신을 대표하는 '오리지널 캐릭터'의 줄임말)의 디자인을 곰으로 표현한 것도 어쩌면 무관하지 않아 보인다. 느리게 걸어야만 보이는 것들, 일상이라는 핑계로 흘리고 지나간 순간들을 조심스레 담아 다시 보여주는 작업은 마치 바닷가에서 보석을 줍는 시간처럼 느껴진다. 물론 우미노 치카가 줍는 보석은 반짝이는 황금이 아니라 조각난 조개껍질이다. 남들이 볼 땐 흔해 빠진 조개껍질을 소중히 품고 곱게 씻어 내 방 한구석에 놓아두었을 때, 익숙한 방 안 어딘가에서 바닷소리가 들려오는 마법. 우미노 치카가 일상을, 평범함을 이야기로 바꾸는 작업이 이와 같다. 당연하고 별거 아니라서 기억하지 못했던 것들, 스쳐 지나가는 것들, 내 삶의 엑스트라라고 생각했던 사람들의 이야기 하나하나에 부피와 실감을 부여하는 것이다. 내가 알지 못했던 너를 이제 안다는 것. 아니 알고 싶다는 것. 오랜 시간 고민하고 상대의 상황을 상상했던 사람이기에 가질 수 있는 넓은 시야와 따뜻한 마음. 그리하여 누군가의 이야기는 모두의 이야기로 확장되고, 모두의 이야기는 누군가의 이야기로 깊어진다.

전반적으로 에피소드 구성인 까닭에 우미노 치카 작품을 다시 볼 때마다 마음을 울리는 에피소드, 마음에 와닿는 캐릭터가 달라진다. 아마도 그만큼 내가 달라진 것이리라. 예전에는 《허니와 클로버》에서 마야마를 짝사랑 중인 여대생 야마다의 에피소드에 마음을 빼앗겨 몇 번이고 반복해서 읽었다. 부서진 차조기 잎을 보며 이뤄질 수 없는 자신의 마음을 투영한 에피소드가 못내 안쓰러웠다. 부러진 부분을 잘라내야 한다는 걸 머리로는 알지만 가슴으로 받아들이지 못하는 상태가 마치 내 이야기 같았던 건지도 모르겠다. "땀에 젖은 팔이며 몸에, 여름밤의 짙은 공기가 휘감겨 온다. 바람 속에 희미하게 화약 냄새가 섞여있다. 아마도, 어느 집 마당에서 아이들이 작은 여름을 태우고 있나 보다." 차조기 잎을 물끄러미 바라보는 야마다의 실루엣 사이 내레이션 구성으로 삽입된 대사 한 줄 한 줄이 어떤 에세이보다, 어떤 단편 영화보다 감각적으로 다가왔다. 종종 우미노 치카의 연출은 영상적이다. 동시에 매우 문학적이기도 하다. 내게 있어 여름의 냄새는 아직도 이 에피소드의 몇 칸의 표현으로 기억된다.

이번에 다시 전체를 복기하면서 마음에 와닿은 건 프로 장기기사들의 이야기였다. 프로 장기기사의 세계에 뛰어든 소년 키리야마 레이의 이야기를 담은 《3월의 라이온》은 근작으로 갈수록 키리야마 소년 이외 장기기사들의 에피소드의 비중을 키워가고 있다. 이번에 다시 읽을 때 유난히 마음이 가는 에피소드는 신인왕 타이틀을 걸고 대결을 벌인 야마자키의 사연이었다. 키리시마는 친구이자 (자칭) 라이벌인 니카이도를 꺾은 야마자키와 대국을 벌인다. 야마자키는 몸이 약한 니카이도의 약점을 공략하기 위해 장기전으로 몰고 간다. 결국 니카이도는 병원에 실려 가고 이에 분노한 키리시마는 정면 승부로 야마자키를 꺾어버린다. "자기의 문제를 극복하지 않고 남에게 떠넘겨 버리는 것을 정정당당하다고 한다면 나의 대답은 단 하나, 웃기지마!" 이 장면은 키리시마의 시점에서 비겁한 빌런을 타도하는, 소년만화의 클리셰 같은 에피소드다. 그런데 바로 이어 이 에피소드는 야마자키의 시점에서 재구성된다. 야마자키는 프로가 된 지 꽤 오래됐지만 신인왕 이외 타이틀이 없다. 좀처럼 타이틀을 차지하지 못하는 야마자키는 어느새 겁이 많아지고 신인왕 타이틀이라도 필사적으로 붙들려고 한다. "프로가 되어 6

년이 지나도록 도무지 앞으로 나아갈 수 없게 되어버린 지금은, 온몸이 갈기갈기 찢기는 기분으로 뛰어들어도 빈손으로 돌아올 때가 대부분이었다." 야마자키는 공포에 몸이 움츠러진 자신과 달리 몇 번이고 도전하고 몸을 던지는 키리야마와 니카이도를 보며 좌절하고 동경하고 자극받는다. "이 녀석들이 있는 세계에 다시 한번 돌아가고 싶다고." 내가 야마자키의 이야기에 위로받는 건 나도 그렇게 적당히 비겁해지면서 나이를 먹어가고 있기 때문일 것이다.

우리 모두 각자의 사연이 있다. 어린 시절에는 빌런을 물리치는 히어로를 동경했지만 나이가 들어갈수록 빌런이 왜 빌런이 되었는지 궁금하다. 어쩌면 내가 누군가의 빌런일 수도 있고, 누군가의 이야기 속 배경일지도 모른다는 당연한 생각을 이제야 한다. 솔직히 많은 사람이 천재이자 특별한 키리야마보다 넘어지고 좌절하고 조금씩 비겁해지는 야마자키에 더 가까울 것이다. 우미노 치카는 야마자키의 사연을 단순히 '입장 바꿔 생각해 보기'로 소비하는 것에서 한발 더 나간다. "믿으면 꿈은 이루어진다. 그것은 아마 사실일 것이다. 다만 거기에는 한 문장이 빠져있다. 믿고 계속 노력하면 꿈은 이뤄진다. … 표어나 구호는 짧은 것이 좋다. 하지만 여기에는 너무나 많은 것이 생략되어 있다." 야마자키의 독백에는 우미노 치카의 작법의 진수가 담겨있다. 우미노 치카는 생략된 인물들의 사연, 심리, 상황, 걸어온 생을 구체화한다. 캐릭터의 기능으로 남겨두지 않고 에피소드를 부여하고 부피를 키워 피와 살이 덮인 사람으로 되살리는 것이다. 생각해 보면 야마자키도 이미 선택받은, 특별한 사람이다. 특별한 노력을 기울일 줄 알고, 특별한 의지를 지녔고, 자기를 돌아볼 줄 아는 특별한 시야를 가졌다. 우리는 모두 조금씩 비루하고 비겁한 동시에 충분히 특별하다.

우미노 치카가 펼쳐내는 다양한 캐릭터와 각각의 사연을 보노라면 이 모순된 형용이 동시에 존재할 수 있다는 걸 새삼 깨닫는다. 이제야 톨스토이의 저 유명한 문장이 생생해진다. 사정은 다들 비슷비슷하지만 저마다 다른 이유가 있다. 누군가의 사연과 각자의 이유 속에서 내가 지나온 궤적을 다시 발견하는 즐거움. 행복하고 행복한 어느 여름밤의 기억. 나는 여전히 어딘가에 있을 당신이, 그리고 나도 모르는 내 마음이 궁금하다. 이 맛을 알아버린 이상, 설사 앞으로 또 2년 혹은 그 이상이 걸린다 해도 설레는 마음으로 우미노 치카의 신작을 기다릴 수밖에 없다. 《3월의 라이온》 열여섯 권이 헤질 때까지 읽고 또 읽으면서.

# 점, 선, 면으로 그린 환상의 세계

〈환상의 마로나〉

유튜브 알고리즘이 이끄는 대로 몸을 맡겨, '알아두면 쓸데없는 신비한 잡학사전'(이하 '알쓸신잡')의 짧은 편집 영상들을 자주 보는 편이다. 〈환상의 마로나〉(2020)를 두고 어떻게 첫걸음을 떼야 할지 한참을 고민하고 있을 즈음 "소크라테스를 죽인 것도 민주주의?"라는 제목의 '알쓸신잡' 영상을 보고 찌릿한 기분이 들었다. 비유하자면 끊어져 있던 시냅스들이 강한 전류를 타듯 연결되는 감각이라고 할까.

소크라테스는 민주주의라는 이름의 다수의 폭정에 의해 죽임을 당했다는 게 이 영상의 요지다. 대개 죽음을 받아들여 사회적 약속을 지킨 소크라테스의 선택에 좀 더 주목해 왔던 것과 달리 패널들은 그를 둘러싼 조건에 대해 명료한 입장을 설명해 주었다. "아테네가 일어섰다가 망하는 100년의 과정을 들여다보면 인간이 무서워진다." 유시민 작가는 세월에 무너져 버린 높은 성벽과 빛바랜 갑옷들을 언급하며 "우리가 어떻게 살 것인지가 중요하다"라고 역설했다. 오늘날 인류가 기억하는 소크라테스의 죽음의 의미는 삶의 가치를 증명하는 자존적인 선택이다. 그리하여 소크라테스는 죽음을 통해 이름을 남기고 인류의 역사 속에서 영생을 얻었다는 설명. 직접 실천하긴 힘들지만 그래서 더욱 이상적이고 숭고한 이야기. 종종 아무 연관도 없어 보이는 것들이 문득 계시처럼 한 줄로 주르륵 꿰어지는 경우가 있다. 마로나와 소크라테스, 두 죽음을 나란히 접한 뒤 문득 궁금해졌다. 두 존재가 죽음을 통해 우리에게 남긴 건 비교적 명확하다. 삶의 의미와 행복의 가치에 대해서는 수만 가지 단어로 설명 가능할 것이다. 하지만 감히 짐작조차 어려운 것은 두 존재가 느꼈을 감정들이다. 요컨대 마로나와 소크라테스는 행복했을까.

**마로나는 행복하지 않았을까**

오프닝부터 가슴이 일렁이고 눈물이 흐른다. 그 벅차고 미안한 감정에 사로잡혀 뭐라도 끄적여 꺼내보고 싶어졌다. 하지만 막상 펜을 잡고 나서 얼마 지나지 않아 깨닫고 만다. 이 미안하고 행복한 우화는 딱히 비평이나 분석을 필요로 하지 않는다는 걸. 〈환상의 마로나〉는 설명을 따로 보태지 않아도 좋을 만큼 누구나 공감할 법한 이야기를 쉽고 직관적으로 그린다. 여기서 중요한 건 '그린다'라는 행위다. 애니메이션의 특권인 변형을 자유자재로 활용하는 이 행복한 견생 앞에 이름표를 붙인다면 '감정과 감각의 형상화' 정도가 어떨까 싶다. 이런 종류의 영화에 필요한 것은 이해가 아니라 대화다. 주마등처럼 스쳐 지나간 '마로나의 삶'이 끝난 자리에서 당신의 가슴 밑바닥에 묵혀둔 진창으로부터 무엇이 피어나는가. 머릿속에는 어떤 질문들이 싹트는가.

〈환상의 마로나〉를 보고 난 뒤 떠오른 의문은 두 가지였다. 하나는 왜 마로나의 견생이 굳이 그렇게 길 위에서 끝났어야 했는가, 다. 정정하겠다. 이건 영화를 보자마자 든 의문이다. 〈환상의 마로나〉는 끝에서 시작되는 이야기다. 도로 위에 새겨진 백묵 질감의 스키드마크, 아스팔트 위의 얼룩을 보자마자 왈칵 눈물부터 쏟아질 것 같을 때 마로나는 관객을 위로하듯 차분하게 말을 건넨다. "여기는 영점의 영점이다. 무가 되는 순간. 이름도 없고 과거도 없고 미래도 없는." 이 독백은 현재 상황을 정확하게 인지시킨다. 마로나라고 불렸던 개가 도로 위에서 죽었다. 거기엔 아무것도 남아 있지 않지만 우리가 목격함으로써 마로나는 하나의 이야기가 되어 관객의 기억 속에서 생명을 얻는다. 왜 굳이 마로나를 죽였어야 했느냐는 나의 질문에 안카 다미안 감독은 "이 이야기는 내가 아닌 다른 무언가를 더 사랑할 수 있다는 아이디어에서 출발했다"고 친절하게 답해주었다. 타인을 사랑한다는 것. 다른 존재의 우주를 들여다본다는 것. 네가 되어본다는 것. 〈환상의 마로나〉는 그 불가능한 체험을 애니메이션의 힘을 빌려 실현한다.

〈환상의 마로나〉는 로드킬을 당한 개 마로나가 본인의 기억을 더듬어 직접 들려주는 생의 기록이자 함께 지켜보는 우리의 기억이다. 마로나 왈, "다들 괜찮다면 내 인생의 영화를 돌려보려 한다". 우리는 마로나라고 불렸던 개가 어떻게 세상을 떠났는지, 결과를 이미 알고 있다. 말하자면 이건 하나의 생명이 기억으로 완성되어 가는 이야기다. 주마등처럼 스쳐 지나가는 기억의 영화관과 함께 영화는 마로나의 삶을, 온전히 마로나의 관점으로 풀어내는 것이다. 지금도 곳곳에서 안타까운 삶을 보내고 있을 수많은 유기견, 로드킬을 당해 도로 위 얼룩으로 사라져간 개들을 대표해서 말이다. 때문에 마로나는 세상을 떠나 또 다른 우주로 가야만 한다. 죽음으로써 존재를 증명하여 영원이 된 소크라테스처럼.

〈환상의 마로나〉는 견생을 통해 행복의 의미를 되짚는 정교한 우화, 그러니까 만들어진 이야기다. 마로나는 잡종견으로 태어나 세 명의 인간과 연을 맺으며 피곤하고 안타까운 생을 살아간다. 곡예사 마놀은 행복으로 충만한 어린 시절, 건설업자 이스트반은 규칙과 규율 속에 사회화되어 가는 청소년기, 조숙한 소녀 솔랑주는 주어진 삶에 무뎌진 어른의 시기를 각각 상징한다. 이야기 전체가 인간의 삶과 행복에 대한 은유인 셈이다. 모든 비유법은 추상을 구체화할 목적으로 사용된다. 〈환상의 마로나〉는 행복이란 추상을 견생에 빗대 구체화한다. 우리는 미래를 살거나 과거에 붙잡힌 채 종종 발밑에 핀 꽃의 아름다움을 놓치곤 한다. 행복은 방향이나 목표가 아니다. 본래 오로지 지금의 상태를 설명하는 감정이어야 한다. 충만하게 차올라 그것만으로도 온 우주가 채워지는 시간. 〈환상의 마로나〉는 그 감각을 직접 그려서 전달한다. 안카 다미안 감독은 개들이 자신의 스승이라고 말한다. 사람들은 행복 한가운데 있을 때조차 지금의 행복이 눈 녹듯 사라지지 않을까 걱정하지만 개들은 오직 눈앞의 시간에 집중하는 법을 알고 있다. 이 작품이 말하고자 하는 바는 단순하다. 만약 행복이란 단어가 형태를 가지고 있다면 아마도 당신 곁에 함께 있는 개의 모습을 하고 있을 것이다. 〈환상의 마로나〉는 애니메이션이기에 가능한 특권들을 활용하여 인간이 바라는 개의 모습을 상상하는 대신 개들의 욕망을 있는 그대로 묘사한다.

## 언어를 거치지 않는 애니메이션의 힘

마뇰이 아홉(마로나의 첫 번째 이름)에게 "이제부터 '마뇰의 아나'라고 소개하는 거야"라고 말할 때 마로나는 생각한다.

"이제껏 뭔가를 가져본 적이 없는데 갑자기 많은 것을 갖게 되자 다 망칠까 봐 겁이 났다." 이건 소유에 대한 놀라운 전환을 제시한다. 마놀의 아나,라고 했을 때 나 역시 당연히 마놀이 마로나의 주인이라고 착각해 버렸다. 그런데 마로나는 당연한 듯이 자신이 마놀을 가졌다고 말한다. 생각해 보면 이건 마로나의 시점에서 전개되는 이야기이므로 마로나의 말이 옳다. 마로나는 나만의 보금자리, 나만의 이름, 그리고 자신만의 마놀을 가졌다. 어린 시절 엄마 개는 말했다. "인간은 우리말을 알 필요가 없지만 우리는 인간을 이해해야 해. 자신을 지키려면 인간의 말을 배워라." 마로나의 엄마가 짚어준 진리처럼 이것은 우리가 알아들을 수 있도록 인간의 언어를 빌려 풀어낸 이야기지만 이야기의 주체와 주인은 온전히 마로나다.

우리는 개가 어떻게 느끼고, 어떻게 생각하는지 사실 알 수 없기에 의인화라는 우회로를 쉽게 택하곤 한다. 그 순간 이야기는 개의 것이 아니라 인간의 것이 되어버린다. 〈환상의 마로나〉는 인간과 동물을 단순히 위치와 형태만 치환하는 의인화와는 결이 다른 길을 간다. 사실 모든 예술 매체는 은유와 상징이다. 우리는 우리의 마음을, 감정을, 그 추상적인 형태를 완벽히 설명할 언어를 가지고 있지 않다. 그래서 사건을 짜내고, 상황을 상상하여, 이야기라는 길고 번거로운 과정을 빌린다. 이때 애니메이션의 표현들은 그 자체로 하나의 언어가 되기도 한다. 마로나의 감정을 언어로 옮기면 담아지지 않고 문자의 손가락 사이로 흘러내려 가버리고 말 것을, 그림이라는 추상적인 표현 방식, 그러니까 이미지 언어로 담아낸다. 마로나의 의인화가 인간을 위한 것처럼 보이지 않는 이유가 여기에 있다. 이 애니메이션의 이야기, 그러니까 내러티브의 중력은 인간으로부터 자유롭다. 감정과 감각을 그대로 형상화하는 자유분방한 작화 덕분이다.

〈환상의 마로나〉에서 반복되는 핵심 이미지는 우주다. 아홉이었던 시절 마로나는 기억한다. 행복은 숫자 9 모양 같고 우유 맛이 난다고. 이런 완벽한 순간들은 복잡한 이미지를 필요로 하지 않는다. 몽글몽글한 수채 물감의 번짐, 흑백과 간단한 실루엣으로만 표현되는 이 순간은 그야말로 충만함으로 넘쳐난다. 여기까진 인식 바깥의 감각들이다. 영화는 여기서 한 가지 더 재치를 발휘하여 이후 이어질 핵심 이미지를 잡아낸다. 아홉이라는 숫자를 태양계의 행성에 빗대는 것이다. 책에서 마주한 우주의 이미지가 펼쳐지고 아홉과 형제들은 책 속으로 들어가 각각의 행성을 돌아다니며 신기한 여행을 한다. 이후 마로나에게 행복이란 우주가 된다. 오직 너와 나, 두 존재만으로 가득 채워지는 우주. 당연한 말이지만 이것은 사실의 재현이 아니라 감각과 의미의 형상화다. 달리 말하면 이야기 이전의 재현. 여기서 애니메이션과 영화의 근본적인 차이를 하나 짚고 넘어가겠다. 애니메이션에 대한 정의는 여러 가지가 있지만 본질적으로는 추상적인 감각에 동작과 움직임, 그러니까 생명을 부여하는 작업이라고 믿는다. 영화가 현실-이미지를 판화처럼 찍어낸다면, 애니메이션은 감각과 감정을 직접 그려낸다.

영화는 침묵을 통해 완성된다. 예컨대 로베르 브레송 감독의 〈당나귀 발타자르〉(1966)에서 관객의 감흥이 피어나는 지점은 당나귀의 행동과 이미지가 아니라 긴 침묵이다. 허진호 감독의 〈봄날은 간다〉(2001)에서도 중요한 건 "우리 헤어져" "그래, 헤어지자"라는 대화의 내용이 아니라 두 대화 사이에 자리한, 대답이 돌아오기까지의 숨 막히는 침묵의 시간이다. 영화가 시간의 예술이라면 바로 이 '사이'에 있는 침묵의 시간을 필름 위에 새기기 때문이다. 영화는 침묵으로 채워진 백색의 시간을 통해 관객에게 공감할 자리를 내어준다. 보이는 것과 보여주지 않는 것 사이의 긴장을 통해 보이지 않는 것을 더듬어 나가도록 유도하는 것이다. 반면 애니메이션은 감정이라는 추상을 직접 추상적인 형태로 묘사할 수 있다. 영화 내러티브가 관객이 자리할 공백을 만드는 작업이라면 애니메이션은 관객의 망막과 뇌리에 직접 그림을 새겨 넣는 작업이다. 그것이 CG로 대표되는 포토그래픽을 흉내 낸 디지털 이미지와 원형적인 애니메이션의 차이다. 움직이는 그림moving picture이지만 하나는 사진과 이야기에 뿌리를 두고, 다른 하나는 움직임과 형상을 최우선으로 한다.

　〈환상의 마로나〉 속 점, 선, 면, 나아가 우주의 이미지는 '개가 인간을 보며 느끼는 감정과 감각'이라는 우리가 알 수 없는 상태를 직접 투사해 물리적으로 다듬어낸 형태다. 잡종견으로 태어난 마로나의 삶은 인간의 시각에서 보자면 미안하고, 슬프고, 험난한 생이었다고 말할 수 있을 것이다. 하지만 정작 마로나 본인은 어떻게 느꼈을까. 영화는 명확하게 답한다. '행복은 작은 것'이라고. 가령 곡예사 마놀은 필사적으로 삶의 아름다움을 추구하는 인물이다. 마놀은 기분파이며 마로나에게 완전히 충실하다. 둘 사이의 교감은 곡예와 하나 되어 곡선으로 발현된다. 일과 놀이가 구분되지 않고, 매 순간이 모험으로 가득하던 시절, "우린 가난해"라는 마놀의 말에 마로나가 답한다. "가난? 농담이죠? 이 정도만 있어도 난 제일가는 부자 개예요." 뒤이어 작은 방의 지붕이 열리고 두 사람이 함께 있는 공간은 우주가 된다. 나는 근래 행복에 대한 이런 완벽한 이미지를 본 적이 없다. 마로나의 커다란 눈동자는 마놀로 가득하고 마놀의 시선 역시 마로나로 채워진다. 서로가 서로의 우주가 되는 순간, 마침내 마놀과 마로나가 한 몸이 되어 나선형으로 하늘로 치솟아 오른다. 문자 그대로 '너라는 우주가 되는' 이 장면은 변형과 직유, 애니메이션에 허락된 환상의 정수라 할만하다. 〈환상의 마로나〉는 마로나의 감각을 상상하고 감정을 그려 마침내 우리로 하여금 '네가 되어보는 꿈'을 꿀 수 있게 해준다.

## 아홉, 아나, 사라가 마로나여야 했던 이유

다시 돌아가, 소크라테스는 죽음을 통해 이름을 남겼다. 그가 그것을 바랐는지는 알 길이 없지만 죽음은 그의 이름을 영원의 반열로 끌어올린다. 내 두 번째 질문은 여기서 시작한다. 우리가 기억하는 건 소크라테스라는 존재인가, 아니면 그의 이름인가. 소크라테스라는 대명사, 그 안에 함축된 인생이라는 스토리텔링이 곧 소크라테스라는 인간 자체라고 할 수 있는가. 한마디로 이름과 존재는 분리되지 않는 일체인가. 〈환상의 마로나〉를 보면서 든 두 번째 질문은 왜 제목이 '마로나'냐는 거다. 〈환상의 마로나〉는 '아홉'이 '마로나'가 되기까지, 세 명의 인간과 만나며 겪은 시간들을 담아낸다. 곡예사 마놀에게 아홉은 '아나'였고, 건설업자 이스트반에게 아홉은 '사라'였으며, 조숙한 소녀 솔랑주에게 아홉은 '마로나'였다. 마로나에게 있어 이름은 자신을 증명하는 호칭이 아니다. 그것은 인간의 언어다. 아홉, 아나, 사라, 마로나. 뭐라고 불리든 그는 오직 자기 자신일 뿐이다. 마로나는 견종에 얽매이지 않았던 엄마처럼 단지 사랑스런 한 마리 개였으며 동시에 이 모든 이름이기도 하다. 마로나는 그저 마로나지만 엄마와 함께할 땐 아홉이었고, 마놀에겐 아나였으며, 이스트반에겐 사라였다. 마로나의 이름은 관계를 설명하는 방식인 셈이다.

단순하게는 마로나라는 이름으로 가장 긴 시간을 살았고, 그 이름으로 생을 마감했기 때문에 마로나일 것이다. 또 다른 이유를 상상해 보면 지난한 과정을 거친 후에 비로소 받아들인 상태, 삶에 대한 일종의 체념 같은 인정이 묻어나는 이름이기 때문이 아닐까 싶다. 행복은 모든 것인 양 충만하지만 찰나처럼 스쳐 지나가기도 한다. 하지만 마로나는 옛날의 행복에 얽매여 추억을 회상하며 살아가지 않는다. 그저 지금 주어진 것들에 충실할 뿐이다. 솔랑주와 함께했던 공놀이의 기억을 빠르게 서술하는 영화는 마로나의 입을 빌려 말한다. "완벽한 순간이 있다면 이것도 그중 하나이리라. 이런 순간을 위해서라면 개의 삶도 가치가 있다." 동시에 행복으로 충만했던 순간뿐 아니라 반복되는 일상이라 기억할 것도 없는, 매일매일 인이 박여 순식간에 흘러가는 그 시간도 삶의 일부라는 사실. 행복으로 충만했던 아홉이나 아나가 아니라 마로나라는 이름을 택한다는 건 그와 같은 의지의 발현이라 할만하다. 사람은 죽어서 이름을 남긴다고들 한다. 소크라테스라는 이름, 그 안에 실린 무게는 어떻게 살 것인가를 되묻는다. 하지만 마로나라는 이름은 거꾸로 그 견고한 의미의 사슬을 끊어버린다.

마로나가 말하는 개의 행복은 단순하다. 자는 동안 지켜줄 인간을 가질 것. 그것은 무엇을 위해 만들어진 목적론적인 사고가 아니다. 그저 있음으로써 채워지는 아름다운 관계, 충만한 경험이다. 〈환상의 마로나〉는 질문한다. 당신에게 그런 순간, 그런 사람, 그런 경험이 있느냐고. 그렇다고 애써 찾으려고 헤맬 필요는 없다. 그건 본래 그러한 것이고 아무것도 아닌 것이며 언젠가는 당신이 마주할 수밖에 없는 것이다. 당신이 무언가를 좇느라 정신이 팔려 미처 알아보지 못한 채 흘려보내지만 않는다면 말이다. 한 편의 애니메이션이 무엇을 할 수 있을까. 한 편의 영화가 어떤 시간을 선사할 수 있을까. 여기 마로나라는 이름의 우주가, 이걸 보는 당신 역시 하나의 우주라는 사실을 따뜻한 목소리로 읊조린다. 문득 마로나의 노랫말 "행복은 작은 것" 위로 가수 신해철이 말했던 행복론이 겹쳐 떠오른다. "꿈을 이루려는 과정에서 진짜 잃어서는 안 되는 소중한 무언가를 잃지 마시길. 당신은 태어난 것으로 이미 의무를 다했다. 나머지 생은 보너스다. 그러니 부디 하루하루 행복하자." 마로나처럼.

# 지나간 영화가
# 오늘의 나에게 말을 걸 때

〈조제, 호랑이 그리고 물고기들〉

낯설고도 익숙한 기분이 들 때가 있다. 처음 가보는 장소에서 어딘지 편안한 기시감이 들면 문득 초등학교 등굣길이 떠오른다. 어린 시절 학교 가는 길은 두 갈래 길이 있었다. 물론 지금 와서 생각해 보면 수십 갈래의 길이 더 있었겠지만 그 시절 나의 세계는 그게 전부였다. 이유는 기억나지 않지만 등교하는 길과 하교하는 길을 각각 다른 경로로 골랐다. 짐작해 본다면 누가 처음에 길을 그렇게 알려줬기 때문이 아닐까 싶다. 그때의 나는 정해진 레일 바깥으로 발을 디디는 법을 몰랐던 착하고 답답한 꼬마였으니. 그러던 어느 날 문득 등굣길과 하굣길을 반대로 골라 가보았다. '문득'이란 말은 참 영화 같다. 새로운 사건, 방향의 전환이 일어나는 건 언제나 우발적이다. 그냥, 이유 없음, 설명의 바깥에 있는 어떤 충동이 우리를 다른 세계로 안내한다.

단지 등굣길을 바꾼 것뿐인데 그 순간의 충격이 지금도 나를 흔든다. 담벼락에 걸친 나뭇가지의 모양, 군것질하는 포장마차, 하수구 뚜껑의 위치까지 골목길 모든 요소가 이미 내가 알고 익숙한 것들이었다. 단지 서있는 방향이 바뀐 것만으로도 전혀 다른 세계가 시야를 가득 메운다. 낯선 곳을 모험하는 것처럼 두근대는 한편 친숙한 느낌으로 안정감을 주는, 편안함과 두근거림의 기묘한 공존. 어쩌면 안전한 방식으로 세계가 확장되는 즐거움을 처음 깨달은 순간이었다. 완전 낯선 곳을 개척하는 식의 과감한 모험을 즐기는 성향이 아닌지라 이 시절 경험은 내게 한 발씩 위치를 옮겨볼 작은 용기를 안겨주었다. 영화를 통해 낯선 세계를 배워도 괜찮겠다는 용기.


**빈방을 채우는 텅 빈 냉장고 소리**

조금 낯간지럽게 말하자면 평범하게 만나 운명처럼 자리 잡는 영화가 있다. 대학 시절 처음 본 이누도 잇신 감독의 〈조제, 호랑이 그리고 물고기들〉(2003)이 그중 하나다. 이 영화는 정해진 결과에 대한 회상담이다. 시작하자마자 츠네오(츠마부키 사토시)는 말했다. "헤어져도 친구로 남는 사람이 있다. 그녀와는 결코 그럴 수 없을 것이다." 이미 변해버린 것을 되돌릴 순 없다. 붙잡을수록 현재마저 망가지기에 십상이다. 우리에게 허락된 건 바뀌었다는 걸 인정하고 되돌아보는 것 정도다. 어쩌면 그래서 우리는 영화를 본다.

시간이 지나면 가끔 꺼내 들게 되는 영화들이 있다. 우울할 때 찾는 영화, 기분 좋을 때 흥겨움을 주는 영화, 위로받고 싶을 때 보는 영화, 아무 생각 없이 머리를 비우고 싶을 때 보는 영화. 이유도 효과도 가지각색이다. 내게 〈조제, 호랑이 그리고 물고기들〉은 외로울 때 꺼내 보는 영화 중 한 편이다. 좀 더 정확하게 표현하자면 〈조제, 호랑이 그리고 물고기들〉은 늦은 밤 집에 돌아와 방안이 완전한 적막감에 휩싸였을 때 꺼내 보는 영화다. 너무 조용해서 냉장고 돌아가는 소리밖에 나지 않을 때, 그 냉장고가 텅 비어있다는 걸 너무 잘 알고 있을 때, 이 영화를 꺼내 본다. 그러므로 이건 순전히 개인적인 감각에 관한 이야기다.

이 독특한 제목의 영화를 몇 갈래의 이야기로 정리해 볼 수도 있다. 조제(이케와키 치즈루)와 츠네오의 순도 100퍼센트 사랑 이야기. 두 발로 서지 못해 휠체어 위에서 생활하는 여자와 쾌활하고 인기 많은 남자의 연애담. 고슴도치처럼 날을 세우고 자신을 보호할 수밖에 없었던 여자가 세상 밖으로 나오고 성장하는 이야기. 사랑과 운명을 믿고 눈앞에 보이는 것에 솔직하게 대하던 남자가 비겁하게 도망쳐 왔던 기억에 관한 이야기. 이 모든 이야기를 포개어 입체적으로 그물을 엮어내면 아마도 〈조제, 호랑이 그리고 물고기들〉이 어떤 이야기인지 '이해'할 수 있을지도 모른다. 하지만 언제나 머리로 이해하는 것과 마음으로 공감하는 것 사이에는 꽤 큰 간극이 있다.

서사를 이해하는 길로 들어서면 이 영화는 평범하고 맑고 익숙한 러브 스토리다. 그러나 마음을 울리고 공명하는 골목길로 접어들고 나면 이 영화에는 비범한 얼룩들이 꽤 많다. 달리 표현하자면 '장면에 고여있다'고 말할 수도 있겠다. 이누도 잇신 감독은 상황에 개입하지 않고 절제된 시선으로 두 남녀의 걸음을 바라본다. 카메라의 거리, 해석의 거리에 관객 각자의 기억과 감정들이 고인다. 시나리오를 각색한 와타나베 아야 작가는 "나는 플롯으로 이야기를 쓰지 않는다. 이미지의 세계에 침잠하다 보면 그곳에서 등장인물들이 자연스럽게 이야기를 하는 것이 보인다"라고 말한다. 이미지의 세계에 침잠한 채 영화가 말을 거는 소리. 그 소리는 빈 자취방의 텅 빈 냉장고의 소리와 닮았다.


**지나온 시간을 현재처럼 바라보다**

쾌활하고 솔직한 성격의 츠네오는 주변에 여자도 많고 스스럼없이 자유로운 관계를 추구하는 대학생이다. 아르바이트를 마치고 돌아가던 어느 날 새벽, 언덕길을 달려 내려와 벽에 부딪친 유모차를 마주한다. 언덕에서 유모차를 놓친 할머니는 안을 들여다봐 달라고 한다. 그 안에는 겁에 질려 자신에게 칼을 겨누고 있는 또래 여자가 있다. 여자의 이름은 쿠미코. 프랑수아즈 사강의 소설에 푹 빠진 여자는 자기를 소설 속 주인공의 이름 '조제'로 불러달라고 요구한다. 조제는 원인을 알 수 없지만 두 다리를 쓰지 못한다. 학교를 가지 않는 조제는 할머니가 주워다 주는 책을 읽으며 생활하고 있다. 츠네오는 조제에게 호기심이 생긴다. 그렇게 상처 입은 야생 고양이 같은 조제에게 이끌린 츠네오는 지속적으로 만남을 이어간다. 판자촌에서 살아가는 조제와 서로 다른 처지 때문에 헤어지기로 한 츠네오는 조제의 할머니가 죽자 다시 그녀에게 돌아가고 마침내 동거를 시작한다.

〈조제, 호랑이 그리고 물고기들〉은 타나베 세이코의 단편 소설을 원작으로 하는 영화다. 1928년생인 타나베 세이코는 세밀한 러브스토리로 정평이 나있는 작가다. 20페이지 남짓한 단편 소설 역시 사랑이 시작되고 시들어가는 과정 집중하고 있다. 각색을 맡은 작가 와타나베 아야는 두 사람이 만나고 헤어지기까지 그 앞뒤의 이야기를 좀 더 확장시켰다. 덕분에 사랑의 완성에서 끝나는 해피엔딩의 이야기는 이별 뒤에 사랑이 완전히 숨을 거두는 과정까지 담담히 지켜보는 이야기로 탈바꿈했다. 물론 두 남녀의 관계를 바라보는 톤까지 바뀐 건 아니다. 원작가 타나베 세이코는 사랑이 충만한 '지금 이 순간'에 집중했다. 한 구절을 빌려오자면 "츠네오가 언제 조제 곁을 떠날지 알 수 없지만 곁에 있는 한 행복하고, 그것으로 족하다고 생각한다. 그리고 조제는 행복에 대해 생각할 때, 그것을 늘 죽음과 같은 말로 여긴다. 완전무결한 행복은 죽음 그 자체다." 각색된 영화는 그다음을 이야기한다는 점에서 인물의 부피를 좀 더 늘렸다. 바로 그 점이 이 영화를 가끔 꺼내 보고 싶게 만드는 결정적 요소다. 절정의 순간, 거기에 머물지 않고 예정된 이별, 그 후의 풍경에 대해 말하고 있기 때문이다.

〈조제, 호랑이 그리고 물고기들〉은 앨범을 닮았다. 영화의 중간중간 멈추는 풍경과 공간들은 대부분 스틸사진으로 제시되는데, 도쿄 근교의 풍경은 사실 평범하기 그지없다. 이 사진들 속에서 인물이 정면으로 찍히는 법이 없고 조금씩 초점이 날아간 사진들은 사진 그 자체가 아니라 그 장면을 찍은 사람을 상상하게 만든다. 어떤 기분으로, 어떤 심정으로 이 사진들을 찍은 걸까 하는 상상. 영화의 구성 방식도 마찬가지다. 사진에 찍힌 대상은 조제이고, 사진을 찍은 사람은 츠네오다. 그러니까 이건 츠네오의 입장에서 바라본 회상담인 동시에 조제의 이야기이기도 하다. 그렇게 조제의 정면이 아니라 뒤돌아선 모습이 관객을 사로잡는다.

우리는 츠네오의 입장에서 이야기의 앞뒤를 접하고, 츠네오의 심리를 내레이션으로 직접 듣지만 조제의 삶은 부분적으로 목격할 수밖에 없다. 그녀는 초점이 빗나간 피사체다. 때문에 조제와 츠네오가 함께했던 순간들을 중심으로 조제의 심정을 조심스레 상상해야만 한다. 말하자면 이건 어디까지나 짐작, 이럴 것이라는 이해를 바탕으로 그려본 타인의 삶이다. 익숙하지만 낯선 길. 그렇게 〈조제, 호랑이 그리고 물고기들〉은 누군가의 삶을 함부로 판단하지 않기 위한 방편으로 샛길을 마련한다. 대상을 설명하는 대신 이해하고 공감하도록 영화 한구석에 관객의 자리를 펼쳐놓는 것이다. 과거를 현재처럼 바라본다고 해야 할까. 아니, 볼 때마다 '지금'으로 되살아나는 우리 모두의 과거라고 해도 좋겠다.

## 츠네오의 경우, 기꺼이 부끄러울 용기

영화는 지난 여행을 회상하는 것 같은 내레이션으로 걸음을 뗀다. 아마추어가 찍은 것처럼 핀트가 나가고 피사체를 비껴 찍은 것 같은 사진들은 우리가 과거를 기억하는 방식과 흡사하다. 사소하고 별거 아닌 것 같지만 각자에겐 큰 의미가 있는 순간들이 담긴 사진들. "바다, 부서진 조개껍질, 부서진 전구. 그때가 그립다." 우리는 이 영화가 과거를 되돌아보는 이야기라는 걸 알 수 있다. 부서진 조개껍질로 이미 끝난 관계라는 것도 짐작 가능하다. 하지만 츠네오는 조제와 함께했던 조개 모양의 침대에서 찍은 사진을 보며 말한다. "조제는 항상 이 책을 읽었다. 아니 과거형이 아니지. 그리고 이게 몇 년 전이더라." 조제와 츠네오는 이미 헤어졌다. 그래서 자신의 관점에서 회상할 땐 '조제가 이 책을 읽었다'고 하는 게 맞을 것이다. 하지만 츠네오는 조제가 앞으로도 그 책을 계속 읽을 것이라는 걸 안다. 그래서 과거형으로 말하지 않는다.

츠네오는 말한다. "헤어져도 친구로 남는 사람이 있다. 그녀와는 결코 그럴 수 없을 것이다." 츠네오는 솔직한 남자다. 대상을 있는 그대로 받아들이고 솔직하게 표현한다. 영화 초반 할머니는 조제를 도와준 대가로 밥을 먹고 가라고 권한다. 불편한 기색으로 밥을 한술 뜬 츠네오의 얼굴에는 이내 '오! 맛있잖아!' 하는 속마음이 단번에 드러난다. 할머니는 그걸 보고 밥을 더 떠준다. 그런 츠네오였기에 조제를 있는 그대로 바라보고 조제에게 끌리는 마음을 받아들일 수 있었다. "생각해도 소용없는 일은 생각하지 않기로 했어." 츠네오에게 중요한 건 생각이 아니라 감정이다. 같은 이유로 츠네오와 조제는 결국 헤어질 수밖에 없다. 세상에 영원히 변하지 않는 감정 같은 건 존재하지 않기에. 이누도 잇신 감독은 츠네오가 조제에게 끌리는 과정을 찬찬히 따라간다. 그리고 지쳐가는 과정도 가만히 지켜본다. 중요한 건 여기에 특별한 사건 같은 건 필요 없다는 거다. 많은 영화가 이별의 이유를 찾으려 할 때 이 영화는 츠네오의 입을 빌려 말한다. "담백한 이별이었다. 이유는 여러 가지 댈 수 있지만 사실은 단 하나뿐이었다. 내가 도망쳤다."

영화의 오프닝에서 알려주고 시작하는 것처럼 이건 헤어진 후에 되돌아보는 이야기다. 다만 '왜 헤어졌는지' 이유를 찾아 납득시키는 이야기가 아니라 '어떻게' 헤어졌는지 과정을, 그 추억 속 사진첩을 한 장씩 펼쳐 보는 이야기다. 여기서 츠네오의 결정적 순간, 조제와 부모님께 인사를 드리러 가는 장면이 문득 떠오른다. 츠네오는 끝까지 자신이 지쳤다는 걸 인정하지 못한다. 조제와 함께 부모님에게 가는 길, 도중에 마음이 변한 츠네오는 못 가게 되었다고 거짓말을 한다. 여행 도중 자동차 안에서 터널의 빛에 호들갑을 떠는 조제를 보고 운전 중이니 조용히 하라고 퉁명스럽게 말한다. 네가 업어주면 된다고, 휠체어는 필요 없다는 조제에게 자신도 언젠간 늙으니 필요하다고 말한다. 그리고 이어지는 동생과의 통화. 동생은 짧게 묻는다. "형, 지쳤어?" 마음은 변하고 지친다. 영화는 그렇게 미련처럼 순간을 붙잡고 있는 남자의 현재를 찬찬히 보여준다.

### 조제의 경우, 기꺼이 고독할 결심

조제의 입장에서 이 연애의 기억을 말하자면 '살아남다,

앞으로도' 정도가 아닐까 싶다. 츠네오가 현재에 충실한 사람이라면 조제는 내일도 살아가야 하는 사람, 살아남기 위해 강한 척 위장을 해야 했던 사람, 상처받지 않기 위해 벽을 쌓고 상대가 먼저 돌아서게 만드는 사람이다. 츠네오를 빼앗긴 카나에(우에노 주리)가 조제의 처지를 조롱하며 "솔직히 네 무기가 부럽다"라고 하자 조제는 "정말 부러우면 너도 다리를 잘라"라고 맞받아친다. 마치 살기 위해 가시를 세운 고슴도치처럼 그녀는 살아남기 위해 냉정하고 강인한 자신을 연기했고, 그것이 오래되어 삶의 방식이 되었다. 그래서 조제는 영원을 믿지 않는다. 끝을 받아들일 준비가 되어있을 때 만남도 시작할 수 있다.

츠네오와의 연애는 조제에게 전부가 아니라 아직 해보지 못한 것의 경험 중 일부다. 위험하니까 아무것도 하지 않고 웅크려있던 조제는 츠네오와의 만남을 통해 이것저것을 해보기 시작한다. 연애의 모든 순간이 세상 밖을 나가 혼자 걷는 법을 익히고 있는 것이라 해도 좋겠다. 영화의 제목이기도 한 〈조제, 호랑이 그리고 물고기들〉은 모두 어딘가에 갇힌 대상이다. 조제라는 가명 역시 되고 싶었지만 될 수 없는 소설 속 인물이다. 호랑이는 무섭지만 우리 속에 갇혀있고, 자유로워서 좋다고 하는 물고기들도 실은 수족관에 갇혀있다. 이건 모두 조제, 그러니까 쿠미코의 바람이 투영된 대상들이다. 가보고 싶고, 무섭고, 자유로운 것들. 하지만 어딘가에 갇혀있는 대상들.

조제는 츠네오와 함께 여행하며 이것들을 만나고 탈출시
킨다. 세상에서 제일 무섭기에 사랑하는 사람과 함께 보고
싶었던 호랑이를 결국 보고 호텔의 조개껍질 침대에 누워
자유롭게 수영하는 물고기와 조개들을 만난다. 다시 말해
쿠미코는 자신의 이름을 불러주고 기억해 줄 츠네오를 통해
비로소 조제가 될 수 있었다. 그렇게 세상 밖으로 나온 조제
는 예정된 이별을 받아들일 준비가 되어있다. "난 두 번 다
시 거기로 돌아가진 못할 거야. 언젠가 네가 사라지고 나면
난 길 잃은 조개껍질처럼 혼자 깊은 해저에서 데굴데굴 굴
러다니겠지… 그것도 그런대로 나쁘지 않아." 영화 말미에
식사를 준비할 때 온몸을 던져 다이빙하듯 의자에서 뛰어내
리는 삶은 이제 액자 바깥에서도 계속 이어질 수 있는 것이
다. 고독하고 외롭지만 그래도 살 수 있다. 변했기 때문이다.

조제의 결정적 장면은 의자에서 뛰어내리는 장면을 꼽고
싶다. 조제는 타인의 손을 빌리지 않고 틀어박혀 있었다. 츠
네오가 처음 집으로 찾아온 날 온몸을 던져 의자에서 다이
빙하는 조제의 모습은 그런 자신의 위장된 강함을 과시하기
위한 것처럼 보인다. 츠네오와 헤어진 후에도 조제는 여전
히 의자에서 다이빙해서 내려온다. 동일해 보이는 이 행동
은 이제 전혀 다르게 다가온다. 조제는 이윽고 화면 바깥으
로 사라지지만 세상 밖으로 나와 계속 살아갈 수 있을 것이

다. 외롭고 고독하지만 과거의 달콤함에 매달리지 않고, 오늘을, 지금을 살아갈 것이다. 액자 바깥으로 나왔기 때문이다. 그 순간 조제의 방 안, 일러스트 속의 토끼는 이제 그림이나 책 속이 아니라 조제의 곁에 머문다.


### 지나간 영화가 오늘의 나에게 말을 걸 때

이제 마지막 결정적 장면. 연애가 진짜 숨을 거둘 때, 라고 이름을 붙이면 좋을까. 원작 소설과의 가장 큰 차이는 츠네오와 조제가 만나기로 한 '1년 후' 그러니까 다시 헤어지는 시간을 담아냈다는 점이다. 원작 소설이 행복의 순간을 사진으로 박제했다면 영화는 사랑이 완전히 숨을 거둘 때까지 차분히 바라본다. 프랑수아즈 사강의 소설의 한 대목, "우린 또다시 고독해지고 그냥 흘러간 1년의 세월이 있을 뿐이지"를 직접 보여주는 셈이다. 마침내 이별의 순간, 여행을 다녀오고 몇 개월 뒤 마치 출근을 하는 것처럼 츠네오는 집을 나선다. 이별의 말도, 안타까운 시선도 없다. 어떤 이유가 있어서 헤어지는 게 아니다. 그냥 두 사람의 시간이 다하고 변했기 때문이다.

츠네오는 집 밖에서 기다리던 다른 여자친구를 만나 함께 걸어가다가 가드레일을 잡고 뒤늦게 통곡한다. 그렇게 변하지 않을 거라 자신했던 츠네오는 변해버린 자신이 부끄럽고 안타까워 눈물을 흘린다. 안타까움, 죄책감, 고독, 부끄러움. 이 눈물에 여러 이름표를 붙일 수 있을 거다. 하지만 굳이 그럴 필요가 있을까. 츠네오와 조제가 함께 지나온 시간이, 우리가 도망쳐 온 모든 것들을 향한 이 눈물의 무게를 충분히 설명해 준다.

그리고, 조제. 나는 지금도 조제가 홀로 남겨진 빈방을 생각한다. 소리 하나 없이 고요한 방안은 쓸쓸하고 적막하다. 고독하다. 불변의 진실. 하지만 이 문장에는 뒤가 생략되어 있다. 고독하다. 그럼에도 불구하고, 산다. 고독하지 않다고 자신을 방어했던 조제는 이제 기꺼이 고독하기로 한다. 고요한 방 안 생선 굽는 소리가 들린다. 조제는 단정하게 머리를 묶고 자신을 위한 식사를 정성껏 준비한다. 여전히 의자 위에서 다이빙하면서. 그녀의 방 안은 고독하지만 그녀의 식탁은, 그녀의 냉장고는 비어있지 않다. 머리를 질끈 묶은 조제의 뒷모습은 츠네오의 솔직한 눈물만큼이나 나를 안심시킨다.

변하지 않는 것은 없다는 유일한 진실 앞에서 우리는 무엇을 할 수 있을까. 슬픔으로부터 힘껏 달아날 수도 있다. 그게 부끄럽다면 눈물을 쏟아도 좋다. 혹은 고독을 받아들이고 오늘을 버틸 수도 있을 것이다. 우리 모두 그렇게 각자의 이별 기억들을 안고, 가끔 뒤돌아보며 살아간다. 지금도 문득 외로움이 방 안을 가득 메울 때면 〈조제, 호랑이 그리고 물고기들〉을 다시 꺼내 인사를 건넨다. 만나면 헤어진다는 것, 시작되면 끝난다는 것, 올라가면 내려가야 한다는 것을 담담하게 보여주는 영화. 오랜만이야. 여전하네. 잘 지내? 나도 괜찮아.

# 영화와 사랑,
# 그 운명에 대하여

## 〈이터널 선샤인〉

지나고 보니 남은 건 온통 사랑이다. 한때 사랑이란 단어가 어색하고 민망해 피해왔던 적도 있다. 지금 다시 내가 마음을 쏟았던, 내 마음에 얼룩을 남겼던 영화들을 돌이켜 보니 그 모든 교차점이 하나의 형태로 정리된다. 어쩌면 영화는 에둘러 표현하는 게 익숙한 이들의 안식처일지도 모르겠다. 아무리 촘촘한 언어의 그물을 짜보아도 사랑, 이별, 슬픔, 고독, 비애 등 몇 음절의 단어로 포획할 수 없는 감정의 모래알을 확인할 뿐이다. 남는 건 손가락 사이로 흘러내리는 이 모래알들을 부지런히 쓸어 담아보지만 부질없는, 그래서 더 애틋한 몸짓뿐. 영화는 그 몸짓과 그림자의 총화다. 섣불리 사랑을 입에 담지 않고, 지나간 흔적을 더듬어나가는 영화들은 그래서 더욱 기억에서 사라지지 않는다. 도돌

이표처럼 돌고 돌아 결국 제 자리. 그 지울 수 없는 얼룩을 마주하며 다시 이름표를 붙인다. 마침내 지나온 길에 흩뿌려진 모든 종류의 사랑을 확인하고 또 흘릴세라 고이 기억한다.

## 답을 알고 선택하는 자의 딜레마

〈이터널 선샤인〉(2004)은 인생 로맨스 영화를 꼽을 때 빠지지 않고 들어가는 영화 중 하나고 나 역시 별반 다르지 않다. 다만 각자 이유는 좀 다를지도 모르겠다. 나는 사랑을 말하고 싶지 않을 때 이 영화를 본다. 새삼 영화를 굳이 글로 풀어내자는 욕망의 근원을 가만히 생각해 본다. 때론 찬사로, 때론 애증으로, 심지어 분노와 외면으로 발현될 때도 있지만 그 기저에 흐르는 건 영화를 향한 강렬한 집착이 자리한다. 벗어날 수 없는 거대한 중력. 다른 말로, (적어도 내겐) 사랑이다. 사랑의 본질적인 속성을 영리하게 녹여낸 〈이터널 선샤인〉은 찰리 카우프만의 각본과 미셸 공드리의 연출이 만나 빚어낸 (약간의 과장을 보태) 보기 드문 기적이다. 무슨 말이냐면 이건 우연한 확률로 교차점에서 만들어진 찰나의 기적이다. 즉 다시 만들려고 해도 불가능하다. 찰리 카우프만과 미셸 공드리 두 사람 모두 빼어난 창작자들이지만 각각의 장점과 세계가 명확하다. 두 창작자 사이 결코 공유

될 수 없는, 사랑에 대한 각기 다른 관점, 생각들이 충돌하고 빚어진 절묘한 사고 같은 결과물이 바로 이 작품이다.

영화는 조엘(짐 캐리)이 잠에서 깨어 회사로 가고 있는 장면에서 출발한다. 조엘은 옆 차가 자신의 차를 긁어도 '땡큐'라는 메모를 남기고 떠날 만큼 착하고 소심한 사람이다. 그는 회사로 가던 중 갑자기 몬탁행 기차를 타고 바닷가에 도착한다. "나는 기분파도 아닌데." 조엘은 일인칭 독백으로 당황스러운 심리를 직접 이야기하지만 자신이 왜 이곳으로 오고 싶어 했는지 도통 알 수가 없다. 그곳에서 조엘은 클레멘타인(케이트 윈슬렛)을 만난다. 누군가를 만나고 싶었던 조엘은 활달한 클레멘타인과 금세 친해진다. 두 사람은 다음 날 찰스강에 놀러 가 꽁꽁 언 강바닥에 누워 함께 별을 바라보면서 추억을 만든다. 클레멘타인은 말한다. "우리는 분명 결혼하게 될 거야."

한참 이야기를 따라간 뒤에야 우리는 몇 가지 사실들을 뒤늦게 깨닫게 된다. 이 영화의 플롯은 작위적이고 뜬금없어 보이는 동시에 매우 필연적이고 이미 결정되어 있는 것처럼 보인다. 결과를 먼저 보여주고 원인을 찾아나가는, 단순한 플롯의 역배치 만으로도 꽤 재미있는 추리와 상상력이 자리할 공간이 마련된다. 이건 찰리 카우프만이 〈존 말코비치 되기〉(1999)와 〈어댑테이션〉(2002)에서 선보인 바 있는, 플롯의 트릭이기도 하다. 신경과민증처럼 보이는 주인공과 나

른하고 수수한 분위기의 온도 차로 뒤엉킨 이야기 너머에 숨겨진 진실이 있음을 어렴풋이 감지할 수 있다. 망각하고 잊어버린 기억을 다시 되살리는 시간.

〈이터널 선샤인〉은 "사랑은 그렇게 다시 기억된다"라는 문구처럼 기억을 잃어버린 남녀가 다시 만나는 이야기다. 기억상실의 구름을 헤쳐나가는 플래시백이라는 등대,라고 표현해도 좋겠다. 어쩌면 그것이야말로 사랑의 본질과 닮았다. 기억은 교통사고와 같다. 일상 속에서 통제할 수 없는 요소가 불씨를 당겨 갑자기 치고 들어온다. 가령 진부하고 평범한 클리셰로 가득한 로맨스 영화 〈500일의 썸머〉(2009) 의 빼어난 점 한 가지는 다름 아닌 플롯의 구성 방식에 있다. 500일의 기간을 뒤죽박죽 섞어놓고 진행되는 이야기는 수시로 우리를 덮쳐오는 기억의 형태를 닮았다. 일상 속에서 사소한 계기로 촉발되는 기억들은 그걸로 새로운 인과관계를 만들며 기억을 끊임없이 각색한다. 때론 원망, 때론 아쉬움, 때론 달콤함. 이런 감정(혹은 관점)들은 기억을 온전히 자신의 것으로 만든다. 중요한 건 기억의 진실 여부가 아니라 내가 '어떻게' 기억하느냐는 것이다.

우리가 중반까지 목격할 수 있는 〈이터널 선샤인〉은 조엘의 시점에서 정리된 클레멘타인에 대한 기억, 그리고 그에 대한 조엘의 해석이다. 중반 이후 의식의 조엘과 무의식의 조엘이 분리되며 비로소 우리는 그 전체 그림을 깨닫는다. 사실은 어떠했나. 조엘과 클레멘타인은 서로에게 지칠 대로 지친 커플이었다. 우연인지 불행인지 마침 그 세계에는 사랑의 아픈 기억만을 선택적으로 제거할 수 있는 기술을 가지고 있는 회사 '라쿠나'가 있다. 관계를 되돌리는 게 불가능하다고 판단한 클레멘타인은 '라쿠나'를 찾아가 조엘에 관한 기억을 지워버린다. 뒤늦게 그 사실을 알게 된 조엘역시 홧김에 시술을 받기로 한다. 하지만 수면 마취 와중에 그의 의식 일부가 깨어나서 자신의 기억이 단계적으로 지워져 가는 과정을 실시간으로 바라본다.

조엘은 그제야 시술 결정을 후회한다. 조엘은 행복했던 기억만이라도 남기려 애쓰며 자신의 뇌를 무대로 눈물겨운 저항을 시도한다. 하지만 결국 이 부질없는 시도는 우리가 이미 결과를 알고 있다시피 끝내 실패하고 아침을 맞이한다. 다음 날 아침, 모든 게 리셋된 두 사람은 마치 마법처럼 재회하고 서로에게 이끌리기 시작한다. 이것은 마법이 아니다. 어쩌면 사랑도 그렇다. 두 사람의 만남은 인간의 인지를 벗어난 존재가 운명이라는 우연으로 엮은 것도 아니다. 그러므로 사랑을 그렇게 낭만적인 영역에만 맡기는 건 어쩌면 무책임한 짓이다. 아니, 책임이라는 무게로부터 도망치고 할 일을 미루는 일인지도 모르겠다. 두 사람의 기억은 완전히 지워지지 않았고, 이후 각자 '알 수 없는 기분'이라는 기억의 부스러기를 주우며 필연적으로 바닷가에서 재회하고야 만다. 〈이터널 선샤인〉은 사랑 앞에 우리가 선택해야 할 질문을 다시 우리 앞에 끌어들인다. 자, 당신에게 두 번째 기회가 온다면 이제 어떤 선택을 하시겠습니까.

## 완벽히 결정되어 있기에 완전히 자유롭다

'라쿠나'의 기억 삭제 시술은 무엇이 문제였을까. 기억을 삭제해도 왜 다시 만남을 시작하게 되는 걸까. 운명이나 인연 같은 이해 불가능한 힘이 작동한 걸까. 나는 그렇게 생각하고 싶지 않다. 이 영화에서 신이 있다면 아마 그건 이 모든 상황을 구성한 찰리 카우프만 밖에 없다. 하지만 그는 무의식까지 통제하고, 이해 불가능한 영역을 주무르며 아는 체하는 종류의 창작자가 아니다. 〈이터널 선샤인〉이 기억을 제거하고 상황을 반복시키는 건 결국 하나의 질문을 하고 싶어서인 것 같다. "사랑의 아픈 기억이 없다면 우리는 완전히 다른 삶을 살 수 있을까" 같은 질문을 이렇게 표현할 수도 있겠다. "사랑의 기억이라는 게 나쁜 것만 지우는 선택이 가능한 걸까."

구조적으로 볼 때 〈이터널 선샤인〉은 '이미 지나온 기억을 되짚는 것이기에 완벽히 결정되어 있는 서사'다. 우리는 결과를 이미 목격하고 원인을 본다. 동시에 이건 '다시 기회가 주어졌을 때 완전히 자유로운 선택'에 관한 이야기다. 결

345

국 우리는 사랑 앞에 어떤 선택을 할 것인가. 어쩌면 나를 포함해 많은 사람이 인정하고 싶지 않겠지만, 이건 사랑이라는 감정의 실험이 반복된 이래 이미 답이 정해진 것인지도 모르겠다. 사랑은 '그래서'가 아니라 '그럼에도 불구하고'로부터 비롯되는 미세한 치우침이다.

메리(커스틴 던스트)는 '라쿠나'에서 기억을 지운 다른 모든 고객에게도 같은 선택권을 주기로 결심하고, 비밀리에 관리해 온 고객 정보를 전부 발송한다. 이제 막 두 번째 사랑에 빠진 조엘과 클레멘타인은 자신들이 한때 얼마나 서로를 미워했는지 굳이 알고 싶지 않았던 과거와 앞으로 다가올 미래를 알게 된다. 모든 사랑이 달콤할 수는 없다는 예정된 운명. 지금 다시 사랑을 시작하면 똑같은 아픔을 겪을 텐데, 그럼에도 불구하고 "다시 시작하겠습니까?"라는 질문. 이 영화에서 가장 아름답고, 가장 평범하고, 의미심장한 순간도 이때 시작된다.

진실을 알게 된 클레멘타인은 괴로움에 몸부림치고 눈물을 쏟다가 조엘을 찾아간다. 조엘은 스스로 녹음한, 클레멘타인에 대한 기억을 듣고 있다. 조엘의 자기 고백을 배경으로 두 사람은 한동안 뱅뱅 겉도는, 의미 없는 말들을 꺼낸다. 테이프 속 조엘은 클레멘타인의 험담을 하고 클레멘타인은 속상하다며 자리를 떠난다. 그 뒤로 들리는 조엘의 목소리. "그리 오랜 시간을 함께했는데 헤어질 때의 당황스러움이란." 복도에서 이어지는 문답. "나는 그쪽 모든 게 마음에 들어요." "알아요. 곧 거슬려할 테고 나는 당신을 지루해할 거예요." "오케이." "오케이." 그리고 활짝 웃는 두 사람. 그리고 눈밭에서 뛰어노는 두 남녀.

## 맴돌며 쌓아온 기억을 새삼 확인하는 시간

세상에는 나눌 수 없는 것들이 있다. 이야기와 연출의 경계를 칼로 자르듯 구분하기 어렵고, 의식과 무의식을 나눌 수 없으며, 좋은 기억과 나쁜 기억을 따로 분리할 수 없다. 〈이터널 선샤인〉 역시 분리되지 않는, 분리하고 싶지 않은 것들에 관해 이야기한다. 말하자면 사랑의 기쁨과 아픔은 선택의 문제가 아니다. 둘은 발음과 형태가 다를 뿐 같은 의미를 지닌 이음동의어다. 그 끝에서 발견하는 유일한 말. "괜찮아.(It's Ok.)" 가장 강력한 사랑의 언어이자 아마도 모든 장벽을 극복하는 마법의 말. 그래서 사랑하는 게 아니라 그럼에도 사랑하겠다는, 실로 어리석은 선택이야말로 인간이 인간인 이유이자 아직까지 사랑이란 이해 불가능한 행위가 지속되는 유일한 근거인 셈이다.

어쩌면 사랑이란 서로 오해하면서 깊어지는, 웃기고 슬픈 우연이 아닐까. 한 사람의 세계가 타인에게 완벽하게 전달되고 이해받는 건 애초에 불가능하다. 언어를 통해 뜻을 전달할 때 사전적 의미에서 합의된 부분을 제외한 나머지는 철저히 개인의 체험과 해석에 기댄 독자적인 영역에 머문다. 예컨대 '사과'라고 말할 때 무엇을 뜻하는지 모두가 공유하고 의사소통할 수 있겠지만 각자의 머릿속에 떠오르는 사과의 색과 맛과 형태는 다를 수밖에 없다. 우리가 굳이 이야기의 힘을 빌려 길고 장황한 설명과 묘사를 이어가는 건 이메울 수 없는 간극을 최대한 좁히기 위함이라 해도 과언이 아니다. 이렇듯 완전히 다른 두 세계가 겹치는 교차로에서는 종종 기적 같은 순간을 접할 수 있는, 의외로 빠르고 정확한 방법이 있다. 영화다.

영화는 이해되는 게 아니라 물리적으로 공명하는 매체다. 서로의 '괜찮음'을 확인하는 이 장면을 완성하는 것은 대사의 내용이 아니라 전달되는 방식이다. 진실은 "It's Ok"가 오가는 이 짧고 미묘한 타이밍에 깃든다. 언어로 발화되기까지의 시간, 침묵의 호흡이야말로 영화의 영혼이 머무는 자리다. 사랑이라는 근본적으로 이해 불가능한 감정을 감독이 어떤 방식으로 이해하고 있는지 짐작할 수 있는 유일한 실마리라고 해도 좋겠다. 클레멘타인이 너무 망설이고 고민하거나 너무 즉각적으로 대답해도 느낌이 달랐을 것이다. 조엘의 대수롭지 않다는 "Ok". 한동안 그의 눈동자를 바라보다 여전히 미간의 주름이 지워지지 않은 상태로 내뱉는 클레멘타인의 "Ok". 어쩌면 표정이 감정을 따라오기 전에 먼저 불쑥 내뱉은 진심. 그리고 이어지는 웃음. 긴장이 풀리며 새어 나오는 한숨이 적당히 섞여 헛웃음처럼 들리는 웃음 사이 다시 한번 확인 도장을 찍듯 반복하는 "Ok". 말과 글로는 도저히 옮길 수 없는, 오직 목격함으로써 이해되는 진실의 순간. 사랑하지 않을 도리가 없다.

마음을 빼앗긴 자는 선택으로 자신을 증명해야 한다. 합리적이고 이성적인 판단하에 사랑하지 않고 달아날 것인가. 아니면 운명이라 불리는 통제 불가능한 힘에 몸을 맡길 것인가. 물론 아직 인류가 멸종하지 않은 걸 보면 이미 답은 정해져 있는 건지도 모르겠다. 소크라테스는 "사랑에서 출발하지 않는 건 결코 철학에 이를 수 없다"라고 했지만 반대로 통속적인 사랑에서 출발하여 철학적인 질문과 사유에 이르는 건 지극히 드물다. 〈이터널 선샤인〉은 그 보기 드문 기적에 도달한 귀한 경험은 선사한다.

솔직히 내가 영화를 사랑한다고 생각해 본 적은 단 한 번도 없다. 굳이 말하자면 보고 읽고 쓰는 게 싫지 않았다. 가깝게 보며 자주 썼고, 종종 기쁘기도 했으며 훨씬 많은 날을 좌절했다. 솔직히 있어도 그만 없어도 그만인 정도의 거리감. 그랬기에 어느 날 "영화를 참 사랑하는 것 같다"라는 말을 들었을 때 당황했다. 바깥에서 보면 그렇게 보이는 걸까. 쑥스럽고 어색해 애써 부정하기도 했다. 하지만 이렇게 걸어온 길의 흔적을 모아놓고 보니 부정할 도리가 없다. 나는 영화의 중력을 한 번도 벗어난 적이 없다.

존경하는 평론가로서가 아니라 감독으로서 정성일 선생을 인터뷰 한 일이 있다. 인터뷰를 마칠 즈음에 참지 못하고 한 가지 질문을 던지려 우물쭈물하고 있었더니, 정성일 선생이 오묘한 미소를 띤 채 되물었다. "송경원 씨, 설마 지금 나한테 '영화란 무엇인가요'라고 물으려던 건 아니겠지요?" 되돌아보니 지나온 길이 하나로 수렴된다. 영화에 딱히 관심도 애정도 없다고 생각했던 나는 내내 그걸 묻고 다녔다. 영화가 무엇인가요. 어쩌면 외부자의 시선으로 대상을 관찰했기에 가볍게 던질 수 있었던 질문일지도 모르겠다. 모두가 매혹되었고, 각자 다르게 이야기하는 이 대상의 정체는 무엇인가. 그렇게 나는 지난 20여 년 영화의 중력을 한 번도 벗어나 본 적이 없다. 가볍게 던졌던 질문은 점점 무거워지고 중력은 점점 커진다. 새삼 다시 묻는다. 영화란 무엇인가. 답을 구하는 질문은 아니다. 그저 방향을 가리키는 등대와 같은 말이다. 지금 시점에 말할 수 있는 것은 내가 영화를 '보는' 것이 아니라 '하는' 쪽으로 옮겨가고 있는 중이라는 것 정도다. 영화는 보는 것에서 끝나지 않는다. 어떤 영화를 볼지 고르는 시간, 정보를 찾아보는 시간, 영화를 보려고 극장까지 이동하는 시간, 그날의 날씨와 나의 기분, 극장 의자에 앉아서 함께 보게 될 주변 사람들을 훑어보는 시간, 영화가 끝난 후 극장을 나서며 떠오르는 생각들, 서로 의견을 나누는 과정들, 잘 갈무리하여 글로 옮겨보는 것까지 '나의 영화'였다.

그렇게 한 때 '명사'였던 것이 점점 '동사'로 다가온다. 대상이 아닌 행위. 움직이는 무언가. '시네마'의 어원이 '움직임'이듯 일차적으로는 정지된 사진이 움직인다는 의미일 것이다. 시간이 움직인다고 해도 좋겠다. 지금의 나에게 영화는 '감상'이 움직이는 것과 같다. 같은 영화라도 볼 때마다 나의 상황과 위치에 따라 감상이 달라진다. 영화와 나의 관계는 고정되지 않고 볼 때마다 바뀌어왔다. 진짜 움직이고 있는 건 영화와 나, 둘 사이의 관계인 셈이다. 지금에 와서 보니 이 멈추지 않는 관계에 사랑이라는 이름표를 붙여도 딱히 어색할 것 같진 않다. 이 별거 아닌 관계를 인정하는 데 참 오래도 걸렸다. 사랑에 빠진 자는 맴돌다 결국 제자리로 돌아온다. 지나간 사랑을 놓아주지 못할 때, 사랑이란 시련 앞에 막막해질 때, 사랑이란 모험 앞에 두려워질 때, 홀린 듯 극장으로 걸음을 옮길 수밖에 없으리라. 올해로 개봉 20주년을 맞이한 〈이터널 선샤인〉의 재개봉을 기다리고 있는 나처럼. 이 모자란 글, 부끄러운 고백 곁에 앉아 끝까지 자리를 지켜준 당신과 함께.

# 얼룩이 번져 영화가 되었습니다

초판 1쇄 발행  2024년 5월 24일
초판 4쇄 발행  2024년 8월 9일

지은이  송경원
책임편집  양하경
디자인  이상재

펴낸곳  (주)바다출판사
주소  서울시 마포구 성지1길 30 3층
전화  02 - 322 - 3675(편집) 02 - 322 - 3575(마케팅)
팩스  02 - 322 - 3858
이메일  badabooks@daum.net
홈페이지  www.badabooks.co.kr

ISBN 979-11-6689-248-6 03680